INTEGRAÇÃO REGIONAL SUL-AMERICANA

Ênfase nas relações laborais no Mercosul, na perspectiva de negociação coletiva de trabalho em seu âmbito

JOSÉ SOARES FILHO

Juiz do Trabalho aposentado. Membro efetivo do Instituto Latinoamericano de Derecho del Trabajo y de la Seguridad Social, do Instituto dos Advogados Brasileiros, da Academia de Letras Jurídicas de Pernambuco, da Academia Pernambucana de Direito do Trabalho. Mestre e Doutor em Direito pela Universidade Federal de Pernambuco (UFPE). Professor da Universidade Católica de Pernambuco (UNICAP) e da Escola Superior da Magistratura Trabalhista da 6ª Região (ESMATRA-VI)

INTEGRAÇÃO REGIONAL SUL-AMERICANA

Ênfase nas relações laborais no Mercosul, na perspectiva de negociação coletiva de trabalho em seu âmbito

LTr®

LTr®
EDITORA LTDA.

Rua Jaguaribe, 571
CEP 01224-001
São Paulo, SP — Brasil
Fone (11) 2167-1101
www.ltr.com.br

Produção Gráfica e Editoração Eletrônica: RLUX
Projeto de capa: FÁBIO GIGLIO
Impressão: PAYM GRÁFICA E EDITORA LTDA

LTr 4899.3
Janeiro, 2014

Dados Internacionais de Catalogação na Publicação (CIP)
(Câmara Brasileira do Livro, SP, Brasil)

Soares Filho, José
Integração regional Sul-americana : ênfase nas relações laborais no Mercosul, na perspectiva de negociação coletiva de trabalho em seu âmbito / José Soares Filho. — São Paulo : LTr, 2013.

Bibliografia.
ISBN 978-85-361-2762-0

1. América Latina — Integração econômica
2. Direito do trabalho 3. Economia regional
4. Mercosul I. Título.

13-12473 CDU-34:331(8)

Índice para catálogo sistemático:

1. Direito do trabalho : Mercosul 34:331(8)
2. Mercosul : Direito do trabalho 34:331(8)

Dedico esta obra aos meus pais, José Soares Ramalho e Angelina Mendes Leite, que me legaram exemplo de dignidade humana e me transmitiram os valores que consubstanciam minha formação e sedimentam a realização de meu projeto de vida.

Agradecimentos

À minha esposa, companheira imprescindível em minha trajetória, cuja participação em minha vida muito contribui para o alcance de meus objetivos. A ela credito o mérito de minhas conquistas, no âmbito pessoal e no campo profissional.

Aos meus filhos, expressão maior de minha realização como ser humano, pelo estímulo e o amor que me devotam.

Às minhas netas, doce encanto de minha vida.

Aos meus genros e minha nora, com todo afeto e apreço.

Aos meus sogros, in memoriam, *pelo exemplo de vida e o apoio que me dispensaram.*

Aos meus irmãos, cunhados, sobrinhos, demais parentes e amigos, pela ajuda, o calor humano e o apoio que deles recebi em todos os momentos de minha caminhada.

Ao professor Thales Castro, amigo fraterno e mestre admirável, pelo estímulo e a ajuda com que participou em minha vida acadêmica e, em especial, na feitura desta obra.

SUMÁRIO

SEGUNDA PARTE

RELAÇÕES TRABALHISTAS NO MERCOSUL

APRESENTAÇÃO

Foi em Washington, em novembro de 1989, ainda sob forte influência dos ventos pós-queda do Muro de Berlim, que as principais recomendações da macropolítica neoliberal para a América Latina foram estabelecidas. Com base nos pensamentos do economista John Williamson, o "Consenso de Washington" continha dez grandes diretrizes que eram sintetizadas no trinômio privatização-liberalização-desregulamentação. Inicialmente como consenso, posteriormente como dissenso, o neoliberalismo de Washington mostrou suas falhas estruturais ao longo da segunda metade dos anos noventa, gerando uma guinada nas relações econômicas e na dinâmica da política interna de vários países latino-americanos. Dez anos depois, novamente em Washington – agora no Estado norte-americano e não em sua capital — as reações populares anti-globalização revelaram aos *policy-makers* mundiais reunidos em Seattle a força do pensamento contra-hegemônico. De Washington à Washington — de forma emblemática, coincidente ou labiríntica, o início e o ocaso de um ciclo que revela a atualidade do pensamento de Shakespeare quando asseverou há quase cinco séculos: "where I did begin, there I shall end".[(1)]

Leio com atenção e esmero o livro do Professor José Soares Filho *Integração Regional Sul-americana — Ênfase nas relações laborais, na perspectiva de negociação coletiva de trabalho em seu âmbito*, que é parte integrante de sua tese de doutorado em Direito na UFPE. Cada vez mais, a Escola Jurídica do Recife se consolida no âmbito nacional com mais essa obra. Este é um livro de leitura enriquecedora pela linearidade, pela coesão e coerência e também pela gama de citações que amparam sua linha de raciocínio.

Estruturado em nove capítulos, o presente livro faz um narrativa bem fundamentada cortando vertical e horizontalmente tema de importância estratégica na agenda das Relações Internacionais e do Direito Internacional: a integração regional e as relações de trabalho no Mercosul. Mais: traz anexos de referência e de constante consulta para os leitores que vão do Tratado da União Européia, matriz inspiradora do processo integrativo para o Mercosul, passando pelo Tratado de Assunção (TA/91), pelo Protocolo de Olivos (PO/02) e culminando no Acordo Multilateral de Previdência Social do Mercosul.

(1) Tradução minha, livre da citação do grande bardo de Stratford-upon-Avon: "Onde eu comecei, lá irei terminar".

Na primeira parte, o professor de Direito da Universidade Católica de Pernambuco (UNICAP) analisa os eixos da integração regional na dínamo causa-efeito do assimétrico processo de globalização. Ao jurista verdadeiramente engajado com sua cátedra e com missão educacional e social, compete diagnosticar o *continuum* do passado para uma compreensão crítico-reflexiva (ou melhor: crítico-prospectiva como refere justamente o autor) do presente.[2] Neste caso, o Professor José Soares vai além: traça prognósticos para o futuro da conjuntura mundial, completando, assim, a tríade passado-presente-futuro do tecido social transnacional que o autor denomina de "humanidade sem fronteiras". Sobre tal alcunha chamo atenção para a convergência da tese defendida pelo escritor José Soares com o que o sociólogo Immanuel Wallerstein chama de "civilização capitalista" com suas raízes profundas da economia-mundo na superestrutura e na infra-estrutura da vida cotidiana atual.[3]

Na segunda parte, há uma ênfase no estudo da harmonização dos sistemas jurídicos nacionais, especialmente do processo de recepção das normas do Mercosul. A livre circulação de pessoas, de bens e de capitais — um patamar já vivenciado na Europa pós-Maastricht (1992) — ainda precisa de sérios ajustes diante de seus entraves e dilemas na realidade da integração no Cone Sul. Aliando sua sólida experiência como magistrado do trabalho aposentado e como professor e pesquisador, José Soares trata, no Capítulo 9, da negociação coletiva de trabalho do Mercosul que tem reflexos nas mudanças em curso no direito do trabalho nacional em razão da interdependência local-global.

As conclusões são delineadas em quatro pontos e reforçam o imperativo de profundos significados sob a forma de pronunciamentos que ecoam do Vaticano: "o desenvolvimento é o novo nome da paz". Em tempos de construção de vários muros e fendas erguidos nas Relações Internacionais, é que precisamos, cada vez mais, de pontes — como defendia o Papa João Paulo II. São as pontes que devem ser utilizadas para transformar a realidade, salientando a essencialidade e a centralidade do ser humano como agente e paciente do processo econômico transnacional.

Planejei que não deveria citar muitos autores nesta breve apresentação do importante livro que temos em mãos. Afinal, *res ipsa loquitur* — a coisa fala por si só. Não é à toa que me inspiro na reflexão de Fernando Pessoa: "citar é ser injusto. Enumerar é esquecer. Não quero esquecer ninguém de quem me não lembre (...) A ânsia de ser completo leva ao desespero de o não poder ser."[4] Certamente, o poeta português é um artífice ímpar na arte das palavras. De qualquer

---

(2) *Cf. Características da educação da companhia de Jesus.* São Paulo, Edições Loyola, 1987. p. 28-30.

(3) A frase clássica de Wallerstein "o capitalismo é essencialmente um sistema social histórico" associa, com maestria, os longos ciclos históricos com o lento processo de maturidade da acumulação flexível agora assumindo conotações globais e em tempo real. *Cf.* WALLERSTEIN, Immanuel. *A civilização capitalista.* Lisboa, Ed. Estratégias Criativas, 1999.

(4) Frase inspiradora de Fernando Pessoa, in *Portugal entre Passado e Futuro.*

maneira, ficam aqui minhas sinceras palavras de congratulações por mais essa impávida contribuição do Professor José Soares, cuja densidade pode ser percebida em todas as suas páginas.

Thales Castro

Professor e coordenador da Pós-Graduação em Relações Internacionais da Universidade Católica de Pernambuco (UNICAP). Professor e coordenador do curso de Relações Internacionais da Faculdade DAMAS. Bacharel em Relações Internacionais e mestre em Ciência Política (Public Affairs) pela Indiana University of Pennsylvania, EUA. É doutor em Ciência Política pela UFPE. Realizou pesquisas em Direito (JD program) na Texas Tech University School of Law (1L). Membro da International Law Society (2005) na Texas Tech University School of Law. Consultor e palestrante em Relações Internacionais.

PREFÁCIO

O livro do jurista José Soares — *Integração Regional Sul-americana — Ênfase nas relações laborais, na perspectiva de negociação coletiva de trabalho em seu âmbito* — vem a lume em momento histórico apropriado.

O homem, enquanto fenômeno biológico, é um ser universal. Nasce e desenvolve-se fundamentalmente o mesmo em todos os lugares. As diferenças de raça, clima e nacionalidade não o afetam nas estruturas fundamentais que o identificam.

Monod[(5)] demonstrou que toda proteína contém de 100 a 10.000 radicais de ácidos aminados. Porém estes numerosos radicais reduzem-se a 20 espécies químicas diferentes que se encontram em todos os seres.

Portanto a espécie vivente de que se reveste o homem, juntamente com os demais seres vivos, é universal e redutível a princípios biológicos simples.

Pode-se então falar de uma universalidade biológica do homem, que o qualifica como tal, em qualquer parte do universo.

Já em sua vida cultural, o homem é um ser complexo, polifórmico e polissêmico, que cresceu e se desenvolveu sob influências diversas, de natureza ideológica, econômica e política diferentes, que, com a evolução da História, cristalizaram-se em grupos e, partindo deles, em nações-estados, que os organizaram.

A divisão do mundo em Estados é uma longa evolução de fatores tais como posse, propriedade, sentimento, dominação e guerras. Um imenso universo de fatores políticos e sociais individualizaram os grupos em estados e os seus habitantes em pessoas, mais tarde dotadas de personalidade jurídica e posição própria perante o Estado e a sociedade em que se integraram.

A carta política do mapa mundial nada mais é do que a sedimentação de um acaso de forças, nacionalidades e guerras que, colocando fronteiras artificiais, separaram definitivamente os homens.

Assim como as condições sócio-econômicas dividem os indivíduos em classes, a movediça situação universal, tramada por interesses econômicos e políticos, ajudada pela origem comum dos grupos e seu entrelaçamento histórico, criou os Estados modernos, como núcleos isolados no cenário mundial.

A comunicação entre estes grupos personificados *em Estados* sempre existiu, porque o homem e, em plano maior, o Estado não escapam ao princípio da sociabilidade.

---

(5) *Acaso e necessidade*. Petrópolis: Vozes, 2006. p. 59

Além da troca imprescindível para suprir necessidades comuns, nenhum Estado viveria sem o intercâmbio cultural e político com outros Estados.

Este intercâmbio, superando a mera necessidade do comércio e do interesse concreto, cresce para desejos mais elevados da experiência cultural e científica, plano em que todo Estado tem algo a oferecer.

Não se pode estabelecer uma teoria satisfatória e integral do homem sem oferecer uma teoria do Estado. "A natureza do homem está escrita em letras maiúsculas na natureza do Estado. Nesta, o sentido oculto do texto surge de repente e o que parecia obscuro e confuso torna-se claro e legível".(6)

Cassierer quer dizer que o desenvolvimento das individualidades só se torna possível quando instrumentalizado pelo Estado. Embora dele independente, o homem só se torna concreto, definido e socialmente organizado quando se integra no Estado.

Foi preciso, entretanto, uma longa evolução no tempo, que sempre corre lento quando se trata de evoluções qualificativas da espécie humana, para que esta realidade se tornasse um elemento palpável e concreto na História.

A evolução do ser humano, a exemplo das moléculas simples que sempre tendem a se agregar para a formação de organismos complexos, teve sempre um sentido que poderíamos chamar de "comunicador". Das estruturas simples dos grupos que, por acaso e necessidade agregaram pessoas, foi-se desenvolvendo para o grupo complexo até que se constituíram, como epílogos desta evolução, os Estados modernos.

Este círculo evolutivo começou a ter significado concreto com a expansão do século XVI, através das descobertas e das conquistas marítimas(7). Intensificou-se pela evolução tecnológica até esbarrar na globalização que outra coisa não é senão a proximidade dos povos e Estados pelos processos modernos de comunicação.

A economia mundial ou global firmou-se como um mercado sem os limites e restrições do espaço e do tempo, bem como sem os balizamentos das soberanias dos estados-nações(8) que, por sua natureza excludente, outra coisa não são senão barreiras que se interpõem entre a unidade do Estado e a pluralidade dos Estados.

Esta grande novidade já fora anunciada, no campo jurídico, pelo Direito Comparado. No centro das condutas díspares de Estados e indivíduos, sempre houve a tendência de uma força centrífuga que, fugindo do burburinho das atividades contingentes e limitadas, estabelecesse princípios racionais que legitimassem as diferentes condutas, perspectivas e comportamentos.

---

(6) CASSIERER. Ernst. *Ensaio sobre o homem*. São Paulo: Martins Fontes, 1997. p.108.

(7) Ê FRANCE, Georges. *História breve do comércio*. Lisboa: Verbo, 1962. p.43.

(8) DA SILVA, João Calvão. Globalização e direito da banca, da bolsa e dos seguros: uma resposta européia. In *Globalização e direito*, Coimbra: Coimbra Editora, 2003. p.124.

A tendência à unidade e ao sistema sempre foi um atributo da razão humana. Como salienta Cassierer "Todas as obras humanas surgem em condições históricas e sociológicas particulares. Mas nunca poderíamos entender essas condições especiais se não fôssemos capazes de apreender os princípios estruturais gerais subjacentes a tais obras".[9]

Anota Mireille Delmas-Marty que Raymond Saleilles imagina que "o direito comparado, pela aproximação das justiças, tenderá a tornar-se em suas grandes linhas, o direito comum da humanidade civilizada (...) conservando, para cada país, a independência absoluta de sua vitalidade própria."[10]

Se não chegamos ainda ao desejável objetivo de um "direito comum da humanidade civilizada", partindo da força parcial de cada Estado, caminhamos a passos nítidos nesta direção. E, neste ponto, surge a excelente contribuição da obra de José Soares.

A tendência a um mundo integrado em ações de natureza comercial, econômica e cultural é um fato inequívoco, que não passa despercebido aos olhos de todos, mesmo do observador mais desatento. O que ainda não sabemos são suas conseqüências para a humanidade como um todo. Para este julgamento, há que se esperar a consolidação dos fatos pois o julgamento histórico só pode dar-se *a posteriori*, nunca concomitante nem muito menos *a priori*.

Os fatos da vida não são só desejos de moralistas, juristas, sábios e religiosos. São independentes e acontecem por si mesmos. Depois é que são sistematizados e analisados por eles. A História humana, com suas gigantescas rodas, gira, em grande parte, fora do controle e da vontade dos homens[11].

É neste ambiente de mudança e internacionalização do homem e da cultura humana é que tem sentido e atualidade a obra do jurista José Soares.

A negociação coletiva mudou o Direito do Trabalho antes mesmo que se mostrassem com nitidez os fenômenos da globalização. A rapidez, sempre expansiva do capital, que tem natureza volátil e apátrida, obrigou o trabalho humano a uma regulamentação nova, que não cabia mais nas formas arcaicas e desatualizadas do arcabouço contratual e legal.

Não teria sentido supor que o legislador tivesse o dom impossível de prever tudo e atender com rapidez e eficiência as necessidades humanas que perderam o

---

(9) *Op. cit.* P.116.

(10) DELMAS-MARTY, Mirreile. *Por um direito comum*. São Paulo: Martins Fontes, 2004. p.136.

(11) Como salienta JENKINS, Keith. *A história repensada*. São Paulo: Contexto, 1995. p. 31, "A fragilidade epistemológica permite que as interpretações dos historiadores sejam multíplices (um só *passado* e muitos historiadores". Se há um só passado e muitos historiadores, também há um só futuro e muitas previsões. Só o momento histórico do fato real e acontecido é que vai permitir a leitura definitiva do que aconteceu.

centro e a fixidez, mudando-se a cada instante, à medida que também mudam os acontecimentos e as necessidades sociais.

Era preciso, e foi isto que aconteceu, que a fonte normativa das relações de trabalho se deslocassem do Estado para as próprias partes que, organizadas em grupo para melhor administrar os problemas do indivíduo, legislassem em seu próprio interesse.

Nasceram os sindicatos como produto natural do mundo moderno, para *serem agentes* de representação da classe trabalhadora e mecanismos de interlocução entre os empregadores e empresários.

Nasceu assim o Direito Coletivo como fenômeno jurídico original em que as partes estabelecem as normas que atendam a seus próprios interesses, sem o concurso do Estado que, em vez de fazer a norma, marca os parâmetros de seu conteúdo, mas sem êomina-lo ou êo-lo. Estas regras valem para as partes contratantes e reflexamente para terceiros. Nisto consiste seu grande poder legiferante[12].

Na primeira parte, ocupa-se o autor da integração regional, que é hoje o caminho obrigatoriamente percorrido para a globalização da moderna economia entre países e regiões.

O desenvolvimento através do capítulo 2 — mercados comuns; o capítulo 3 — mercado comum do cone sul (Mercosul) e, finalmente, o prognóstico da conjuntura política mundial fecham esta primeira parte. Aqui o leitor tem substanciosa leitura dos temas propostos, principalmente no capítulo 4, em que se analisa com muita correção doutrinária, o prognóstico da política mundial.

Na segunda parte, o autor faz uma abrangente análise das relações de trabalho no Mercosul, em que oportunos e desafiadores temas são tratados.

Depois do aspecto comparativo entre os sistemas trabalhistas do Brasil, Argentina, Uruguai e Paraguai, o autor parte para temas específicos, como consequência da ideia geral fixada anteriormente. Desta forma, o melhor método comparatista foi empregado: só depois da determinação do gênero, ainda que construído sob a visão do autor, é que se desce para a possibilidade de harmonização e compatibilização dos diferentes ordenamentos.

Temas de grande significado e plenos de modernidade completam a segunda parte: a circulação de trabalhadores, a ação sindical no processo de integração do Mercosul e a negociação coletiva em seus quadros.

---

(12) Zöllner/ Loritz/Hergenröider. Arbeitsrecht, 6 Auflage, München: C.H.Beck, 2008, p. 347. Lembram estes autores que há na Alemanha atualmente 61.700 convenções coletivas em vigência, que envolvem 5,45 milhões de trabalhadores. Porém, com a extensão de fato das convenções coletivas, que são tomadas como padrão para os contratos individuais dos empregados não cobertos, a extensão chega a 90% da população economicamente ativa, que é de 27 milhões de trabalhadores.

O livro é um estudo sério, atual e inédito em nossa bibliografia trabalhista.

O autor conciliou muito bem a temática com as exigências da negociação coletiva supranacional que hoje, na Europa, é uma realidade palpitante, inclusive com a criação de conselhos de empresa europeus.

José Soares sistematizou a doutrina, abrigou-a em plano lógico e didático. E desenvolveu idéias seguras sobre um tema difícil e inédito.

Não se precisa dizer mais nada para concluir que o livro ocupará um lugar de destaque na cultura jurídica brasileira.

Antônio Álvares da Silva

Professor titular de Direito do Trabalho da Faculdade de Direito da UFMG
Desembargador Federal do TRT da 3ª Região (Minas Gerais)

INTRODUÇÃO

Como contraponto à globalização econômica vem o processo de integração regional. Trata-se de um fenômeno surgido na metade do século XX, resultante da necessidade de os países situados numa mesma região se congregarem, reunindo capitais, tecnologias, recursos humanos, a fim de protegerem suas economias dos efeitos negativos da mundialização, e promovendo medidas conjuntas nos vários campos de atividade para dinamizar o progresso material e social de seus povos e, por esse meio, lograrem o desenvolvimento econômico com justiça social, que implica a melhoria de suas condições de vida. As organizações de integração econômica, pois, traduzem uma reação necessária dos Estados ao contexto econômico internacional.

O processo de integração mais avançado, consolidado e eficiente é o das Comunidades Europeias, que culminou com a União Europeia. O que mais interessa a este estudo e encerra seu núcleo é o Mercado Comum do Cone Sul (Mercosul), instituído pelo Tratado de Assunção de 1991 e ainda na fase inicial de sua evolução. Mas também se registra o surgimento da União das Nações Sul-Americanas (UNASUL), fenômeno mais recente e que desafia o projeto de integração regional, por ser mais amplo que o do Mercosul. Cumpre analisar os objetivos de um e outro processo, para verificar que são comuns e evitar equívoco na compreensão das relações entre eles, que podem (e devem) desenvolver-se conjuntamente, em forma de complementação e mútua colaboração.

Tal como os demais processos dessa natureza, o do Mercosul se restringia, de início, ao desenvolvimento econômico, embora seu tratado constitutivo contemple os direitos sociais. O trato da questão relativa a esses direitos veio depois, como exigência da integração, que compreende não apenas o fator econômico, mas também o social. Isso requer a harmonização das legislações dos países que compõem o bloco; e, num passo mais avançado, a criação, pelos órgãos comunitários competentes, de normas aplicáveis a todos eles, constituindo o denominado Direito Comunitário.

O processo de integração, por conseguinte, é complexo, incluindo as relações políticas, culturais, econômicas, bem como as relações sociais no seu sentido mais amplo, dentre as quais as de natureza trabalhista e previdenciária. Vale notar, a propósito, a instituição de uma legislação social própria no marco de uma Comunidade de países, a Europeia, com a Carta Social Europeia.

O direito comunitário, resultante do processo de integração regional, considera-se variante normativa do Direito Internacional. Consubstancia-se no tratado constitutivo da Comunidade, em atos ou protocolos que o complementam, assim como nas normas estabelecidas pelos órgãos deliberativos componentes da estrutura daquela.

O sistema de globalização das atividades econômicas, com a presença, no cenário mundial, de empresas transnacionais — cuja atuação peculiar representa uma ordem de poder não só econômico, mas também político, concorrente com o dos Estados — e a constituição de comunidades regionais de países, reclama, como contraface, a ampliação dos direitos sociais nessa escala, a fim de se estabelecer um razoável equilíbrio entre os interesses do capital e os do trabalho, indispensável para lograr a justiça social, que é pressuposto da paz e do verdadeiro progresso humano.

Esse desiderato poderá ser alcançado, de forma simples e com eficácia, pela negociação coletiva supranacional, que já é um mecanismo válido, embora ainda pouco exercitado, na esfera da União Europeia e poderá ser aplicado, com eficiência, no âmbito do Mercosul.

A experiência da negociação coletiva de trabalho tem ocorrido, com resultados auspiciosos, quase sempre no plano nacional, posto que se subordina aos fundamentos teóricos e aos parâmetros estabelecidos pelo ordenamento jurídico de cada Estado. Com a instituição de comunidades regionais de países, emerge a questão da extensão de seus efeitos para além desse marco, com a aplicação das convenções coletivas de trabalho em âmbito supraestatal, pela qual elas alcançarão segmentos da atividade econômica compreendidos em mais de um país, ou em todos os países componentes da Comunidade. É um imperativo da integração regional, favorecido pela similitude de condições socioculturais dos povos situados no espaço territorial daquela.

A negociação coletiva com essa dimensão afigura-se viável e conveniente, haja vista a tendência de harmonização do direito — especialmente o do trabalho — no seio da Comunidade. Trata-se de um objetivo que se acha na perspectiva da integração referente ao MERCOSUL, segundo, aliás, o Tratado de Assunção (1991), que reza deverem as dimensões nacionais dos mercados de trabalho ser entendidas em um novo espaço socioeconômico — compreendido pelos países que compõem o mercado comum —, o que importará no desaparecimento das fronteiras nessa matéria; e estabelece como meta a harmonização dos sistemas de relações trabalhistas em aspectos fundamentais, tendo em vista alcançar um mercado de trabalho sub-regional integrado.

A prática da negociação coletiva em nível comunitário será extremamente útil, porquanto pode conduzir o processo de integração regional a contemplar os direitos sociais, colocando-os nas pautas de discussão. Ademais, concorre para que os atores sociais dele participem com a normatização das respectivas relações negociais nesse plano. Dessa maneira, também contribui para a harmonização dos sistemas jurídicos nesse aspecto.

Pressupõe-se, nessas circunstâncias, a existência de organizações sindicais bem estruturadas, nesse nível, com competência jurídica para representar os membros das respectivas categorias localizados em todo o espaço do bloco regional de países e legitimadas para convencionarem normas aplicáveis em todos os Estados-partes. Ou seja, entidades reconhecidas como legítimas pelos sistemas jurídicos dos países, para exercerem as atividades que lhes são próprias além das fronteiras nacionais. Trata-se de um instigante desafio para as organizações representativas de empregadores e trabalhadores.

No tocante ao Mercosul, essa perspectiva existe no seio das entidades sindicais de nível superior, que já constituíram uma com base territorial no amplo contexto do bloco regional. Eis que elas, por suas centrais, desde cedo se uniram para conjuntamente influírem na formação do Mercado Comum de modo que neste fossem levados em conta os legítimos interesses das categorias econômicas e profissionais, afetadas pelo processo de integração. E criaram a Coordenadora de Centrais Sindicais do Cone Sul (CCSCS), que reúne as centrais sindicais dos países componentes do Mercosul e de seus associados (Bolívia e Chile). Está, assim, formada a estrutura organizacional, da parte dos trabalhadores, para negociação coletiva supranacional.

Dessa negociação já existe experiência na área mercadológica, conquanto incipiente e pontual, com a articulação de alguns setores da economia que atuam nesse quadro do Mercosul, tais como o siderúrgico, o bancário e o automobilístico. Há razoável expectativa de que ela se consolide, por força das circunstâncias e da própria natureza do processo de integração.

Este trabalho divide-se em duas partes, cada uma subdividida em capítulos.

A primeira parte trata da integração regional — seu conceito, tipos e objetivos (capítulo 1), com enfoque nos Mercados Comuns, aqui analisados sob os prismas de seu conceito, sua natureza jurídica e seus objetivos, e no direito comunitário, sobre o qual se traz a experiência da Comunidade Europeia, com expectativa de sua criação no Mercosul (capítulo 2).

O capítulo 3 aborda a integração regional sul-americana, em seus pressupostos, com destaque para o Mercado Comum do Cone Sul (MERCOSUL), no tocante à sua instituição, sua natureza jurídica e seus objetivos; sua evolução histórica, com menção das raízes culturais e da sua estrutura institucional; os direitos sociais ínsitos em seu ordenamento jurídico; as perspectivas de consolidação, com sobrevivência e desenvolvimento do bloco econômico, levando-se em consideração o desafio do enfrentamento do projeto da ALCA. Nesse passo, registra-se a União das Nações Sul-Americanas (UNASUL), com respeito à sua criação e sua estrutura institucional. Faz-se, ainda, uma abordagem da formação econômica da América Latina, a respeito da qual se faz remissão ao impacto da globalização no continente.

Segue um prognóstico da conjuntura política mundial, uma visão prospectiva para além da União Europeia e do Mercosul (capítulo 4), em que se destaca o tema relativo à sociedade e governança global na perspectiva de uma humanidade sem fronteiras.

Tocando o núcleo deste trabalho, cuida-se, na segunda parte, das relações trabalhistas no Mercosul. Expõe-se o direito do trabalho — com um enfoque de direito comparado — nesse bloco (capítulo 5). Faz-se uma análise comparativa dos sistemas jurídicos dos países do Mercosul sobre pontos específicos.

Abordam-se os temas relativos à harmonização dos sistemas normativos nacionais (capítulo 6) e ao direito à livre circulação de trabalhadores no espaço do Mercado Comum (capítulo 7), como requisitos da integração requerida pela comunidade de interesses que ele encerra. Registra-se a ação sindical como importante fator nesse processo (capítulo 8).

O resultado da pesquisa culmina com a demonstração da viabilidade teórica e prática da negociação coletiva de trabalho no quadro do Mercosul, assim como a indicação das perspectivas e da importância de sua aplicação nesse âmbito, em face da experiência supranacional, que transcende a que se realiza nesse bloco e na União Europeia. É o conteúdo do capítulo 9.

Conclui-se o trabalho, apresentando as razões de convencimento da viabilidade e relevância da negociação coletiva de trabalho supranacional, particularmente no Mercosul, como meio eficaz de regulação das relações trabalhistas nessa esfera. Expõem-se propostas para a consecução desse magno objetivo, que representa um corolário da integração latino-americana, a qual deve fazer-se levando em conta não apenas os interesses econômicos, mas também, com prioridade, os interesses sociais.

Realiza-se uma pesquisa de base bibliográfica, documentária e empírica. Adota-se nesse labor, principalmente, a técnica histórico-comparativa e, no tocante às citações, o método autor-data.

CONCEITO, TIPOS E OBJETIVOS DA INTEGRAÇÃO REGIONAL

CAPÍTULO 1

A integração regional é um fenômeno surgido na segunda metade do século XX, resultante da necessidade de os países situados na mesma região se congregarem, reunindo capitais, tecnologias, recursos humanos, a fim de protegerem suas economias dos efeitos negativos da mundialização e promoverem medidas conjuntas nos vários campos de atividade para dinamizar o progresso material e social de seus povos e, por esse meio, lograrem o desenvolvimento econômico com justiça social, que implica a melhoria de suas condições de vida. As organizações de integração regional, pois, traduzem uma reação necessária dos Estados ao contexto econômico internacional (MATIAS, 2005, p. 423).

Sánchez (2004, p. 17) considera o fenômeno da integração no quadro de um mundo em transformação, em que ela exerce um papel preponderante, como resposta às interrogações suscitadas nessa conjuntura. A esse respeito, analisa a ordem antropológica, a ordem cultural, a ordem geopolítica e a ordem econômica.

Em relação à primeira, assinala que na fase atual de sua evolução o homem — princípio e fim de todo sistema político, social, educativo e cultural — sofre um reducionismo selvagem e grosseiro, pela instauração do egocentrismo, em que o interesse geral cede diante do interesse individual e, assim, a noção do bem comum tende a desaparecer. "Com isso se veem afetados, necessariamente, os demais princípios ordenadores da vida social", dentre eles o da solidariedade, que "fica reduzido a nada" (SÁNCHEZ, 2004, p. 19).

No que diz respeito à ordem cultural, observa que o "imperialismo" cultural instala um absoluto relativismo, segundo o qual não existe uma moral objetiva (admite-se uma moral para cada pessoa). Ora, isso acarreta o debilitamento dos valores tradicionais sobre que assenta a sociedade, com a consequente perda da consciência da necessidade de agrupar-se em torno desses valores, os quais são os elementos que, em definitivo, configuram a identidade (pessoal e coletiva). O relativismo, por conseguinte, leva o homem a ensimesmar-se, não se reconhecendo pertencente a uma comunidade, o que inviabiliza o "intercâmbio cultural fecundo, em cujo marco os povos se enriquecem com a mútua doação de suas vivências". Por essa razão, diz-se que ele concorre para a destruição das culturas, representando a própria negação do cultural. Essa é, segundo Sánchez (2004, p. 21), a perspectiva atual no tocante a tal ordem.

Quanto à ordem geopolítica, Sánchez (2004, p. 22) aponta a tendência para a regionalização, movida pelo fator econômico, tido como eixo sobre o qual se constrói a nova ordem social. Refere-se ao papel das organizações supranacionais, criadas com o propósito de erigir instâncias capazes de superar o isolamento e abrandar os imperialismos.

Sob o prisma da ordem econômica, a integração tem em conta, sobretudo, o elemento econômico, que é seu eixo. Ora, em todos os processos dessa natureza se objetiva "a ampliação dos mercados e a complementação como mecanismos de sobrevivência num esquema ferozmente competitivo". Contudo, como estratégia de enfrentamento de outros blocos, tais processos "perdem de vista que a integração deve ser um instrumento de união e não de divisão". "A solidariedade é virtude e valor dos homens e dos povos." O mais "é cálculo e mera conveniência, conjuntura e instrumentalização; definitivamente, egoísmo" (SÁNCHEZ, 2004, p. 23).

O fenômeno da integração — "que está no centro das atuais tendências em política internacional" — segundo Sánchez (2004, p. 23), pode ser entendido de várias maneiras, conforme os processos históricos concretos e as teorias vigentes, e comporta algumas concepções, das quais ele menciona: "integração" pelo uso da força; integração fundada nas ideologias; integração sobre a base do pragmatismo, centrada na economia, ou seja, a integração considerada como "possibilidade meramente instrumental e conjuntural, surgida da mera conveniência econômica" (é a que inspira as tentativas de construção de blocos econômicos regionais); integração sustentada na irmandade universal do gênero humano, que implica "a convicção de uma radical interdependência" (JOÃO PAULO II *apud* SÁNCHEZ, 2004, p. 25), "é muito mais que a encarnação de uma conveniência histórica e geograficamente determinável. Trata-se, nada menos, de uma das maneiras mais coerentes de materializar a irmandade universal do gênero humano. A partir dessa ótica, jamais poderá ser a integração causa de divisão nem de contraposição".

"De que maneira pode a integração das nações favorecer um desenvolvimento harmônico e integral dos povos, a fim de que o bem comum deixe de ser uma quimera a mais em um mundo até há pouco tempo radicalmente dividido?" — indaga Sánchez (2004, p. 28), para, em seguida, oferecer os elementos de uma resposta adequada.

Em primeiro lugar, a integração deve ser um meio de garantia da paz, que, na concepção da Igreja Católica, expressa em pronunciamentos dos Papas Paulo VI e João Paulo II, é inerente ao desenvolvimento — "o desenvolvimento é o novo nome da paz" — (SÁNCHEZ, 2004, p. 28). Para a consecução desse ambicioso, nobre e indispensável objetivo, urge que os governos lhe deem a mais alta prioridade na formulação de suas políticas e seus programas de ação, tendo em conta que o desenvolvimento não deve ser meramente econômico ou tecnológico; porém, mais abrangente e de tal ordem que respeite a dignidade e os direitos inalienáveis da pessoa humana, ou seja, voltado à "plenitude ontológica dos homens e dos povos". E se conscientizem de que "o desenvolvimento humano integral está ligado estreitamente à busca da igualdade e da justiça e a uma preocupação sincera com os membros mais frágeis e mais pobres da sociedade" (SÁNCHEZ, 2004, p. 29). Ademais, o desenvolvimento deve valorizar a riqueza cultural e espiritual dos povos, pois são precisamente esses bens que, na verdade, qualificam a integração.

Sob a ótica política, a integração deve ser analisada como um fenômeno inserido no contexto da globalização, a qual tem, como importante elemento propulsor, os meios de comunicação. A intercomunicação gera interdependência dos povos, a qual empresta ao Estado nova configuração, que leva à revisão do conceito de soberania. Além disso, apresentam-se nesse quadro fenômenos aparentemente contrapostos — o ressurgimento de nacionalismos e regionalismos com os processos de integração —, que traduzem uma realidade de difícil compreensão. Para entender esse panorama, deve-se reconhecer a globalização como um dado da realidade, que não convém negar, não sendo razoável tentar subtrair-se aos seus efeitos, posto que é impossível consegui-lo. Importa, pois, procurar equilíbrios que possibilitem conviver nessa complexa realidade sem perder a própria identidade, bem assim tornar esses processos fatores de progresso para todos os membros da comunidade — nos planos nacional, regional e internacional (SÁNCHEZ, 2004, p. 51).

O êxito de um processo de integração depende de nova concepção da soberania desprovida, ao menos parcialmente, de conotações outrora dominantes, devendo "afirmar-se mais em suas notas culturais — verdadeiro substrato da soberania real — a fim de não perder sua identidade na inter-relação. E, por outra parte, abrir-se às demais culturas em intercâmbio fecundo". Outrossim, uma integração real e duradoura requer a conscientização e o comprometimento dos povos envolvidos no respectivo processo, pois sua participação nele é, evidentemente, o elemento-chave. Torna-se imperioso, por conseguinte, "desenvolver canais de participação que permitam ao homem comum intervir na construção de um futuro melhor". Isso implica "incrementar mecanismos de manifestação do cidadão, formas de contato entre governantes e governados, correntes educativas que conscientizem da necessidade de ocupar-se dos problemas que nos tocam vitalmente" (SÁNCHEZ, 2004, p. 53).(13)

O caráter jurídico da integração expressa-se no direito da integração, ou direito comunitário, de que se tratará adiante.

No campo das relações internacionais, distingue-se o fenômeno da cooperação do que se denomina de integração. Em um e outro está presente o conceito-motor poder ou coordenação de interesses. O sistema de relações particulares entre os protagonistas é que faz a diferença.

(13) Observa Sánchez (2004, p. 53) que o Mercosul só terá viabilidade e vigência "se for sustentado no desejo fervoroso e no esforço decidido das comunidades nacionais que o integram de avançar para uma unidade cada dia mais sólida e frutífera".

Na cooperação, comumente, há uma atividade de dois ou mais Estados concorrentes entre si e com os demais, em maior ou menor intensidade. Entre eles se estabelece um sistema de cooperação mediante o qual coordenam algumas ações de sua política exterior — geralmente de ordem econômica, comercial ou tecnológica —, prestam-se mútuo apoio visando à obtenção de vantagens particulares que contribuam para melhorar sua situação internacional, sem que isso importe em integração ou abandono da concorrência entre eles. Eis que a cooperação vale apenas para evitar os desgastes de uma oposição demasiadamente acirrada (ARBUET-VIGNALI, 2004, p. 178).

Em se tratando de processos de integração, via de regra, cria-se entre os Estados-partes um sistema homogêneo; além disso, nas relações entre eles a ideia-força preponderante que impulsiona o processo não pode ser o poder, mas "a coordenação de interesses nos de mais baixo perfil ou a composição ou unificação de interesses nos esforços mais profundos" (ARBUET-VIGNALI, 2004, p. 181). Quando a integração se processa em tal sistema, alguns Estados de pequena ou média importância, ou as grandes potências que perderam sua situação privilegiada ou que a veem ameaçada por novos competidores, para compensar suas desvantagens de poder frente a outras potências maiores, "tendem a aproximar-se, a reunir seus esforços e coordenar suas ações no marco de um microssistema estrutural baseado na coordenação ou unificação de interesses". Assim, adotam algum tipo de integração mais ou menos profunda, a fim de que, competindo em bloco com os demais, possam melhorar sua situação internacional[14] (ARBUET-VIGNALI, 2004, p. 182).

Biocca (2001, p. 17) considera a cooperação e a integração como formas diversas das relações internacionais. Para ela, "a cooperação procura intensificar os intercâmbios e as relações internacionais num campo determinado e alcançar algum objetivo de interesse nacional coincidente"; por isso, é viável entre países que adotam sistemas políticos, econômicos e sociais diversos. Por outro lado, "a integração procura uma interpenetração, harmonização e unificação das diversas políticas econômicas, sociais, dentre outras, e a criação de organismos comuns que assegurem o alcance dos objetivos propostos e os fins regionais. É um processo por sua natureza dinâmico, que desloca as fronteiras aos limites da área integrada".

Como traços que distinguem a integração da cooperação, Biocca (2001, p. 17) destaca, ainda, as circunstâncias de que, na cooperação, cada Estado defende seus interesses nacionais, inobstante coincida o objetivo que visam a alcançar com

(14) "Nestes casos — aduz Arbuet-Vignali (2004, p. 182) — os processos adquirem uma maior profundidade e coerência que nas experiências de cooperação, já que os Estados que atuam, situados dentro de um sistema de política internacional que responde à composição de interesses, formam entre si um marco político internacional cooperário, indo além da simples composição e procurando a coordenação ou a unificação de seus interesses."

a cooperação, ao passo que, na integração, a comunidade dos Estados defende interesses regionais, que nem sempre coincidem com os interesses nacionais.

"A integração pode constituir um processo eficaz para inserir Estados periféricos numa melhor situação para o desenvolvimento de suas relações internacionais, atendendo à globalização tanto política quanto econômica" (BIOCCA, 2001, p. 16). Segundo Schaposnik *apud* Biocca, 2001, p. 17, "a integração não é um fim em si mesmo, mas um meio ou instrumento para alcançar o desenvolvimento".

Os processos de integração, segundo Arbuet-Vignali (2004, p. 183-200), apresentam as seguintes características: são mais profundos e complexos; necessariamente são institucionalizados, geralmente através de uma Organização Internacional com personalidade jurídica de Direito Internacional, que em alguns casos desempenha um papel de protagonismo, com grande autoridade (Organizações Supranacionais); têm uma longa duração; seus participantes procuram não apenas vantagem individual para cada um, mas também perseguem fins comuns, consistentes, por exemplo, em conferir mais poder ao grupo e a seus integrantes, proporcionar-lhes segurança, superar em conjunto as situações individuais e proporcionar mais bem-estar aos povos nele compreendidos; a segurança e o bem-estar de cada membro não devem incrementar-se em termos de competição com os outros do grupo, mas de promoção de ações conjuntas perante terceiros; a união de esforços no sentido do incremento de benefícios individuais e da melhoria dos sócios é a chave da integração, que a distingue da cooperação; os estágios mais profundos de integração, aqueles que contam com autoridades supranacionais, regulam-se por um novo sistema jurídico, ou seja, o denominado Direito Comunitário; tais processos constituem fenômenos de natureza essencialmente política, qualquer que seja o campo em que se desenvolvam (de um modo geral, o econômico); requerem uma estrutura orgânica em que se apoiem; situam-se num complexo ordenamento jurídico, que lhes dá certeza e segurança; na integração internacional, as vantagens individuais serão o resultado do benefício coletivo, não devendo procurar-se à custa dos sócios, mas vir de fora do conjunto; a soberania não é atingida, mas, ao contrário, "a integração é uma forma jurídica e política de manter este atributo sem afetar a capacidade de coordenar ações em conjunto para incrementar a potencialidade do grupo frente a terceiros diante das novas exigências das relações internacionais"; os participantes num processo de integração, embora mantenham sua personalidade independente, em medida variável confundirão suas atividades em algumas áreas, a fim de promovê-las em conjunto, submetendo-as a autoridades comuns, que são indispensáveis e poderão evoluir até a união, fundindo-se em um novo Estado.

A integração, segundo Biocca (2001, p. 19 e 20), assume diversos tipos: a integração fronteiriça, a zona de livre comércio, a união aduaneira, o mercado comum e a união. Ela assim caracteriza cada um:

a) Integração fronteiriça: "um movimento sub-regional com objetivo tarifário no comércio fronteiriço";

b) Zona de Livre Comércio: "um sistema que suprime as tarifas alfandegárias e outras restrições não alfandegárias para facilitar o comércio entre os Estados-partes". Cada um, todavia, mantém sua autonomia comercial tarifária perante terceiros Estados;

c) União Aduaneira: "caracteriza-se pela supressão gradual de entraves e restrições aduaneiras", de tal modo que dois ou mais territórios aduaneiros são substituídos por um só (definição do GATT). Em suas relações com terceiros, os Estados-membros aplicam tarifa aduaneira única, ou seja, a tarifa externa é comum;

d) Mercado Comum: procura-se eliminar as barreiras econômicas, promovendo uma livre circulação de pessoas, mercadorias, serviços e capitais, com políticas sociais e culturais comuns, normas estruturais e regras comunitárias estabelecidas por órgãos comunitários aos quais os Estados delegam competências legislativas e jurisdicionais, o que implica o exercício comum da soberania e uma atuação política consensual perante terceiros Estados;

e) A união: constitui a etapa mais avançada na evolução e no desenvolvimento dos processos de integração. Nela ocorre a unificação das políticas monetárias e fiscais, dos sistemas de defesa e das estratégias internacionais, dentre outras medidas. Existe, assim, um sistema político, jurídico, econômico e social diferenciado dos pertinentes aos Estados que o compõem.

Nesse ponto, a integração tende à instituição de uma federação de Estados, como se verifica na União Europeia em face de uma Constituição para a Comunidade, subscrita, em 29 de outubro de 2004, em Roma, pelos representantes dos 25 Estados-membros, devendo entrar em vigor logo que estes ratifiquem seu texto.(15)

O processo de integração, sob o aspecto econômico, segue uma linha de evolução progressiva, segundo os níveis dos compromissos assumidos, que Valdez (1997, p. 45) indica como segue:

1) zona de livre comércio. Os membros acordam a redução ou eliminação recíproca das tarifas alfandegárias; todavia, cada país-membro mantém sua própria tarifa em face de terceiros países;

2) acordo de complementação econômica, o qual, além dos acordos alfandegários e para-alfandegários, inclui normas sobre tecnologia, cooperação técnica, inversões e comunicações;

---

(15) Sobre o projeto de Constituição da União Europeia, discorre-se em texto anexo.

3) união aduaneira, através da qual os países-membros estabelecem uma tarifa comum perante terceiros;

4) mercado comum[16]. Nessa fase, que caracteriza uma maior integração, são eliminados os controles sobre os movimentos do capital e do trabalho, ensejando-se circularem livremente as pessoas, os bens, os serviços e os capitais;

5) união econômica[17], que complementa o mercado comum, com medidas regionais supranacionais e a coordenação de todos os ramos de política econômica entre os membros.

Seguem-se políticas governamentais de âmbito interno, tais como as trabalhistas e as fiscais, a exemplo das que foram instituídas pelo Tratado da União Europeia (Maastricht, 1992).

Gonzalez-Oldekop (1997, p. 295-299) apresenta, a propósito, o seguinte quadro das etapas do processo de integração:

1) Área de preferência tarifária. Os Estados-membros gravam o comércio recíproco com tarifas inferiores às que aplicam aos países que não integram o bloco. Nesse nível de integração são contemplados apenas os aspectos comerciais.

2) Associação de livre comércio. Os Estados-membros ajustam a eliminação, no comércio recíproco, das restrições tarifárias e paratarifárias. Nesse nível são contemplados, prioritariamente, os aspectos comerciais.

3) União aduaneira. Os países que formam o grupo regional acertam uma tarifa comum a ser aplicada a terceiros países. Nessa fase do processo de integração, requer-se certa harmonização e coordenação de políticas macroeconômicas[18].

---

(16) Assinala Chiarelli (1992, p. 59) que a Zona de Livre Comércio e a União Aduaneira constituem o alicerce ("estacas firmes, batidas e aprofundadas") do Mercado Comum, pois este resulta da conjugação dessas duas fases do processo integracionista, das quais decorre a livre circulação de serviços e fatores da produção. "O Mercado Comum — aduz — é um passaporte, sujeito a carimbo, para chegar-se a sua etapa sublimada: a união ou comunidade econômica". É, com suas limitações e amplitude, até o presente, "o ponto mais elevado da ascensão integracionista" (CHIARELLI, 1992, p. 61).

(17) A União Econômica é alcançada "quando se agrega ao Mercado toda aquela coordenação afinada sobre setores da economia que transcendem o tarifário, o tributário, o mercantil propriamente dito, desaguando no monetário, no cambial, no financeiro e no fiscal *lato sensu*. É o instante da moeda comum; primeiro a contábil, ou meramente escritural [...] e, posteriormente, a de circulação aberta, para uso e troca direta. É o momento de concentração do comércio nervoso da vida financeira nas mãos de um banco ou superbanco central [...]" (CHIARELLI, 1992, p. 61).

(18) Sublinha Gonzalez-Oldekop (1997, p. 298) que o Mercosul conseguiu alcançar a união aduaneira, após concluída a primeira etapa de transição, em 1994; porém, de forma incompleta, porquanto restam o mercado comum e, em certa medida, a união aduaneira, como metas a serem concretizadas.

4) Mercado comum. Nesse ponto, decide-se a liberdade de circulação dos fatores de produção entre os países-membros, bem como a adoção de uma política comercial comum a eles. Avança-se no processo de harmonização e coordenação de políticas macroeconômicas e setoriais[19].

5) União econômica e monetária. Representa o ponto culminante da integração, o maior grau no respectivo processo. Em relação à etapa anterior, acrescentam-se a criação de moeda única e a exigência de que as políticas macroeconômicas, setoriais e sociais sejam estabelecidas por um órgão comum (e não apenas harmonizadas, como no caso de um mercado comum)[20]. Podem ser tratadas, nessa fase, questões tais como cooperação de política exterior e de defesa, bem assim cooperação em aspectos de política interior, como prevê o Tratado de Maastricht na União Europeia.

Sánchez (2004, p. 85) expõe os níveis de integração, segundo uma ordem de gradualidade sequencial na concretização de seus fins. Observa, contudo, que inexiste algum modelo que tenha sido construído seguindo esses passos em forma sucessiva. O elenco que ele apresenta pouco difere dos que acabamos de registrar. Tem os seguintes itens:

1) Zona preferencial. Os países que compõem o bloco regional ajustam entre si um tratamento tarifário diferenciado ("margem de referência"), mais favorável que o dispensado a terceiros países;

2) Zona de livre trânsito ou de livre comércio. Pela supressão de obstáculos e a eliminação de restrições, propicia-se a livre circulação de bens e serviços no espaço do bloco, mantendo cada Estado-membro, todavia, suas tarifas externas aplicadas aos Estados situados fora do bloco. Nesse grau, o processo de integração implica a menor cessão de soberania por parte dos Estados-membros, porquanto estes conservam sua política interna para o setor do comércio e não sofrem restrição quanto à liberdade de ter uma política própria de relações comerciais com terceiros (ARNAUD *apud* SÁNCHEZ, 2004, p. 86);

---

(19) Gonzalez-Oldekop (1997, p. 298) menciona, como exemplo de uma experiência bem-sucedida a esse respeito, o da Comunidade Europeia (CE), em que, por decisão do Conselho, atendendo à proposta da Comissão, foram ampliadas suas competências em matéria econômica, vindo essa extensão a ser reconhecida pelo Tribunal de Justiça da Comunidade, o que propiciou à CE exercer atribuições em matérias monetárias, de meio ambiente, sociais, de desenvolvimento regional, dentre outras. No tocante à América Latina, cita o Pacto Andino (atualmente denominado Comunidade Andina), no qual houve uma tentativa de integração sob a forma de mercado comum, bem como o Mercado Comum Centro-Americano, que procura atingir esse nível no referido processo; e o Mercosul, que também constituirá um sistema de integração desse tipo, contanto que realizado em todos os aspectos previstos pelo Tratado de Assunção e os protocolos complementares.

(20) A essas alturas, passa-se dos interesses puramente comerciais para os da integração econômica e, daí, para os que envolvem a geração de blocos e para a área da política social.

3) União Aduaneira. Estabelece-se uma tarifa externa comum, para o que se faz necessária a unificação da política comercial. O processo de integração é aprofundado relativamente às etapas anteriores, diante da necessidade de coordenar políticas nas áreas de importação e exportação, requerendo-se, para tanto, que seja o exercício do poder de tributação cedido a órgãos comunitários;

4) Mercado Comum. Acresce, aos passos dados anteriormente, a livre circulação dos fatores produtivos — mão de obra e capital. É um objetivo há muito tempo alcançado no âmbito da Europa (desde a Comunidade Econômica Europeia, instituída pelo Tratado de Roma, de 1957), mas não atingida pelo Mercosul, que, segundo opinião unânime da doutrina, ainda é uma união aduaneira imperfeita;

5) Comunidade econômica. Nessa fase ocorre a unificação da atividade macroeconômica dos Estados-partes. Segundo Dromi, Ekmekdjian e Rivera *apud* Sánchez (2004, p. 87), "a comunidade econômica é o modelo mais aperfeiçoado e complexo dos processos de integração [...] é a etapa prévia da integração política, visto que implica a adoção de políticas comunitárias, isto é, decididas por instâncias supranacionais, em setores cada vez mais amplos da atividade do Estado";

6) Integração completa ou total. Caracteriza-se pela unificação das políticas monetária, fiscal e social, cuja implementação requer uma autoridade supranacional com poder para tomar decisões que se tornem obrigatórias para os Estados-partes.

Os processos de integração, de um modo geral, visam de início ao aspecto econômico, que é o vetor e elemento de estímulo para instituição de um mercado comum. Só depois, sob pressão dos interessados, cuidam da problemática social, e ainda assim de forma lenta, parcimoniosa e com cautela na implementação das respectivas normas. É o que se verifica na Europa, onde a integração social se iniciou quando já existia o Mercado Comum (desde a Comunidade Econômica Europeia) e se desenvolve paulatina e cautelosamente. Quanto ao Mercosul, os governos dos Estados-membros, pressionados pelos movimentos sociais, cuidaram das questões sociais com menor atraso que na Comunidade Europeia[(21)]: no Protocolo de Brasília, celebrado em dezembro de 1991, foi criado, pela Resolução n. 11/91 do Grupo Mercado Comum, o Subgrupo de Trabalho (SGT) n. 11 (depois denominado SGT 10), para assuntos de relações de trabalho, emprego e seguridade. Posteriormente, por proposta das centrais sindicais, os governos incluíram na agenda oficial projeto de uma Carta Social, ou de Direitos Fundamentais do Mercosul; em junho de 1997, graças aos esforços da Coordenadora das Centrais Sindicais do Cone Sul — CCSCS, foi instituído o Foro Econômico e Social, que es-

(21) Essa também é a opinião de Chiarelli (1992, p. 65).

tabeleceu uma dimensão social ao processo de integração e a democratização de suas instâncias de decisão; em 10 de dezembro de 1998 foi firmada, pelos presidentes dos Estados-partes, a Declaração Sociolaboral do Mercosul.

A integração no aspecto social versa sobre o trabalho humano, compreendendo os direitos fundamentais dos trabalhadores, dentre eles, especialmente, o de circular livremente no espaço geográfico da Comunidade, podendo exercer em qualquer parte dele sua atividade laborativa e participar de associações profissionais e sindicais, sem discriminação. Assegura-se aos obreiros, nessa situação, a preservação dos direitos adquiridos no país de origem em razão de sua atividade profissional, tais como os de natureza previdenciária, bem como receber tratamento igual ao que é dispensado aos nacionais do país onde se encontrem, nas mesmas condições. A livre circulação de pessoas na área do bloco regional requer coordenação dos diferentes regimes de seguridade social, de tal modo que os migrantes não sofram prejuízo em termos de assistência à saúde e de pensões.

Outras implicações do processo de integração na esfera sociotrabalhista concernem: ao emprego — há setores que podem gerar mais e melhores postos de trabalho, em relação a outros setores; à formação profissional, orientada para atender à demanda de pessoas capacitadas ao exercício das atividades geradas pelos novos processos de integração; à negociação coletiva de trabalho transnacional[22]; à evolução dos conflitos trabalhistas; à seguridade e higiene na indústria; à proteção contra a discriminação etc.

Incluem-se nesse rol, ainda, questões ligadas ao mundo do trabalho, de espectro abrangente, tais como as pertinentes ao movimento sindical, ao exercício do direito de greve, à inspeção e fiscalização do trabalho, à política de emprego, aos valores remuneratórios, à infortunística (que inclui a previdência e seguridade social). Mas não se esgota nessa área a integração social.

Valdez (1997, p. 46) refere-se aos efeitos da integração para as relações trabalhistas, assinalando que os objetivos comuns dos respectivos acordos, nessa matéria, dizem respeito ao incremento dos níveis de emprego e salários, como resultado do crescimento da economia. E adverte para o risco de as políticas nesse campo considerarem a remuneração do trabalho como um custo da produção e, em consequência, procurarem reduzi-la, a fim de melhorar a competitividade do país. [23] Há,

(22) Esse tema é objeto dos Capítulos 13.2 e 15.1.3.

(23) "Na busca da competitividade todos os governos procuraram fórmulas para evitar que os salários exerçam pressão sobre a inflação, por isso que os níveis salariais tiveram em muitos países uma tendência depressiva, de tal modo que os processos de integração costumam aparecer mais como um risco social do que como uma busca de benefícios ampliados conjuntamente com as novas dimensões do mercado e o incremento do intercâmbio." "En la búsqueda de la competitividad todos los gobiernos han buscado formulas para evitar que los salarios presionen sobre la inflación por lo que los niveles salariales han tenido em muchos países una tendencia depresiva, en forma tal que

nesse quadro, o perigo de que "o salário seja manejado como uma variável da política econômica nacional" e, assim, seja objeto de estreito controle pelos governos.

A integração opera-se num espaço econômico, político e social criado pelos Estados e deve ter como objetivo o desenvolvimento harmônico independente. Quando se restringe ao fator econômico, representa uma inserção passiva e funcional no sistema internacional e de globalização, com perspectiva de consolidação da ordem estabelecida. Ora, como bem demonstra a experiência, o só crescimento econômico não se compatibiliza com o desenvolvimento sustentável — objetivo precípuo da integração —, que deve ser harmônico e equilibrado, eis que os índices respectivos costumam ser inversamente proporcionais ao bem-estar do povo, posto que tal crescimento exclui de seus benefícios vastos setores sociais. Ao contrário, a integração solidária promove a inserção ativa, pois visa a alcançar o desenvolvimento econômico e o bem-estar social com plena participação social, tendendo para a transformação da ordem estabelecida. Esse é o objetivo expresso no Tratado de Assunção (que instituiu o Mercosul), ou seja, "o desenvolvimento sustentável com Justiça Social, que permita uma adequada inserção no âmbito internacional". Em suma, o desenvolvimento em referência deve ser integral, harmônico, equilibrado e com justiça social (BIOCCA, 2001, p. 21 e 22).

Um projeto de integração plena tem, entre suas metas, a integração política, compreendendo temas como segurança, defesa externa, política exterior, diplomacia. A integração política requer, especificamente, um Parlamento com jurisdição em todo o espaço territorial da Comunidade. "É possível, até mesmo provável, que, na marcha batida rumo à integração plena, o Parlamento Europeu ganhe força legiferante, edite leis com vigência automática no território comunitário, sem necessitar do referendo das casas legislativas nacionais." (CHIARELLI, 1992, p. 70). Essa competência, todavia, não implicará excluir a dos parlamentos nacionais, à medida que se restrinja aos assuntos de dimensão macro, preservando-se a desses últimos para deliberar sobre matéria de economia interna dos Estados-membros. Assim, caberá ao Parlamento comunitário traçar os princípios básicos e as normas de hierarquia maior, aplicáveis na esfera da Comunidade, enquanto aos Parlamentos nacionais se reservará a atribuição de regulamentá-las, para sua implementação, respeitadas as respectivas diretrizes, que terão força vinculante. "A união política é um dever, uma aspiração, uma pretensão dos projetos mais refinados de integração" (CHIARELLI, 1992, p. 73).

Sob o aspecto político-jurídico, "a integração é uma técnica utilizada para a criação de um poder real para exercer as competências confiadas às instituições da comunidade", que "supõe a atribuição de competências por parte dos Esta-

los procesos de integración suelen aparecer más como un riesgo social que como una búsqueda de beneficios ampliados conjuntamente con las nuevas dimensiones del mercado y el incremento del intercambio" (VALDEZ, 1997, p. 46).

dos-membros às instituições da Comunidade que revestem caráter supraestatal." Nesse caso, os Estados renunciam à sua competência sobre determinadas matérias, a qual é assumida pelos organismos comunitários, cujas decisões têm efeito direto não apenas sobre os Estados, mas também sobre os cidadãos da Comunidade; e que essa delegação, no entanto, não implica a criação de um novo Estado diverso dos Estados-membros. (JEAN-VICTOR LOUIS *apud* BIOCCA, 2001, p. 18). Em suma, expressa-se, nesse quadro, o exercício conjunto de competências exercidas pelo Estado de modo exclusivo antes do processo de integração constitutivo da comunidade (BIOCCA, 2001, p. 18).

A integração regional compreende um conjunto de elementos diversos, entre os quais se inclui o econômico, ou seja, as atividades de produção e comércio supranacionais.[24] O critério amplamente dominante, nesse contexto, tem sido a visão econômica. Esse reducionismo econômico [25] sugere que a integração tem por escopo a concretização de bons negócios e a obtenção de benefícios para os habitantes dos países envolvidos. Assim, com ela não se alcançaria mais que um acordo de cooperação, ou uma aliança estratégica em matéria econômica, praticamente relegando-se a participação do elemento social. Essa diretriz encerra a concepção de autossuficiência das variáveis econômicas. Porém, os que a sustentam incorrem em equívoco, como se edificassem sobre um terreno tão instável e volátil, quanto tem demonstrado ser o mercado (PIZZOLO, 2002, p. 22).

A evolução desse processo mostra que, com os problemas econômicos, surgem outros tipos de problemas, que não apenas têm origem própria, mas também requerem uma solução diversa da que se desenha na economia. Esses novos problemas situam-se nas dimensões humana e jurídica, as quais "formam parte de um todo que tem no ator humano seu centro, seu ponto de apoio e [...] sua categorização", de tal modo que "uma e outra dimensão se contêm mutuamente" (PIZZOLO, 2002, p. 24).

Segundo Arbuet-Vignali (2004, p. 194), os processos de integração, considerando-se as características de um mercado comum almejado, bem como as exigências da livre circulação de bens, serviços, mercadorias e pessoas, incidem, para além dos requisitos do mercado, em toda a vida de uma nação, não apenas em seu comércio, sua economia e suas finanças, mas também nas relações privadas, no trabalho, na família, na cultura, nos gostos e modas, nas medidas para

---

(24) Biocca (2001, p. 16) refere as duas concepções de integração, quanto à sua abrangência: aquela segundo a qual a integração se esgota no elemento econômico, considerado em sentido amplo (produtivo-comercial-financeiro) e a que empresta a esse fenômeno uma compreensão ampla (política-econômica-social-cultural).

(25) Esse caráter presidiu o Tratado de Assunção (1991), que tratou prioritariamente das relações comerciais no contexto de uma associação de países por ele criada. Por isso, não se instituía, propriamente, com o Mercosul, um mercado comum, cujo perfil, entretanto, "estava desenhado no horizonte político do cronograma fixado (e até hoje não cumprido)" — segundo a opinião de Chiarelli (2004, p. 53).

a seguridade interna, nos posicionamentos sobre política exterior e, em última instância, nas exigências da defesa do grupo. "Nesses casos o problema de um é o problema de todos, o interesse de um deve ser o interesse de todos, e reciprocamente. O universo de interesses comuns é total e se não o é no início do processo, as circunstâncias, inexoravelmente, levarão a que o seja assim."

A integração regional requerida para constituição e desenvolvimento dos mercados comuns é um processo humano e não um fenômeno da natureza; por conseguinte, é determinada, tanto quanto o direito em geral, predominantemente, pela conduta humana. "Isto é, o ator humano não só realiza sua criação, mas também decide suas formas e relevos" (PIZZOLO, 2002, p. 26).

O espaço primário em que a integração se faz é o da sociedade humana. Ademais, não há um único espaço social, senão uma diversidade de espaços sociais, cuja unificação constitui o fim último da integração regional. Em outras palavras, a integração compreende uma multiplicidade de fatores diversos que compõem a realidade humana, tais como o econômico, o social, o político, o cultural.

A integração requer, como condição de seu progresso, uma sociedade aberta, como tal considerada aquela não marcada por barreiras ideológicas e cujos atores dominantes alcançaram um nível de reflexão que enfraquece qualquer forma dogmática de pensamento, orientando sua conduta por um conhecimento *a posteriori* fruto da experiência e do debate público de ideias.

Por conseguinte, a noção de soberania flexibiliza-se com o avanço da integração regional, a ponto de reduzir as competências do Estado ao plano residual, porquanto em muitas matérias elas são atribuídas aos órgãos comunitários. "A própria Constituição de um Estado cede seu cetro, no conjunto de competências que foram objeto de atribuição, para permitir que um novo soberano — o Direito Comunitário — reine sobre a ordem jurídica nacional" (PIZZOLO, 2002, p. 56).

Diante da atual estrutura internacional (global) — em que uma superpotência, evidentemente superior a todas as demais, não está disposta a assumir os custos de sua hegemonia e propõe dividi-los com a Organização das Nações Unidas; em que surgem poderes fora do controle estatal, que atentam contra o atributo da soberania, movidos por fanatismos doutrinários e religiosos (fundamentalistas), de que é sintomático o atentado terrorista de 11 de setembro de 2001 contra os EUA; em que é praticado o terrorismo de Estado, em nome da segurança e da paz, a exemplo da guerra contra o Iraque promovida pelos EUA e a Inglaterra etc. —, só resta às médias e pequenas potências tentar uma integração profunda, se desejam ter alguma possibilidade de êxito na luta pelo poder mundial . "Daí a urgente e imperiosa necessidade de modificar as estruturas e as normativas do atual Mercosul" (ARBUET-VIGNALI, 2004, p. 134).

Esse quadro da conjuntura internacional demonstra "a importância da integração profunda em nível global para estabelecer um mando ordenador justificado para controlar algumas atividades internacionais, ou de integrações políticas profundas regionais para encaminhar um novo mando internacional coordenado e justificado por um sistema de equilíbrio de poder grupal." (ARBUET-VIGNALI, 2004, p. 135).

Espiell (1997, p. 245) ressalta a importância da integração, considerando que ela "É o caminho necessário, em nossos tempos, nos dias que vivemos, para alcançar um futuro de dignidade e progresso". "É por isso que "nossa independência, sua manutenção e sua afirmação, requer que avancemos decididamente no caminho de integração."[26]

Digna de nota é a colocação feita por Sánchez de que, no contexto de um mundo globalizado, integrado por blocos de países com situação econômica desigual e desenvolvimento diferente, a integração pode ser um meio eficaz para reduzir essas disparidades, ou para aumentá-las se não for implementado um novo conceito de humanidade, que expresse a solidariedade mundial, interprete e estabeleça um novo papel para a economia de modo que ela tenda ao crescimento geral e não simplesmente à acumulação de riquezas.

> [...] não é aceitável a integração que não busque potenciar os esforços para gerar empregos e alcançar o desenvolvimento. A integração deve estar ao serviço do homem, deve servir de instrumento para elevá-lo não para degradá-lo e para que os povos possam combater a pobreza e não para acentuar diferenças[27] (SÁNCHEZ, 2001, p. 36).

Há consciência, presente em líderes sociais, de que o processo de integração poderá propiciar a geração de mais riquezas e a distribuição de seus resultados em benefício de todos, numa sociedade mais equitativa, "com a proporcionalidade democrática que levará em conta também o princípio da Justiça Social" (CHIARELLI, 1992, p. 74).

Sánchez (2001, p. 36) menciona alguns benefícios que a integração pode proporcionar: aos países industrializados e dotados de tecnologia, a consolidação de seu crescimento ou maiores possibilidades de expansão; aos países em desenvolvimento ou não desenvolvidos, a possibilidade de enfrentar com êxito a globalização. Em relação aos Estados que, atuando isoladamente, não poderiam encarar nenhum plano de desenvolvimento, a integração pode fortalecê-los, se utilizados adequada e estrategicamente os benefícios da mundialização.

---

(26) "Es el camino necesario, en nuestros tiempos, en los días que vivimos, para alcanzar un futuro de dignidad y progreso.
"Es por eso que nuestra independencia, su matenimiento y su afirmación, requiere que avancemos decididamente en el camino de integración."

(27) "[...] no es aceptable la integración que no busque potenciar los esfuerzos para generar empleos y lograr el desarrollo. La integración debe estar al servicio del hombre, deve servir de instrumento para elevarlo no para degradarlo y para que los pueblos puedan combatir la pobreza y no para acentuar deferencias."

A integração não só ampara as instituições democráticas, mas também as fortalece, como ficou demonstrado no episódio ocorrido no período de 22 a 25 de abril de 1996, no Paraguai — uma frustrada tentativa de quebra da ordem institucional, diante da qual reagiram de imediato o Secretário-Geral da OEA, os governos dos EUA, Argentina, Brasil e Uruguai, seguidos por toda a Comunidade Internacional. A integração, ademais, constitui-se em um instrumento útil para enfrentar problemas que vêm preocupando o mundo, tais como o relativo à proteção do meio ambiente, o que poderá ser obtido, mais provavelmente, com a união de esforços no sentido de reduzir as consequências da degradação produzida pelo homem em seu próprio habitat. "Por conseguinte, a integração através da conscientização recíproca entre os Estados-Partes permite criar condições para um crescimento harmônico, equilibrado e sustentável."(28) Em suma, "a integração é um fenômeno que revitaliza e amplia extraordinariamente as perspectivas do homem ao afetar de um modo relevante as relações internacionais entre os povos, convertendo-se em um meio fundamental para alcançar o desenvolvimento"(29) (SÁNCHEZ, 2001, p. 37).

(28) "Por consiguinte, la integración a través de la concientización recíproca entre los Estados Parte, permite crear condiciones para un crecimiento armónico, equilibrado y sustentable."

(29) "Podemos decir pues que la integración es un fenómeno que revitaliza y amplia extraordinariamente las perspectivas del hombre al afectar en un modo relevante las relaciones internacionales entre los pueblos, convirtiendose en un medio fundamental para lograr el desarrollo."

CAPÍTULO 2

OS MERCADOS COMUNS

2.1. Conceito, natureza jurídica e objetivos do Mercado Comum

Para sobreviverem diante da desenfreada e cruel concorrência e a espoliação exercida pelo sistema financeiro internacional, os países unem-se em blocos regionais, através dos quais se fortalecem para defesa de seus interesses mútuos. Com esse objetivo constituem um mercado comum(30), que requer a instituição de normas estruturais e um conjunto de regras comunitárias, editadas por órgãos aos quais os Estados-partes delegam faculdades legislativas e jurisdicionais, num exercício comum da soberania, conforme Biocca (2001, p. 20). O mercado comum corresponde a uma etapa avançada no processo de integração.

Os mercados comuns (31) constituem um fenômeno significativo e de importância considerável no quadro das relações internacionais. São interpretados por alguns estudiosos como uma reação de um conjunto de países à mundialização da economia,(32) com o fim de proteger contra seus efeitos as economias nacionais respectivas (FREITAS JR., 1997, p. 28).

São blocos de países que se formam com objetivos basicamente econômicos(33), voltados para a defesa de suas economias contra a dominação do capital externo (34), bem como para o desenvolvimento delas através da mútua cooperação no plano interno. A persecução dessa meta funda-se num processo de integração entre os membros do bloco, em que se dá a instituição de comunidade regional de Estados.

---

(30) A primeira e bem-sucedida experiência dessa natureza é a das Comunidades Europeias, que evoluiu para a União Europeia.

(31) Citem-se, como exemplos de mercados comuns, a União Europeia, o Mercosul, a Comunidade Andina e o Sistema de Integração Centro-Americana (SICA).

(32) Lima (1999, p. 62 e 63) estabelece diferença entre a Globalização e a Regionalização, diante do fato de aquela resultar da expansão do capital no plano mundial e esta ter um forte conteúdo político, sendo os Estados seus atores decisivos.

(33) Essa também é a opinião de Reis (2001, p. 219), para quem a ideia de integração latino–americana ressurge, na segunda metade do século XX, "com objetivos essencialmente econômicos e comerciais, respondendo a uma tendência mundial à formação de blocos".

E a de García e Farrando (1994, p. 54), ao afirmarem que, de início, o direito da integração, ou direito comunitário — próprio dos blocos regionais de países —, teve quase exclusivamente objetivos econômicos, aos quais logo se acrescentaram outros de natureza diversa.

(34) A formação de blocos regionais de Estados constitui um mecanismo de defesa contra o processo de globalização, ou uma reação aos seus efeitos (SILVA, 1999, p. 29).

Os mercados comuns têm personalidade jurídica internacional(35). Essa condição é expressa, via de regra, no próprio ato constitutivo do bloco, ou comunidade, ou em ato complementar de sua instituição, a exemplo do Mercosul, que foi declarado pessoa jurídica internacional pelo Protocolo de Ouro Preto (1994), art. 34.

Compõem, na atualidade, o quadro das pessoas jurídicas de direito público externo, que já era integrado pelo Estados e pelas organizações internacionais. Trata-se de entidades supranacionais, fundadas no direito de integração e que concorrem para produção das respectivas normas, aplicáveis em âmbito supranacional, as quais constituem o denominado direito comunitário, variante normativa do direito internacional geral. Um de seus traços consiste no fato de seus órgãos possuírem poderes diretos e coercitivos não apenas sobre os Estados-membros, mas também sobre os habitantes destes, o que implica uma verdadeira transferência, dos referidos Estados para as entidades em apreço, de certos atributos derivados da soberania (EKMEKDJIAN *apud* GARCÍA E FARRANDO, 1994, p. 55).

O mercado comum distingue-se do sistema de cooperação, representando uma etapa muito mais avançada em relação a este, no sistema de integração, porque tende a eliminar as fronteiras econômicas, promovendo uma livre circulação de pessoas, mercadorias, serviços e capitais. Ademais, pressupõe políticas sociais e culturais comuns, bem como o surgimento de normas estruturais e um conjunto de regras editadas por órgãos comunitários, aos quais os Estados delegam faculdades legislativas e jurisdicionais. Isso implica o exercício comum da soberania e que eles atuem perante terceiros Estados mediante concordâncias políticas (BIOCCA, 2001, p. 20).

Com efeito, a ordem jurídica internacional tem evoluído, no sentido de acompanhar o desenvolvimento das relações internacionais e oferecer soluções aos novos problemas que se apresentam nesse campo. Trata-se, segundo Sorensen *apud* Pizzolo (2002, p. 62), de uma espécie de revolução jurídica, produzida na esfera internacional.

A ordem jurídica internacional projeta-se em dois planos (36): um, a matriz normativa originária, o Direito Internacional geral; outro, como variante dessa matriz, o direito comunitário.

---

(35) No que tange à Comunidade Europeia, Biocca (2001, p. 18), seguindo a diretriz do Tribunal de Justiça da União Europeia, a define como "uma organização interestatal autônoma dotada de um ordenamento jurídico em favor do qual os Estados renunciaram, ainda que em setores limitados, a seus direitos soberanos". Conclui, reportando-se a Dromi-Ekmekdjian-Rivera, que não se trata de "um poder estrangeiro aos Estados-membros, senão que estes exercem em comum certas atribuições que lhes são próprias".

(36) Em virtude da evolução experimentada, nos últimos anos, nessa ordem jurídica, destacou-se da matriz normativa originária um novo ramo do Direito Internacional geral que, tal como a variante normativa Direito Comunitário, tem sua origem no direito dos tratados — o Direito Internacional dos Direitos Humanos, que contém princípios próprios, como a aplicação direta de suas normas no plano interno, uma vez ratificado, pelo Estado-parte, o tratado que as consagra.

O Direito Internacional geral cuida, essencialmente, de regular as relações entre os sujeitos da comunidade internacional, originariamente os Estados, a partir do final do século XIX, as organizações internacionais e, desde meados do século XX, as comunidades regionais de Estados. Apresenta-se, pois, como um direito de coordenação, com uma tríplice função: a) determinar as competências entre os Estados; b) estabelecer as obrigações negativas (deveres de abstenção) ou positivas (deveres de colaboração, de assistência etc.) que recaem sobre os Estados no exercício de suas competências; c) regulamentar a competência das organizações internacionais (PIZZOLO, 2002, p. 64).

Todavia, "o clássico princípio de cooperação entre os Estados, a partir do qual o Direito internacional geral evoluiu e se inspirou, se vê superado em um determinado momento histórico" (PIZZOLO, 2002, p. 64). Essa constatação foi feita, ao término da Segunda Guerra Mundial, por muitos dos Estados europeus que tomaram parte no conflito, os quais perceberam ser insuficiente o modelo de cooperação. Propõe-se, então, como alternativa, "uma nova fórmula de relação entre os Estados, que se concretizará nas Comunidades Europeias e terá no Direito comunitário sua manifestação jurídica" (PIZZOLO, 2002, p. 65).

Arbuet-Vignali (2004, p. 155), referindo-se ao mercado comum como objeto de regulação convencional, diz que sua implementação depende de acordos, não descartada, para tanto, a harmonização das legislações nacionais. E assevera que "um mercado comum requer um processo de integração profundo, de diferente intensidade conforme as circunstâncias e com repercussões não apenas econômicas, mas também políticas e sociais".

2.2. O Direito Comunitário: conceito

Não há consenso em torno do conceito das expressões direito comunitário e direito da integração — designam-se ordens jurídicas distintas ou significam uma só. Autores, como Ekmekdjian, não as distinguem conceitualmente. Outros, a exemplo de Ruiz Dias Labrano e Mario Midón, as diferenciam, considerando-as denominações de "distintos estágios de evolução do fenômeno da integração". (SÁNCHEZ, 2004, p. 57).

Segundo Labrano (*apud* Sánchez, 2004, p. 58), o Direito Comunitário corresponde à sistematização das normas emanadas de órgãos supranacionais que têm aplicação imediata, direta e prevalente em relação às dos ordenamentos jurídicos internos dos Estados-partes. E o Direito da Integração, mais amplo, compreende o Direito Comunitário mais as normas produzidas por órgãos intergovernamentais, que dependem de um ato posterior (ratificação) para sua inserção, incorporação e aplicação no âmbito interno dos Estados-partes. As primeiras referem-se aos processos de integração mais avançados e as segundas, aos menos desenvolvidos.

Assim, o Direito da Integração é o gênero e o Direito Comunitário, a espécie (MIDÓN *apud* SÁNCHEZ, 2004, p. 58).

Sánchez (2004, p. 58), concordando com esses dois autores, distingue entre si ambas as ordens jurídicas. Considera o Direito da Integração "instrumento do processo integrador" e, assim, denomina-o Direito Pré-comunitário. Explica que todo ordenamento jurídico voltado para a regulação de um processo de integração, independentemente de sua profundidade, é Direito da Integração, que em sua fase inicial se diz Direito Pré-comunitário e, quando assume as características de aplicabilidade imediata, efeito direto e primazia, traduz-se em Direito Comunitário.

O Direito Comunitário constitui uma variante normativa do Direito Internacional geral. Como tal, deve também ser considerado o Direito Internacional dos Direitos Humanos, o qual, tanto quanto o Direito Comunitário, tem sua origem no direito dos tratados (a fonte primordial do Direito Internacional Público geral) e conta com princípios próprios, a exemplo do referente à aplicabilidade direta de suas normas nos Estados, uma vez ratificado por eles o tratado que as consubstancia (PIZZOLO, 2002, p. 65).

Segundo Arbuet-Vignali (2004, p. 333), trata-se de um sistema jurídico novo que se constitui a partir de meados do século XX, representando um acréscimo em relação aos sistemas internos — cujas estruturas são de subordinação, com muito poucas soluções de coordenação —, e ao Direito Internacional Público, com estrutura de coordenação e apenas vislumbres de soluções subordinadas. Possui independência científica em face dos demais sistemas jurídicos, porquanto tem características próprias no que se refere a seus objetivos, fontes, sujeitos, fundamento de obrigatoriedade, princípios norteadores e métodos para a interpretação e aplicação de suas normas. Surge em forma pragmática, como uma resposta jurídica a uma necessidade política.[37] Nele coexistem as estruturas de coordenação com estruturas de subordinação, do que resultam dificuldades conceituais.

Arbuet-Vignali (2004, p. 334) expõe diversas concepções acerca dessa figura jurídica: "sistema *sui generis*, situado num ponto intermediário entre o direito interno e o Internacional"; "um ramo em evolução do Direito Internacional Público em que o atributo da soberania, base deste último sistema, se perdia, se

---

(37) Chiarelli (1992, p. 41) assinala, a propósito, que a integração — em cujo processo se insere o direito comunitário — depende não só da decisão política que a formaliza, mas também de fatores tais como a proximidade geográfica, a afinidade cultural e o interesse econômico, que funcionam como seus indutores. Ademais, ela é gerada no seio do regime democrático e da economia de mercado (CHIARELLI, 1992, p. 45). Como ingredientes do processo de integração e, ao mesmo tempo, seus condicionantes, Chiarelli (1992, p. 49) menciona: a liberdade política e econômica; a criatividade produtiva e de tecnologia inovadora e competente; a melhoria dos produtos, que sejam bons e baratos; a qualificação dos trabalhadores e sua remuneração condigna; a intervenção do Estado, traduzida em autoridade (e não autoritarismo), que exerça supervisão e fiscalização meramente corretivas, e não ato de rotina com caráter de formalização e burocratização descabidas.

desprezava, se comprometia ou se dividia"; sistema autônomo, ordem jurídica diferente. E formula sua definição:

> O Direito Comunitário pode ser descrito como o conjunto de normas jurídicas e princípios que as hierarquizam e coordenam coerentemente, que regula as relações entre Estados soberanos e Organizações Internacionais supranacionais, empenhados num processo de integração profundo (comunitário), quando atuam no marco de coordenação de uma comunidade internacional inserida numa sociedade internacional mais ampla, com o propósito de colaborar entre os Estados-partes sob a coordenação de um novo tipo de Organizações Internacionais supranacionais que os agrupam para obter maior segurança e bem-estar e fortalecer suas posições ao atuar em conjunto frente aos demais Estados (Direito Comunitário originário) e que alcança também todas as pessoas, físicas e jurídicas, situadas no âmbito territorial dos Estados-partes (Direito Comunitário derivado, conquanto também o originário). Este sistema regula e dispõe de estruturas de coordenação e de subordinação.[38] (ARBUET-VIGNALI, 2004, p. 335 e 336)

Sob a denominação de direito da integração, Pizzolo (2002, p. 86) define o direito comunitário como

> o conjunto de normas e atos jurídicos que regulam as condutas dos Estados entre si e destes com organismos internacionais, donde se procura potenciar a cooperação entre as partes para facilitar a obtenção dos fins propostos — geralmente econômicos —, melhorar suas relações recíprocas e fortalecer sua posição conjunta diante dos Estados alheios ao grupo formado.

Nos processos de integração em estágio mais profundo — que contam com autoridades supranacionais, com um novo sistema jurídico que os regula — surge o Direito Comunitário. Este, segundo Arbuet-Vignali (2004, p. 192), com suas características, "permite que em todas as decisões orgânicas se agregue um novo elemento: a vontade comunitária, expressada por instituições independentes dos Estados-partes".

---

(38) "El Derecho Comunitario puede describirse como el conjunto de normas jurídicas y principios que las jerarquizan y coordinan coherentemente, que regula las relaciones entre Estados soberanos y Organizaciones Internacionales supranacionales, empeñados en un proceso de integración profundo (comunitario), cuando actúan en el marco de coordinación de una comunidad internacional inserta en una sociedad internacional más amplia, con el propósito de colaborar entre los Estados partes bajo la coordinación de un nuevo tipo de Organizaciones Internacionales supranacionales que los agrupan para obtener mayor seguridad y bienestar y fortalecer sus posiciones al actuar en conjunto frente a los demás Estados (Derecho Comunitario originario) y que alcanza también a todas las personas, físicas y jurídicas, situadas en el ámbito territorial de los Estados partes (Derecho Comunitario derivado, aunque también el originario). Este sistema regula y dispone de estructuras de coordinación y de subordinación."

O Direito Comunitário tem como fins: a segurança, no sentido do conhecer, com certeza, as normas reguladoras das condutas; a justiça social, que alguns juristas concebem no plano internacional; a proteção dos interesses regionais, o que não implica deixar de atender aos interesses nacionais, ressalvado, no entanto, que, em caso de conflito, os interesses nacionais devem ceder diante do superior interesse regional (BIOCCA, 2001, p. 25).

A integração, no aspecto político-jurídico, implica atribuição de competências pelos Estados-membros às instituições da Comunidade — que revestem caráter supraestatal —, para o exercício de um poder real, tendo em vista o desempenho dos misteres que lhes são confiados. Entre esses se inclui a produção do direito comunitário. Nesse caso, ocorre renúncia, pelos Estados, de parte de sua competência (pertinente a determinadas matérias), que é assumida pelos organismos comunitários (JEAN-VICTOR LOUIS *apud* BIOCCA, 2001, p. 18). O direito comunitário, por conseguinte, pressupõe uma limitação da competência das autoridades nacionais em favor dos órgãos comunitários [39]; porém, essa restrição não implica a criação de um novo Estado em relação aos Estados-membros.

O Direito Comunitário tem, como princípios básicos, a operatividade, ou efeito direto, e a supremacia em relação ao direito nacional. Esses princípios estão implícitos no sistema implantado pelos tratados constitutivos da Comunidade e conferem ao Direito Comunitário o caráter supranacional.

O efeito direto, previsto no art. 12 do Tratado de Roma (que instituiu a Comunidade Econômica Europeia), significa que as normas de Direito Comunitário se aplicam, sem intermediação, às relações jurídicas no interior dos Estados-membros, criando direitos em favor dos particulares, que aqueles devem respeitar. Ou seja, atribui aos particulares o direito de serem protegidos pelos juízes nacionais, por aplicação de uma norma comunitária que cria um direito subjetivo. Assim, o direito comunitário produz efeito independentemente da legislação dos Estados-membros.[40]

Esse efeito pressupõe que a obrigação do Estado-membro seja clara e precisamente estabelecida, não sujeita a condições nem qualificações, além de que ao Estado-membro não sejam atribuídas faculdades discricionárias na implementação do respectivo direito (GONZALEZ-OLDEKOP, 1997, p. 59).

Por conseguinte, o Direito Comunitário é autoaplicável (*self executing*), de incidência imediata (sem necessidade de ato intermediário) no direito interno.

---

(39) Diante do direito comunitário a soberania nacional se restringe substancialmente, para compatibilizar-se com o direito supranacional, que confere ao direito internacional sua mais nova feição.
(40) Como informa Gonzalez-Oldekop (1997, p. 59), o Tribunal de Justiça da Comunidade Europeia firmou o entendimento de que, com base nos princípios e objetivos do Tratado de Roma, "a Comunidade constitui uma ordem legal nova, em favor da qual os Estados-membros limitaram, embora em campos determinados, seus direitos soberanos e os sujeitos dela compreendem não só os Estados-membros mas também seus nacionais".

Ademais, as decisões dos órgãos comunitários têm efeito direto não apenas sobre os Estados, mas também sobre os cidadãos da Comunidade; ou seja, a incidência do efeito direto dessas normas se dá em sentido vertical — nas relações entre um particular e a administração pública nacional — e num sentido horizontal — nas relações entre particulares.

Ocorre aí a inserção, no plano nacional, de normas oriundas de organismos supraestatais, porquanto suas deliberações operam direta e imediatamente no âmbito interno dos Estados-membros da Comunidade, independentemente das emanadas de suas ordens jurídicas. Assim, o direito internacional (aqui considerado *lato sensu*, compreendendo também o direito comunitário) assume relevância em face do direito nacional, fazendo ressurgir a utopia da *civitas maxima*, ideia primeira de Christian Wolff esposada por Hans Kelsen.

Essa característica do Direito Comunitário suscita a questão atinente aos reflexos das respectivas normas na legislação interna, e vice-versa, tendo em vista os critérios de harmonização do sistema jurídico: em caso de dissonância entre essas duas ordens — a externa e a interna —, qual delas deve prevalecer?

A respeito, algumas correntes de opinião apresentam-se: uma, chamada "europeísta", que defende a tese da primazia do direito comunitário; outra, que sustenta a tese das competências concorrentes, pelas quais se admite a vigência da legislação dos órgãos comunitários paralelamente à dos órgãos nacionais; outra, com a tese do "nacionalismo jurídico", que, na sua versão mais radical, absorve as teorias dualistas do direito internacional, equiparando o direito comunitário — quer o primário (acordos constitutivos das comunidades), quer o secundário (normas regulamentares editadas pelos órgãos comunitários competentes, tendo em vista a aplicação dos "tratados fundadores"), quanto ao grau normativo, aos atos legislativos internos.

A ordem jurídica de alguns países da Europa, dentre eles Portugal, reconhece os tratados institutivos das comunidades europeias e as disposições comunitárias dotadas de aplicabilidade imediata e direta, como fonte normativa da ordem jurídico-constitucional, com *status* jurídico superior ao dos atos legislativos internos, eis que capazes de afastar a aplicação destes, com base no princípio da especialidade ou da competência prevalente.

Em relação a essa ordem jurídica, Canotilho (1997, p. 725) pronuncia-se no sentido de que a normativa comunitária tem preferência relativamente à legislação estatal, sem, entretanto, implicar ab-rogação das normas precedentes ou invalidação das normas sucessivas, mas convivendo ambas as ordens normativas com primazia da externa. Essa consequência, segundo ele, justifica-se, com maior razão, quando se trata da regulação de matéria específica por órgão comunitário, caso em que se adota o princípio da especialidade. Quando esse não é suficiente, a doutrina afirma a superioridade do direito comunitário, por sua capacidade de modificar ou revogar leis e de resistir a leis posteriores, no âmbito interno (não podendo ser por elas modificado ou revogado). Adota-se, aí, o princípio da competência prevalente.

Afirma-se, nesse contexto, o princípio da supremacia do Direito Comunitário, que o Tribunal de Justiça estabeleceu expressamente [41], declarando que "os direitos criados nos tratados não ficavam sujeitos, em virtude de sua natureza original específica, a nenhuma lei interna de um Estado-membro, sob pena de perder seu caráter comunitário e minar, assim, as bases legais da própria Comunidade" (GONZALEZ-OLDEKOP, 1997, p. 63). Tal supremacia existe não apenas em relação ao direito originário (os tratados constitutivos), mas também no tocante ao derivado (as normas estabelecidas pelas instituições comunitárias).[42]

Apesar de sua posição de proeminência em relação ao direito interno, as normas comunitárias não têm valor supraconstitucional, não se podendo cogitar de que elas sejam capazes de derrogar, modificar ou revogar a Lei Maior do país. A restrição à soberania estatal que elas acarretam não chega a tanto. Todavia, a Constituição de algum Estado, tal como a portuguesa, não consentânea com ele, foi revista para adaptar-se ao Tratado de Maastricht, possibilitando sua ratificação (CANOTILHO, 1997, p. 726). Esse mesmo efeito é previsto na Constituição holandesa. Disso se deduz que as normas comunitárias e as constitucionais devem ser compatíveis entre si.

Peculiaridade importante do direito comunitário é a de seu controle por um órgão judiciário próprio — no caso da União Europeia, o Tribunal de Justiça das Comunidades —, ao qual compete apreciar as questões suscitadas quanto à sua interpretação e aplicação. Por outro lado, uma vez que integram o ordenamento jurídico interno, as normas comunitárias não escapam ao controle de constitucionalidade por esse estabelecido, o que, entretanto, não significa a invalidação delas. Todavia, os juízes de países que aderiram à Comunidade Europeia, ao declará-las inaplicáveis por desconformes com as normas e princípios constitucionais, devem valorar a compatibilidade requerida entre as leis comunitárias e as nacionais, com a prevalência daquelas sobre estas, independentemente da relação de sucessão de leis no tempo, o que resulta em julgar inaplicáveis as normas internas conflitantes com as normas comunitárias. Essa é a diretriz adotada pelo Tribunal de Justiça da Comunidade e defendida pela corrente doutrinária que sufraga o princípio da aplicação preferente do direito comunitário (CANOTILHO, 1997, p. 727).

---

(41) Trata-se do caso Costa v. ENEL, a que se reporta Gonzalez-Oldekop (1997, p. 62).

(42) Em virtude da supremacia do Direito Comunitário, o direito nacional que o contrariar se torna ineficaz, independentemente de uma decisão sobre sua validez, e o Estado-membro está obrigado a não aplicá-lo (GONZALEZ-OLDEKOP, 1997, p. 63).

2.2.1. A experiência da Comunidade Europeia

O direito comunitário, no seio da União Europeia, configura âmbitos de atuação comunitária nos quais os Estados renunciaram ao exercício de sua soberania, pondo-a em comum e confiando a administração dessas parcelas de soberania a uma instituição que eles não controlam diretamente, com o objetivo de assentar as bases para uma progressiva integração política[43] (LATAILLADE e RODRÍGUEZ, 1996, p. 568). "Lá, há instâncias comunitárias que, sobressoberanas, podem fazer valer a sua vontade, dentro de um País-membro, mesmo contra a nacional, desde que, na matéria em jogo, a palavra final tenha sido entregue à referida Comunidade" (CHIARELLI, 2004, p. 52). É o que se considera o pilar comunitário.

Seguindo a tradição da Europa continental, o direito comunitário é predominantemente escrito. Nos casos em que esse direito positivo apresenta lacunas, estas são supridas por um direito não escrito, ou seja, costumeiro, que, por conseguinte, também é fonte do direito comunitário e, ao mesmo tempo, síntese dele, plasmando-se nos princípios gerais. Lataillade e Rodríguez (1996, p. 572) definem tais princípios como grandes linhas mestras que traduzem as concepções essenciais do Direito e da Justiça, a que responde todo ordenamento jurídico.

O trabalho de investigação desses princípios cabe aos estudiosos e aos tribunais; e sua aplicação realiza-se, fundamentalmente, pelo Tribunal de Justiça, que assegura o respeito a uma interpretação jurídica ajustada aos fins da Comunidade.

> O ponto de partida na cristalização dos princípios gerais do Direito comunitário encontra-se nos princípios gerais comuns, reconhecidos nos diversos ordenamentos jurídicos nacionais dos Estados-membros. Deles se extraem os elementos precisos, dos quais se pode depreender as regras de Direito necessárias para a resolução de um caso controvertido, na esfera comunitária (LATAILLADE; RODRÍGUEZ, 1996, p. 572).

No desenvolvimento de seu trabalho de aplicação do direito comunitário, o Tribunal de Justiça reconheceu e formulou vários princípios gerais, como segue:

---

(43) Algumas Constituições estaduais já estatuem essa repartição de funções soberanas entre os órgãos estaduais e os das organizações supranacionais. São, por exemplo: a da República Federal da Alemanha, cujo art. 24º/1 dispõe que "A Federação pode transferir, por via legislativa, direitos de soberania para as instituições internacionais"; a Constituição italiana, a qual, em seu art. 11º, estabelece que a Itália "consente, em condições de paridade com os outros Estados, nas limitações de soberania necessárias para um ordenamento que assegure a paz e a justiça entre as nações; promove e favorece as organizações internacionais que visem a esse escopo". A Constituição portuguesa estatui, em seu art. 8º/3, que as normas de organizações internacionais de que Portugal faça parte "vigoram directamente na ordem interna desde que tal se encontre estabelecido nos respectivos tratados constitutivos"; e, no art. 7º/6, reza que se pode convencionar "o exercício em comum dos poderes necessários à construção da União Europeia", desde que haja reciprocidade, observem-se o princípio da subsidiariedade e o objetivo da realização da coesão econômica e social.

princípio de responsabilidade extracontratual da Comunidade Europeia, por danos causados por suas instituições ou seus agentes; princípio de proporcionalidade; princípio de proteção da confiança legítima; princípio de igualdade e proibição das discriminações; princípio *ne bis in idem* (que visa a impedir a acumulação de sanções por um mesmo fato, impostas por autoridades — nacionais e/ou comunitárias — distintas); princípio de salvaguarda dos direitos fundamentais (LATAILLADE E RODRÍGUEZ, 1996, p. 572).

Diz Casella, com apoio em Cheshire & North, que a Comunidade Europeia, além de criar o direito comunitário unitário, impulsiona a unificação do direito internacional privado entre seus Estados-membros, em matérias como obrigações contratuais, homologação e execução de decisões judiciais. Trata de "princípios constitucionais comunitários", que traduzem o caráter "primordial" e "soberano" do ordenamento jurídico interno da Comunidade, "peça-chave da criação da nova Europa unificada, direito comum a todos, transcendendo as fronteiras nacionais, e ao qual competirá ir progressivamente viabilizando a criação de estruturas institucionais e legais desvencilhadas das cargas do passado". A criação desse direito, segundo ele, teria de efetivar-se por sua aplicação, mediante atribuição de competências comunitárias aos julgadores que atuam em cada Estado-membro, paralelamente à uniformidade de sua interpretação por Tribunal no exercício da função regulamentadora, com competência sobre todo o território da Comunidade, cabendo a ele assegurar o respeito do direito na interpretação dos tratados (CASELLA, 1994, p. 201 e 202).

Um direito comunitário, a rigor, deve ser considerado como integrante do direito interno dos Estados-membros. Assim, ele exerce uma função transformadora do direito interno, passando, nessa perspectiva, a ser contemplado como pertencente tanto ao direito interno, quanto ao direito internacional. Admitidos os tratados constitutivos das Comunidades como o fundamento de sua própria ordem jurídica, tem-se como verdadeira a assertiva de que, nem os Estados-membros, nem suas instituições, podem esquivar-se à adequação de seus atos ao tratado instituidor da entidade comunitária (BOGGIANO, 1994, p. 49). Esse, ademais, como um tratado internacional, está sujeito à Convenção de Viena sobre o Direito dos Tratados (1969), exceto no tocante a normas próprias da Comunidade (art. 5º da referida Convenção), ressalva essa que lhe empresta conotação de especificidade e autonomia.

Essa característica de ordem jurídica autônoma, particular, orgânica ou interna da organização é reconhecida pela doutrina e pela jurisprudência europeias e, especialmente, a da República Argentina, como mostram arestos da Corte de Justiça da Comunidade Europeia[44] e da Corte Suprema de Justiça da Nação

(44) Significativos, a respeito, são os seguintes arestos da Corte de Justiça citados por Boggiano (1994, p. 50): na nação europeia "a Comunidade constitui uma nova ordem jurídica de direito

Argentina (esta, referindo-se ao direito internacional geral)[45] — cuja jurisprudência pode ter certas analogias tanto com a europeia, quanto com as de outros países do Mercosul que estão evoluindo na mesma direção.

Vale notar, a propósito, que os juízes de um direito comunitário têm uma dupla *lex fori* — a nacional e a comunitária —, pois estão obrigados a fazer respeitar o direito comunitário num plano hierárquico superior, uma vez que preferente, ao direito interno. No direito argentino, por exemplo, os tratados internacionais celebrados de conformidade com os princípios de direito público estabelecidos na Constituição Nacional prevalecem sobre as leis nacionais (BOGGIANO, 1994, p. 50).

Outrossim, observa-se "uma certa simbiose entre diversos direitos internos para assuntos internacionais e um direito internacional, sobre os mesmos casos", situação em que a comunidade internacional vem assumindo o papel de regulação dos casos internacionais que dizem respeito às pessoas, não apenas unificando normas, mas também estabelecendo procedimentos entre autoridades encarregadas de sua aplicação, de mais de um país, que se comunicam objetivando o funcionamento adequado das normas (BOGGIANO, 1994, p. 54).

O direito comunitário compõe-se pelo conjunto das normas jurídicas produzidas no quadro das três comunidades europeias. Consta de duas partes — uma, o chamado direito primário ou originário e outra, o direito derivado ou secundário.

---

internacional em benefício da qual os Estados-membros limitaram, conquanto em forma restrita a seus domínios, seus direitos soberanos cujos sujeitos não são apenas os Estados-membros mas também seus residentes" (43 CJCE, 5 fev. 1963, Van Gend in Loos, aff. 26/62, Recueil, pág. 39). "...surgido de uma fonte autônoma, o direito que nasce do tratado não podia, em razão de sua natureza específica original, ver-se oposto a um texto interno, qualquer que fosse, sem perder seu caráter comunitário e sem pôr em dúvida a base jurídica da Comunidade mesma" (44 CJCE, 15 julho 1964, Costa c. Enel).

(45) Registra Boggiano (1994, p. 51 s) a decisão da Corte Suprema de Justiça da Nação Argentina, no caso Ekmekdijan v. Sofovich, proferida em 7 de julho de 1992, na qual aquele Pretório afirmou que "a derrogação de um tratado internacional por uma lei do Congresso violenta a distribuição de competências imposta pela mesma Constituição Nacional, porque mediante uma lei se poderia derrogar o ato complexo federal da celebração de um tratado. Constituiria um avanço inconstitucional do Poder Legislativo Nacional sobre atribuições do Poder Executivo Nacional, que é quem conduz, exclusiva e excludentemente, as relações exteriores da Nação (art. 86, inc. 14, C.N.)". "A Convenção de Viena sobre o direito dos tratados — aprovada pela Lei n. 19.865, ratificada pelo Poder Executivo em 5 de dezembro de 1972 e em vigor desde 27 de janeiro de 1980 — confere primazia ao direito internacional convencional sobre o direito interno. Agora essa prioridade de categoria integra o ordenamento jurídico argentino. A convenção é um tratado internacional, constitucionalmente válido, que concede prioridade aos tratados internacionais frente à lei interna no âmbito do direito interno, isto é, um reconhecimento da primazia do direito internacional pelo próprio direito interno". "A necessária aplicação do art. 27 da Convenção de Viena impõe aos órgãos do Estado argentino conceder primazia ao tratado diante de um eventual conflito com qualquer norma interna contrária, ou com a omissão de ditar normas que, em seus efeitos, equivalham ao descumprimento do tratado internacional nos termos do citado art. 27". De igual teor é o aresto prolatado no caso Fibraca Constructora S.C.A. *v.* Comisión Técnica Mixta de Salto Grande, em 7 de julho de 1993, também citada por Boggiano (1994, p. 53).

O direito originário é constituído pelas normas jurídicas contidas nos tratados que instituíram ou modificaram as estruturas básicas da Comunidade, adequando-as às novas circunstâncias, pois se estabeleceu uma série de equilíbrios necessários para o desenvolvimento de todo o processo, em primeiro lugar, no que tange às relações da Comunidade com seus Estados-membros; por outro lado, no que se refere ao ajuste de força entre os interesses dos diversos Estados-membros; e, por último, o próprio sistema de participação das instituições comunitárias na tomada de decisões da Comunidade (LATAILLADE e RODRÍGUEZ, 1996, p. 574).

Esses tratados, com os textos que os complementam — documentos auxiliares, tais como os protocolos e os tratados de adesão —, são chamados, com as devidas reservas, de Constituição da Comunidade.[46] Trata-se de um complexo de normas que se sobrepõem no tempo e que devem interpretar-se de acordo com as regras tradicionais da doutrina, aplicando-se aí, por exemplo, o princípio de *lex posterior* e o de *lex specialis*.

O direito comunitário originário desfruta, tal como as Constituições na ordem interna, de uma supremacia sobre o resto do ordenamento jurídico, a qual é garantida pela intervenção do Tribunal de Justiça, detentor de uma reserva de jurisdição, que os próprios tratados lhe conferem, para sua interpretação e o controle de legalidade sobre os atos das instituições comunitárias, que é exercido tendo-se como parâmetro e referencial o direito originário.

Outro dado de importância, em relação aos tratados no âmbito da Comunidade, é que suas disposições podem ser diretamente invocadas pelos particulares diante das diversas jurisdições nacionais, as quais devem aplicá-las sempre que contenham um mandamento claro e incondicional e não estejam submetidas a reservas, prazos ou apreciação que dependa dos Estados-membros.

Assinale-se, ainda, que o direito primário é, à semelhança dos textos das Constituicões nacionais, dotado de rigidez no tocante a reformas substanciais, as quais, destarte, só podem ser efetivadas por meio de procedimentos especiais bastante complexos, que se desenvolvem num plano duplo — o interinstitucional, ou puramente comunitário, e o interestatal.

O direito derivado é constituído pelas normas jurídicas resultantes dos instrumentos normativos que caracterizam o direito originário — notadamente os

---

(46) É inegável — como observam Iñigo Cavero e Tomás Zamora (1996, p. 575) — que, entre uma Constituição nacional clássica e esse complexo de normas, podem existir certos paralelismos; porém, não se pode levar ao extremo essa similitude, já que os tratados não têm o caráter de ato de expressão e autolimitação da soberania, que é da própria natureza das Constituições dos Estados comunitários. Além disso, nos referidos tratados estão presentes, também, ao lado de elementos de indubitável valor constitucional, outros que são próprios das relações entre os Estados, ou disposições que cuidam de regulamentar em detalhe determinadas matérias. De todo modo, a grande novidade que representa o surgimento, no âmbito internacional, da Comunidade é que se cria um sistema supraestatal próprio de produção de normas e de controle sobre sua aplicação.

tratados constitutivos das Comunidades — e pelas que estão contidas nas decisões tomadas pelas instituições europeias em virtude dos poderes que lhes foram conferidos pelos tratados. Divide-se em atos vinculantes e atos não vinculantes. Só se consideram *stricto sensu* fontes do direito comunitário as primeiras, pois as outras não têm como função regular juridicamente, mas expor a opinião da instituição que emitiu o ato.

Não existe, *a priori*, hierarquia normativa entre os distintos atos vinculantes, nem sequer em razão do órgão de que emanam, exceto em dois casos: a) adoção de normas pela Comissão visando à execução ou aplicação de outras previamente decididas pelo Conselho de Ministros; b) formulação dos chamados "regulamentos de aplicação", que o Conselho aprova em virtude de regulamentos que tenha adotado previamente. Nesses casos, as normas posteriores apresentam uma clara subordinação em face das que lhes servem de base.

Fazem parte do direito comunitário, outrossim, as normas estabelecidas, em caráter privado, pelos próprios sujeitos jurídicos das Comunidades, em conformidade com o tratado da Comunidade Europeia (Roma, 1957). Trata-se das convenções coletivas que podem ser celebradas mediante diálogo entre os parceiros sociais em nível europeu, como prevê o art. 118º-B daquele instrumento normativo. Tais convenções poderão alcançar o nível comunitário, sendo dotadas de um efeito "erga omnes", consoante, aliás, o acordo de Maastricht sobre a política social (1991).

Integram o direito comunitário, igualmente, os princípios gerais comuns aos direitos dos Estados-membros, dentre os quais: a igualdade de tratamento, o respeito aos direitos adquiridos. Assim é que, em direito comunitário, os direitos fundamentais do homem devem ter pleno alcance jurídico. A esse respeito, é taxativo e da maior importância o artigo F do Tratado da União Europeia (Maastricht, 1992), ao dispor, em seu parágrafo 2.[47]

Acrescentam-se a esse elenco componente do direito comunitário, como fontes complementares, a jurisprudência, os costumes e o direito internacional. Quanto à primeira, pode-se afirmar que é transcendental seu papel efetivo, tendo em vista o trabalho do Tribunal de Justiça, que tem adotado critérios claramente expansivos, ensejando a criação de uma autêntica "legislação jurisprudencial".[48] No tocante ao costume, a doutrina inclina-se majoritariamente no sentido de admiti-lo como fonte do direito comunitário, o que de fato se verifica, sobretudo no âmbito das relações interinstitucionais.

A Comunidade Europeia, tal como qualquer outra entidade internacional, está submetida ao Direito das Gentes no plano geral, devendo, por conseguinte,

(47) Artigo F, § 2: "A União respeitará os direitos fundamentais tal como os garante a Convenção Europeia de Salvaguarda dos Direitos do Homem e das Liberdades Fundamentais, assinada em Roma em 4 de novembro de 1950, e tal como resultam das tradições constitucionais comuns aos Estados-membros, enquanto princípios gerais do direito comunitário".

(48) É o que em nosso meio se denomina "jurisprudência construtiva".

aplicar, em sua área de competência, matérias como as relativas ao direito dos tratados, aos privilégios e imunidades, bem assim o Estatuto da função pública internacional.

A aplicação das normas internacionais dá-se enquanto a Comunidade não possua regulamento próprio sobre esses assuntos e, em todo caso, de forma supletiva. O envolvimento da Comunidade com esse tipo de normas resulta de sua presença na esfera internacional e materializa-se na celebração, com países não membros, ou seja, terceiros, e com organizações internacionais de natureza diversa, de acordos internacionais os mais variados.

Constituem atos vinculantes, em face do direito comunitário: o regulamento, a diretiva e a decisão. Trata-se de atos de competência do Conselho, da Comissão e do Parlamento em conjunto com o Conselho — instituições da Comunidade Europeia. Estão previstos no art. 189º do Tratado da Comunidade Europeia (Roma, 1957), com a redação dada pelo Tratado da União Europeia (Maastricht, 1992).

O referido Tratado define os regulamentos como atos jurídicos de alcance geral, que são obrigatórios em todos os seus elementos e diretamente aplicáveis em cada Estado-membro. Tais normas assemelham-se à lei nacional, que se caracteriza pela generalidade e a abstração, estendendo-se seus efeitos, portanto, a grupos indeterminados de pessoas e a múltiplos fatos definidos também de forma abstrata. Além disso, são imediata e diretamente obrigatórias, o que significa que se aplicam sem alguma intervenção particular das autoridades nacionais, nos Estados-membros, aos cidadãos, que podem invocá-las perante o juiz nacional. Em consequência, os regulamentos substituem a lei nacional, a qual se considerará nula e inaplicável quando os contrarie.[49] Com vistas a aprovar disposições de aplicação dos regulamentos em seu ordenamento interno, ou a adaptá-lo às referidas normas, basta ao Estado reproduzi-las, acentuando seu caráter; não tem de efetuar operação alguma de recepção em seu direito interno, pois elas o integram diretamente.

A obrigatoriedade do regulamento compreende todos os seus elementos, do que se depreende que os Estados-membros não podem aplicar de maneira parcial ou seletiva as previsões de um regulamento, mas na íntegra, independentemente de que favoreça ou não seus interesses nacionais. Em geral, ele é aplicável em todos os Estados, estendendo seus efeitos jurídidos, igualmente, a todo o território da Comunidade, salvo casos em que afeta apenas determinados Estados-membros.

(49) No direito francês — como referem Blanpain e Javillier (1995, p. 32) —, produziu-se uma evolução jurisprudencial importante em 1989. O art. 55 da Constituição da V República consagra a primazia, sobre a lei interna, dos tratados ou acordos regularmente ratificados, sob reserva da aplicação pela outra parte. A Corte de Cassação concluiu, a propósito, que, na falta de conciliação possível entre tratado e lei posterior, aquele prevalecerá. O Conselho de Estado havia, quanto à espécie, decidido em contrário; mas um aresto que logo se tornou célebre (Nicolo, de 1989) operou mudança no sentido de que, doravante, o tratado ou o acordo se sobrepõe à lei contrária, mesmo posterior.

Os regulamentos são fundamentados e referem-se às propostas ou pareceres obrigatoriamente obtidos por força dos tratados. Tendo em vista o efeito "erga omnes" que lhe é próprio, o regulamento deve ser publicado no Diário Oficial da Comunidade Europeia — DOCE, na primeira das três séries em que se divide o jornal (conhecida como a séria "L"), e entra em vigor após vinte dias da publicação, ou outro prazo estabelecido por ele próprio.

A diretiva — reza o art. 189º do Tratado da CE — vincula o Estado-membro destinatário, quanto ao objetivo a alcançar, conferindo-lhe, no entanto, a faculdade de obter o resultado por meio de seus ordenamentos jurídicos próprios, ou seja, a liberdade de intervir quanto à forma e aos meios. Em comparação com o regulamento, ela é uma medida muito mais flexível que reserva às instâncias nacionais a competência para reproduzi-la da maneira mais apropriada ao direito nacional.[50] Assim, para a plena eficácia do conteúdo de uma diretiva é necessária a intervenção normativa dos Estados-membros. Ela equivale à recomendação, com a única diferença de que esta pode dirigir-se não só aos Estados, mas também aos particulares, enquanto a diretiva se restringe àqueles.

As diretivas também são fundamentadas e referem-se às propostas ou pareceres obrigatoriamente obtidos. Devem ser notificadas a seus destinatários, que podem ser um, vários ou todos os Estados-membros, conquanto, em geral, sejam destinadas à totalidade dos Estados. Surtem efeito por essa notificação. Nelas se concede um prazo (normalmente entre dezoito e vinte e quatro meses) para a adequação das legislações estaduais ao preceituado por elas. São publicadas, para efeito de conhecimento geral, na seção II da série "L" do DOCE.

Os Estados-membros devem informar a Comissão sobre as medidas tomadas a respeito das disposições das diretivas. E, se um Estado-membro não se conforma à diretiva no tempo previsto, a Comissão pode recorrer ao Tribunal de Justiça, o qual poderá, por sentença, declará-lo em falta no tocante a uma de suas obrigações pertinentes à aplicação do tratado. O Estado-membro, por força do art. 171º do tratado da CE, deve tomar as providências cabíveis para a execução do aresto daquele Tribunal, imediatamente, e concluí-las logo que possível. Verificado pela Corte o descumprimento de seu acórdão, o Estado poderá ser condenado ao pagamento de uma quantia fixa ou progressiva correspondente a uma sanção pecuniária.

Diferentemente do regulamento, a diretiva não tem capacidade de produzir efeitos diretamente. Porém, se um Estado não cumpre, no prazo previsto, sua

(50) Tal reprodução pode ser obtida por meio de uma lei ou, igualmente, por outros meios, tais como as convenções coletivas, tornadas aplicáveis por um decreto, cobrindo a totalidade do setor privado da economia de um Estado-membro. Essas normas, estendidas, são imperativas e sancionadas penalmente. A extensão dos efeitos das convenções coletivas é possível em vários Estados, tais, por exemplo, a França, a Bélgica, a Alemanha e a Holanda — como informam Blanpain e Javillier (1995, p. 33).

obrigação de transpor a diretiva para o direito interno, segundo admite o Tribunal de Justiça, dá-se o efeito direto dela[51], contanto que se efetivem as condições que ele determinou para a aplicação direta das normas dos tratados, ou seja, que sejam claras e suficientes, não esteja sua aplicação subordinada a uma condição material, nem dependa de alguma medida suplementar, proveniente das instituições comunitárias ou dos Estados-membros, para a execução ou validade de suas disposições.

Outrossim, quando contêm uma obrigação clara, as diretivas têm um efeito direto, obrigatório, e podem então ser invocadas por todo cidadão, perante aquele órgão, contra um Estado-membro que não esteja, ou não suficientemente, adotando as medidas necessárias respectivas. Tal iniciativa pode ser tomada também pelo cidadão, em situação semelhante, perante o juiz nacional. Essa é a diretriz adotada pelo Conselho de Estado francês a partir de 1989 (BLANPAIN e JAVILLIER, 1995, p. 34).

A decisão é obrigatória em todos os seus elementos para os destinatários que designa (art. 189º, § 4, do tratado da CE). Ela não é uma regra geral; destina-se a uma pessoa determinada, física ou jurídica, ou Estado-membro. Sob esse aspecto, aproxima-se muito dos atos administrativos; por isso é idônea para o cumprimento das competências executivas reconhecidas nos tratados. Quando destinada a um Estado-membro, pode ter um efeito obrigatório em relação ao indivíduo, o qual, destarte, pode invocá-la perante um juiz.

Existem decisões que têm como destinatários todos os Estados-membros; são atos dotados de obrigatoriedade e em muitos casos produzem efeito direto. Nesse caso, segundo o Tribunal de Justiça, quando dirigidas aos Estados-membros elas são aplicáveis diretamente nas mesmas condições que as diretivas. Assim, como instrumentos de expressão da vontade normativa da comunidade, caracterizam-se como fonte do direito comunitário. São notificadas às pessoas que designam e surtem efeito a partir dessa formalidade. São igualmente publicadas no DOCE, conquanto a publicação não seja juridicamente obrigatória, por desnecessária para sua eficácia.

As recomendações e os pareceres são atos não vinculativos (art. 189º, § 5, do tratado da CE). Não geram obrigação jurídica alguma e, portanto, não são fontes do direito. Têm, antes de tudo, um significado político e psicológico. As resoluções e as declarações solenes também não são juridicamente obrigatórias. Os destinatários das recomendações e pareceres são, mais comumente, os Estados,

(51) Nessa hipótese, segundo Blanpain e Javillier (1995, p. 34), o Estado-membro é obrigado a reparar o prejuízo sofrido pelas pessoas físicas, em consequência de sua omissão. Por outro lado — relatam Lataillade e Rodríguez (1996, p. 585) —, o Tribunal de Justiça, em duas sentenças proferidas no ano de 1991, reconheceu a obrigação dos Estados-membros de indenizar os particulares pelos prejuízos causados por uma transposição errônea ou indevida do conteúdo das diretivas.

podendo elas dirigir-se também aos particulares (empresas, ou outros tipos de pessoas jurídicas, bem como pessoas físicas). Seu valor consiste no fato de serem de orientações comumente seguidas de imediato pelos distintos ordenamentos nacionais.

As diferenças entre as recomendações e os pareceres são de matiz (LATAILLADE e RODRÍGUEZ, 1996, p. 586). Aquelas devem ser formuladas por iniciativa de uma instituição comunitária e visam a aconselhar a seus destinatários determinados comportamentos, sem vinculação jurídica. Ao passo que os pareceres se produzem como consequência de uma iniciativa externa ao órgão atuante e objetivam geralmente a preparação de determinados atos jurídicos ou a apreciação geral de certos procedimentos.

2.2.2. No Mercosul

A União Europeia representa um modelo de integração profunda relativamente bem estruturada, cujo processo, entretanto, não está acabado, posto que ainda em evolução(52). No tocante ao Mercosul, trata-se de zona de livre comércio imperfeita e união aduaneira parcial, em que, por isso, "o processo europeu não pode ocorrer" (CHIARELLI, 2004, p. 52). Isso porque lhe falta propriamente um tribunal, bem como um parlamento.

Fazendo um paralelo entre a União Europeia e o Mercosul, sob o aspecto da integração, Magnoli e Araújo (1994, p. 29) assinalam que: a edificação da União Europeia se apoiou, desde o início, na criação de instituições supranacionais de coordenação e fiscalização (o Conselho de Ministros, a Comissão Europeia e o Parlamento Europeu), ao passo que o Mercosul se desenvolveu preservando integralmente o poder de decisão dos governos nacionais; na União Europeia ocorre a delegação de soberanias, mediante a qual os Estados abrem mão de parte de suas atribuições e as transferem para organismos internacionais, enquanto que o Mercosul se funda num tratado circunscrito aos parâmetros tradicionais da soberania nacional, eis que as decisões dos órgãos que integram sua estrutura são tomadas pelos chefes dos Estados-partes, ou por grupos de trabalho designados pelos respectivos governos. "Assim o MERCOSUL não tem, no momento, a pretensão de formar uma comunidade de nações, mas apenas de constituir um mercado comum."

---

(52) "Na União Europeia, nascida com o propósito e o desenho originário de comunidade, seus sócios, por soberanos, abriram mão de parcela da soberania nacional, a fim de que a soma das parcelas, liberadas por eles, constituísse a soberania da Comunidade que, em relação à nacional — em temas definidos —, constituiu-se numa sobressoberania. Esse, aliás, o distintivo dessa maior intimidade de integração, que é a constituição e funcionamento do grupo, não só como associação (caso do MERCOSUL), mas na versão de Comunidade (exemplo da União Europeia). Por isso, os poderes reais da União Europeia: o Banco Central comunitário, a moeda única (o euro), o Tribunal de Justiça, o Parlamento de Estrasburgo, o passaporte unificado etc." (CHIARELLI, 2004, p. 52)

O Protocolo de Ouro Preto, em seu art. 41, elenca, como fontes jurídicas do Mercosul:

I. O Tratado de Assunção, seus protocolos e os instrumentos adicionais ou complementares;

II. Os acordos celebrados no âmbito do Tratado de Assunção e seus protocolos;

III. As Decisões do Conselho do Mercado Comum, as Resoluções do Grupo Mercado Comum e as Diretrizes da Comissão de Comércio do Mercosul, adotadas desde a entrada em vigor do Tratado de Assunção.

As normas a que se referem os incisos I e II constituem o direito originário e as mencionadas no inciso III, o direito derivado. A respeito destas últimas, reza o art. 42 do protocolo de Ouro Preto que terão caráter obrigatório e deverão, quando necessário, ser incorporadas aos ordenamentos jurídicos nacionais mediante os procedimentos previstos pela legislação de cada país.

Caracterizam o direito comunitário: a) tratar-se de normas emanadas dos órgãos de um sistema de integração que conta com supranacionalidade; b) sua aplicabilidade no seio dos Estados-partes, para regular atividades dos particulares, criando ou reconhecendo direitos subjetivos, sem necessidade de uma norma nacional, ou seja, de forma direta e imediata.

O sistema do Mercosul não é supranacional, mas intergovernamental. Disso resulta que as decisões no seio de seus órgãos são tomadas pelos chefes dos Estados-partes ou por autoridades que recebem deles, para esse fim, diretamente, delegação de poderes. O Tratado de Assunção e os protocolos adicionais, ao contrário dos tratados das Comunidades europeias, não outorgaram a qualquer dos órgãos do Mercosul a faculdade de expedir, de forma autônoma, normas de conteúdo geral ou particular, para regular seu funcionamento ou as atividades das pessoas físicas ou jurídicas de direito privado, com aplicação obrigatória em todo o espaço do bloco regional.

Ora, o caráter obrigatório atribuído pelo art. 42 do Protocolo de Ouro Preto às normas emanadas de órgãos do Mercosul (Conselho do Mercado Comum, Grupo Mercado Comum e Comissão de Comércio) diz respeito aos Estados-partes, e não aos entes de direito privado. Ademais, de acordo com o sistema atualmente em vigor no Mercosul, para que as normas do direito derivado sejam exigíveis com relação aos particulares, os órgãos dos Estados-partes devem incorporá-las aos direitos nacionais. Por isso, não se pode falar, no que tange às normas expedidas pelos órgãos do Mercosul, de um direito derivado de aplicação direta aos particulares.(53)

---

(53) Diversa é a opinião de Edésio Passos & Diana de Lima e Silva (2001, p. 134), para quem as normas do Tratado de Assunção estão incorporadas como direitos e garantias individuais e coletivas, em nosso ordenamento jurídico interno, por força do art. 5º, parágrafo 2º, da Constituição Federal de 1988, combinado com o parágrafo único do art. 4º da mesma Carta Magna. Asseveram aqueles juristas que "Essa diretriz conduz ao entendimento de que as normas fixadas no Tratado de Assunção têm exigibilidade plena no País e os instrumentos para sua aplicação são os que a Constituição Federal garante a todos os cidadãos e organizações sociais e políticas nela recepcionados".

Nessas circunstâncias, conclui-se que não há, propriamente, direito comunitário no âmbito do Mercosul. Como observa Almeida (1998, p. 75), a criação desse direito requer um "salto" para a adoção integral de instituições comunitárias de tipo supranacional, combinando-se preocupações relativas à soberania estatal com o "interesse nacional"(54). Assim será possível a formação de uma ordem jurídica comunitária no Mercosul à semelhança da que foi construída na experiência europeia de integração econômica e política.

(54) Admite Almeida (1998, p. 76) que "a soberania pode e deve recuar na medida em que se avança num projeto de mercado comum". O interesse nacional, segundo ele, "passa antes pela promoção de ativas políticas desenvolvimentistas do que pela defesa arraigada de uma noção abstrata de soberania. Deve-se colocar o jurisdicismo a serviço da realidade econômica e não o contrário e ter presente que cabe ao Estado colocar-se na dependência dos interesses maiores da comunidade de cidadãos e não servir objetivos imediatos e corporativistas de grupos setoriais ou fechar-se no casulo aparentemente imutável de disposições constitucionais soberanistas" (ALMEIDA, 1998, p. 77).

A INTEGRAÇÃO REGIONAL SUL-AMERICANA

CAPÍTULO 3

3.1. Pressupostos

Admite-se que "a ideia da integração esteve presente no pensamento latino-americano desde a época mesma da independência."[(55)] (ALVAREZ, 2001, p. 152).

A integração regional é "a única opção estratégica para a adequada inserção internacional dos Estados da América Latina". Porém, ainda carece, para este continente, da devida estrutura. (BIOCCA, 2001, p. 7)).

O processo de integração relativo ao Mercado Comum do Sul (Mercosul) requeria, como qualquer fenômeno dessa natureza, similitude de fatores geográficos, históricos e culturais; não apenas a confluência de interesses econômicos.

Com efeito, é indispensável a proximidade física entre povos [(56)], a troca pessoal de experiências, como parte do processo vital de integração, que não se faz por e-mail nem por teleprocessamento. Também é de suma importância, nesse intento, a história em comum de habitantes vizinhos, permeada de fatos que se interferem, marcados, ora por conflitos e divergências, ora por parcerias, fundadas em espaços e objetivos comuns. O edifício da integração necessita de alicerce sólido e profundo, que é a afinidade cultural entre os povos em questão[(57)]. Esse elemento caracteriza-se pela semelhança de vida — costumes, crenças, artes etc. —, relacionada a fatores espirituais e morais que constituem a própria alma de uma sociedade. "O traço cultural, a ele associado o elemento de vizinhança e convivência histórica, é que dará, ou não, a um contexto de intercâmbio econômico a projeção de continuidade, o alargamento societário e o aprofundamento cidadão." (CHIARELLI, 1997, p. 19 e 20).

(55) *"La idea de la integración há estado presente en el pensamiento latinoamericano desde la época de la independencia."*

(56) Observa Biocca (2001, p. 17) que, enquanto na cooperação internacional a contiguidade territorial não é necessária, na integração, "a unidade por contiguidade territorial é um elemento essencial, pois durante seu processo produz o deslocamento das fronteiras internas conformando o bloco, sem que isso suponha nem o desaparecimento do Estado Nação, nem das regiões."

(57) Dromi-Ekmekdjian-Rivera *apud* Biocca (2001, p. 19) assinala, sobre o assunto, que a relação jurídico-administrativa da integração — que as nações modernas desenvolvem com fins econômicos e/ou políticos — resulta da aproximação entre os povos respectivos. Refere-se a um processo de homogeneização das entidades nacionais, em virtude do qual todos os habitantes têm no fundo consciência de pertencer a um mesmo povo, o que possibilita conformar uma relação comunitária jurídica (direito comum), econômica (mercado comum) e política (união comum).

A integração regional — enfatiza Chiarelli — é "aquela que nasce e se realiza nas afinidades culturais (nem sempre valorizadas), na proximidade geográfica, na memória histórica", embora tenha sua fonte propulsora nos interesses econômicos, em especial os pertinentes às relações de comércio externo. "A integração, como processo dinâmico e crescente, requer herança comum no campo cultural[(58)]. Não identidade, igualdade absoluta, posto que aí se estaria a negar o toque peculiar dado em cada passo, pela nacionalidade; mas similitude, que vem do legado condominial de um passado convivido e, por isso, enraizado" (CHIARELLI, 2004, p. 22 e 23).

Essa também é a opinião de Celso D. de Albuquerque Mello (2000, p. 611), segundo o qual a integração regional se dá num contexto em que existe contiguidade geográfica, semelhanças culturais e comunhão de interesses.

Requisito essencial para a integração é a democracia, que se traduz por disponibilidade entre os Estados participantes, bem assim aproximação no tocante a outros estamentos sociais, e que seja não apenas proximidade física, mas efetiva coesão. O regime democrático é imprescindível para que o processo de integração seja sólido. Basta, para compreender essa assertiva, considerar que os postos aduaneiros devem ser abertos ao comércio e ao turismo e que a livre circulação de pessoas entre as fronteiras é condição do pleno exercício da cidadania. Por isso, a integração completa "é planta, cujo viveiro fecundo é a democracia" (CHIARELLI, 2004, p. 24 e 25).

No que tange ao Mercosul, de fato, a democratização dos regimes políticos dos países do Cone Sul — com a queda dos governos ditatoriais do Brasil, da Argentina, do Uruguai e do Paraguai; a instituição de governos civilistas; a promulgação de Constituições novas ou a reforma de algumas, assegurando a participação popular nas decisões políticas e a consolidação de poderes representativos independentes e harmônicos entre si — fez a cidadania respeitada e contribuiu para a superação dos "rançosos sentimentos de anti-integração". Ademais, firmou-se a convicção de que "não existirá integração se for estrada de mão única", ou seja, se o respectivo processo se desenvolver de tal modo que contemple apenas, ou predominantemente, os interesses de um dos parceiros. É imprescindível que seja a associação de países democráticos, que lhes propicie, unidos, participar equitativamente dos ganhos e das perdas que o processo naturalmente implica (CHIARELLI, 2004, p. 47 e 48).

Lamentavelmente, esse desiderato está longe de ser alcançado em relação ao Mercosul, visto que em sua estrutura funcional não se adotou o elementar prin-

(58) "Sobre tal patrimônio cultural conjunto, com diferenças periféricas e similitudes na essência, pode-se (e deve-se) alicerçar um real — porque duradouro — projeto de integração que, mesmo avariado por desequilíbrios e desatinos econômicos, se refugiará, ferido, é verdade, na fortaleza de uma cultura sinônima e, com ela, e nela, sobreviver." (CHIARELLI, 2004, p. 45)

cípio democrático de decisão por maioria, pois se requer a unanimidade de votos de seus membros, ou representantes, para as deliberações de caráter institucional.

3.2. O Mercado Comum do Cone Sul (MERCOSUL)

3.2.1. Raízes culturais

Os povos latino-americanos têm traços semelhantes, que os aproximam e lhes reservam um destino comum.

O território e seus habitantes primitivos, a cultura ibérica, o atavismo, a miscigenação, a formação cristã, as lutas libertárias, a afinidade linguística, os problemas, aspirações, interesses e objetivos confluentes, tudo isso concorre para que esses povos se sintam irmãos e procurem viver em comunidade.

> Nós, latino-americanos, temos uma origem comum e uma identidade racial e cultural igualmente comum que implica assumir todas as expressões do humano. É esta diversidade de raças e culturas integradas que nos identifica, que está acarretando crise ao mundo ocidental. O que nos divide não são raças nem culturas, mas interesses regionais que a colonização em suas diversas expressões estimulou para sua própria segurança e permanência.[59] (ZEA, 1999, p. 9)

Explica Alvarez (2001, p. 145) que a formação dos povos latino-americanos difere da de outros povos, como, de certo modo, os da América do Norte: não foi um processo de transculturização; porém, mais propriamente, "um formidável choque entre povos e culturas totalmente diferentes", envolvendo europeus, aborígenes americanos e africanos escravizados. Essa conflitiva mistura de raças e culturas produziu uma nova realidade social e cultural que, embora pouco conhecida, tem "uma presença ativa no mundo contemporâneo e deverá ser mais importante no futuro: a realidade latino-americana". No longo curso de sua formação, os três elementos étnicos, sob a influência muito importante do meio geográfico, vivenciaram um processo constante de intercâmbios, o qual, de um lado, ensejou a mestiçagem cultural característica da América Latina e, de outro, concorreu para a existência, neste continente, de um ser humano conflitivo, no qual as diferenças de origem nunca estiveram totalmente equilibradas.

Apesar disso, esse processo de formação histórica e cultural acarretou fatores comuns ao conjunto desses povos, que permitem fazer uma análise geral válida

---

(59) "Nosotros los latinoamericanos tenemos un origen común y una identidad racial y cultural igualmente común que implica la asunción de todas las expresiones de lo humano. Es esta diversidad de razas y culturas integradas la que nos identifica, la que está poniendo en crisis al mundo occidental. Lo que nos divide non son razas ni culturas, sino intereses regionales que la colonización en sus diversas expresiones estimuló para su propria seguridad y permanencia."

sobre a América Latina. São algumas circunstâncias componentes de um quadro geral da realidade cultural latino-americana: "a existência de importantes elementos culturais comuns [60], o predomínio generalizado de uma mesma formação religiosa, a coincidência de muitos aspectos nos processos históricos das distintas nações e nos problemas econômicos e sociais que elas enfrentam, a facilidade de comunicação linguística". As diferenças de perfis apresentados, em algumas áreas concretas, pelas diversas realidades nacionais não obstam à existência de certos denominadores comuns (ÁLVAREZ, 2001, p. 145).

Referindo-se à civilização brasileira e abordando especificamente o elemento étnico de nossa formação cultural, Vianna Moog (1969, p. 30) aponta, como "aspecto mais alto, mais edificante e significativo da civilização brasileira [...] a quase inexistência de problemas raciais intransponíveis".

Tratando, com inigualável competência, do problema da fome em nosso país, Josué de Castro (1965, p. 264) disse que esse lamentável fenômeno é consequência, antes de tudo, de nosso passado histórico, em que os grupos humanos estiveram sempre em luta e quase nunca em harmonia com o meio ambiente. E que essa luta foi quase sempre provocada "por inabilidade do elemento colonizador, indiferente a tudo que não significasse vantagem direta e imediata para os seus planos de aventura mercantil". Esses dados sociológicos aplicam-se, com propriedade, aos demais países da América Latina, dadas as origens e a formação social comuns aos povos deste continente; em suma, sua identidade cultural.

Gilberto Freire traduziu, com notável sabedoria, a cultura brasileira, indicando, em profundo estudo antropológico, suas marcantes características, em que destaca a miscigenação e cultua "o negro e o mulato no seu justo valor". No prefácio à 2ª edição de *Casa-Grande & Senzala*, ele distingue raça e cultura e afirma que nesse critério de diferenciação fundamental, assim como no de diferenciação de raça e hereditariedade de família, assenta todo o plano daquela obra. Distingue "os efeitos de relações puramente genéticas e os de influências sociais, de herança cultural e de meio" (FREIRE, 1961, p. 31).

Dentre os elementos socioculturais que marcaram, como traço comum, a história dos povos latino-americanos, especialmente os submetidos à colonização hispânica, destacam-se o sentimento de nacionalidade e a aspiração à unidade continental.

Segundo Castillo (1999, p. 136), os processos de formação do Estado nacional e a gestação da identidade cultural em nível nacional e continental ligam-se desde o início aos sonhos e aspirações para alcançar a unidade e a integração da

---

(60) A cultura não tem necessariamente que se expressar em obras materiais; traduz-se, antes de tudo, em formas de organização social e de conduta humana, que, por suas características, revelam tipos específicos de personalidade e de identidade.

América espanhola. A ideia da nação americana, de sua unidade e integração não foi afastada das perspectivas, em época alguma da história da América Latina.

Tal é o sentimento que existe desde os primórdios da civilização ocidental no continente americano, especialmente a parte colonizada pelos espanhóis. "Os Estados ibéricos assumiram a respeito de seus domínios americanos uma atitude muito próxima da integração moderna. Quando se produz a façanha libertadora se quebra a unidade e se impulsiona a dispersão, mas logo se fizeram esforços para reunir os fragmentos" (ARBUET-VIGNALI, 2004, p. 198).(61)

3.2.2. Origem do Mercosul

A ideia de uma América hispânica emancipada da Metrópole e unida em forma de uma só República ou de uma Confederação de Nações foi formulada por Francisco de Miranda, em projeto que data de 1784, profundamente democrático e liberal, que sugeria o nome "Colômbia" para toda a Hispano-América. Tamanhos foram os esforços realizados por Miranda em função desse objetivo, que lhe angariaram a qualidade de precursor, pensador e político mais importante dentre os predecessores de Bolívar que lutaram pela causa da unidade continental americana (CASTILLO, 1999, p. 137).

Nessa linha de ideias, destacam-se, no Cone Sul, as declarações de Mariano Moreno e Bernardo Monteagudo. O primeiro tinha a consciência da necessidade de unificar o continente com base numa confederação de Estados; o segundo pregava como indispensável uma federação geral entre os Estados hispano-americanos e indicava o plano de sua organização, com ideias semelhantes às de Bolívar, coincidindo essa proposta, publicada em 1824, com os preparativos que o Libertador realizava para a celebração do Congresso do Panamá.

A ideia integracionista teve em Bernardo O'Higgins, amigo e discípulo de Miranda, um de seus principais arautos, pois ele lançou, em 1818, um Manifesto, fazendo convocação para um congresso continental com o fim de instituir uma confederação de povos americanos. Essa consciência latino-americana esteve presente, também, em José de San Martín, homem de posições políticas moderadas, eis que propugnava por uma monarquia constitucional. Sua importância no contexto político da América espanhola foi destacada pelo próprio Bolívar em carta a Santander de 29.7.1822.

Um dos sonhos mais elaborados sobre a referida integração é o que José Cecílio del Valle expressou nos últimos anos do processo de libertação (1822),

---

(61) "Los Estados ibéricos assumieron respecto a sus dominios americanos una actitud muy cercana a la integración moderna. Cuando se produce la gesta emancipadora se quiebra la unidad y se impulsa la dispersión, pero a la vez se hicieron esfuerzos para reunir los fragmentos."

propondo um programa continental de caráter federativo que visava à reunião da Nova Espanha (México) com as regiões do Sul. Tal federação teria um corpo legal institucional que preservaria sua independência, enfrentaria as ameaças externas e funcionaria como árbitro nos conflitos e divergências de âmbito interno. Ele "não aspirava apenas a alcançar a aliança política ou militar, pois que seu projeto contemplava também a unidade econômica a partir de um tratado geral de comércio"(62) (CASTILLO, 1999, p. 139).

O sonho da unidade latino-americana encontra, sem dúvida, sua maior expressão no pensamento e na obra de Simón Bolívar, pois ninguém lutou mais por essa causa do que ele. Esse ideal acompanhou toda sua luta libertária em favor das nações emergentes do império espanhol no Ocidente, sendo uma constante em seu pensamento. Para ele a Pátria era a América, como afirmou em carta de 1810 a Urdaneta. Seu maior desejo era "formar na América a maior nação do mundo menos por sua extensão e riqueza que por sua liberdade e glória" (CASTILLO, 1999, p. 140). Consciente dos obstáculos que se apresentavam para a concretização desse ideal, Bolívar indicava como alternativa uma confederação de nações livres. Antes da batalha decisiva que derrotou definitivamente a Metrópole, em Ayacucho, ele convidou os governos dos povos que formariam a Grande Colômbia(63), assim como os do Peru e da Bolívia, para um Congresso no Panamá, finalmente realizado em 1826.

> A Carta de Jamaica (1815) constitui um valioso esforço doutrinário de Bolívar para a causa da integração e o Congresso do Panamá (1826) é a consequência prática daquela postura ideológica. Tratou-se de um intento de integração profunda, quiçá destinado em definitivo a constituir um novo Estado, que fracassou por falta de vontade política, o que levou à não ratificação dos acordos firmados. (ARBUET-VIGNALI, 2004, p. 198)(64)

Em sua célebre Carta de Jamaica, Simón Bolívar, o Libertador, exilado, exprimia seu sonho de formar de todo o Mundo Novo uma só nação, tendo suas partes ligadas entre si e com o todo por um único vínculo, tendo em vista a identidade de fatores culturais presente entre seus diversos Estados.(65)

---

(62) "Valle no aspiraba sólo a lograr la alianza política o militar, pues su proyecto contemplaba también la unidad económica a partir de un tratado general de comercio."

(63) Colômbia era o nome do Continente dado por Miranda e seria o da República sonhada por Bolívar e que se concretizaria a partir da união da Venezuela e Nova Granada até atingir a unidade hemisférica das nações emergentes do império espanhol no ocidente.

(64) "La Carta de Jamaica (1815) constituye un valioso esfuerzo doctrinario de Bolívar a la causa de la integración y el Congreso de Panamá (1826) es la consecuencia práctica de aquella postura ideológica. Se trató de un intento de integración profunda, quizá destinado en definitiva a constituir un nuevo Estado, que fracasó por falta de voluntad política, lo que condujo a la no ratificación de los acuerdos firmados."

(65) "Es una idea grandiosa pretender formar de todo el Mundo Nuevo una sola nación con un solo vínculo que ligue sus partes entre sí y con el todo. Ya que tiene un origem, una lengua, unas

Expressando suas ideias sobre o papel da confederação por ele delineada, Bolívar afirmava que ela não devia fundar-se unicamente no princípio de uma aliança defensiva ou ofensiva ordinária, mas era necessário que fosse "uma sociedade de nações irmãs separadas por enquanto pelo exercício de sua soberania segundo o curso dos acontecimentos humanos, mas unidas, fortes, poderosas, para sustentar-se contra as agressões do poder externo."[66] (CASTILLO, 1999, p. 141).

O referido Congresso fracassou em virtude dos interesses regionais contrapostos das nações emergentes e da hostilidade por parte da Inglaterra e dos Estados Unidos. A partir de então, as forças descentralizadoras se lançaram com toda energia contra o respectivo projeto, fazendo desaparecer as alianças e uniões alcançadas no processo de luta contra a Espanha.

> A consciência da unidade latino-americana perdeu vigor e consistência na prática e teoria da organização nacional desenvolvida após a independência por conservadores e liberais, mas não desapareceu. Ela restou gravada na memória de classes, grupos sociais e indivíduos, que continuamente retornam à sua fonte para apropriar-se e reinterpretar sob novas condições o sonho bolivariano.[67] (CASTILLO, 1999, p. 141)

Essa consciência cresceu diante dos atropelos do expansionismo norte-americano ou reiteradas agressões europeias. Conquanto em várias ocasiões se tenha revestido apenas de formas retóricas ou meramente declaratórias, é impressionante sua persistência.

Realizaram-se, com esse objetivo, congressos em Lima, Santiago e Montevidéu, entre meados e fins do século XIX, cujos propósitos, todavia, traduziram muito mais uma boa coordenação de Direito Internacional Privado, eis que durante meio século as preocupações seriam outras (ARBUET-VIGNALI, 2004, p. 199).

---

costumbres y uma religión, debería por consiguinte tener un solo gobierno que confederase los diferentes estados que hayan de formarse; más no es posible, porque climas remotos, situaciones diversas, intereses opuestos, caracteres desemejantes, dividen a la América. Que bello sería que el Istmo de Panamá fuese para nosotros lo que el Corinto para los Griegos! Ojalá que algún dia tengamos la fortuna de instalar allí un augusto congreso de los representantes de las repúblicas, reinos e impérios, a tratar y discutir sobre los altos intereses de la paz y de la guerra, con las naciones de las otras partes del mundo." (SIMÓN BOLÍVAR *apud* ÁLVAREZ, 2001, p. 152)

(66) "La confederación proyectada no debe fundar-se únicamente en el principio de una alianza defensiva u ofensiva ordinaria... Es necesario que la nuestra sea una sociedad de naciones hermanas separadas por ahora en el ejercicio de su soberania por el curso de los acontecimientos humanos, pero unidas, fuertes, poderosas, para sostener-se contra las agresiones del poder extranjero."

(67) "La conciencia de unidad latinoamericana perdió vigor y consistencia en la práctica y teoría dela organización nacional desarrollada después de la independencia por conservadores y liberales, pero no desapareció. La misma quedó grabada en la memoria de clases, grupos sociales e individuos que continuadamente retornan a su fuente para apropiarse y reinterpretar bajo nuevas condiciones el sueño bolivariano."

Posteriormente ressurge o interesse por essa região e se dão novos impulsos à integração, no período de atuação da Comissão Econômica para a América Latina — CEPAL, entre 1960 e 1980, por força da qual se fazem várias tentativas tendo em vista, principalmente, incentivar o intercâmbio comercial regional, criar zonas de preferência tarifária e de livre comércio e, mais tarde, quando se constitui o Pacto Andino (atual União Andina), procurar uma integração mais profunda, que se deformou na prática (ARBUET-VIGNALI, 2004, p. 199).

Agora, decorridos 500 anos de domínio dos europeus, busca-se o "fim da globalização imperial e início da globalização solidária na realização de um destino comum para a humanidade visto como expressão de sua diversidade", a fim de se estabelecer, entre dominadores e dominados, "uma relação que permita compartilhar o desenvolvimento alcançado com povos que pareciam condenados a pagar com seus sacrifícios os exclusivos benefícios de seus dominadores".[68] A nova globalização, caracterizada pela diversidade, isto é, o multirracismo e o multiculturalismo, ameaça a que parecia ser, seguramente, a identidade do mundo ocidental (ZEA, 1999, p. 5).

Chega-se ao Mercosul, ao que parece, com melhores perspectivas em relação às demais regiões, em que os esforços de integração não ultrapassaram a intensidade média, salvo na Europa Ocidental, em que as Comunidades Europeias — que evoluíram rapidamente para a União Europeia — representam o sistema mais desenvolvido, conquanto ainda em fase de evolução e aprofundamento (ARBUET-VIGNALI, 2004, p. 199). Segundo esse autor, a integração na América de língua espanhola é, no coração e na intuição dos respectivos povos, um mandado político, embora alguns de seus "condutores" não tenham percebido essa mensagem (ARBUET-VIGNALI, 2004, p. 195).

3.2.3. Antecedentes históricos imediatos do Mercosul

No Brasil, até a década de 1960, dominava indiferença em relação à ideia de trocas comerciais com seus vizinhos e, muito mais, à de instituição de mercado regional. Essa mentalidade era a tônica não apenas em nível de governo, mas também na sociedade civil e, especificamente, entre os empresários, que ainda não se haviam apercebido da importância de um mercado comum regional para o aumento de seus lucros. [69] "Faltou-lhes premonição instintiva tanto quanto prognósticos técnicos. Enfim, competência" (CHIARELLI, 2004, p. 40).

---

(68) "Fin de la globalización imperial e inicio de la globalización solidaria en la realización de un destino común para la Humanidad visto como expresión de su diversidad. [...] Relación que permita compartir el desarrollo alcanzado con pueblos que parecían condenados a pagar con sus sacrificios los exclusivos beneficios de sus deminadores."

(69) "A não motivação (diante da falta de mobilização) por parte da sociedade; o temor, o desconhecimento e a falta de recursos disponíveis para investimentos pelo empresariado; e a arredia política dos governos compuseram o tripé sobre o qual se assentou a inocorrência de ações integradas, muitas vezes obstaculizadas, a contrário senso, por procedimentos de confronto, de hostilidade ou, no mínimo, de desinteresse." (CHIARELLI, 2004, p. 41)

Além disso, concorreu para retardar e dificultar o processo de integração na América Latina — especialmente no Cone Sul — a implantação de regimes políticos autoritários que, com base na doutrina de segurança nacional, cultivando um nacionalismo inconsequente, criaram obstáculos a uma convivência espontânea e saudável entre os países limítrofes. Note-se, ainda, nesse quadro de adversidades a uma política integracionista sub-regional, a atuação de fortes interesses no mercado internacional, preocupados com a expectativa de que, associados, esses países obtivessem vantagens econômicas que os tornassem mais competitivos no mercado.

A consciência dos benefícios e da necessidade de uma integração nesse campo surgiria com o surto do processo de globalização, que provocou a multiplicação das relações comerciais no âmbito internacional, bem como, particularmente, a experiência (relativamente bem-sucedida) do Mercado Comum Europeu.

É bem verdade que alguns fatos, bem anteriores, denotam a compreensão, por parte de homens públicos sul-americanos, da conveniência de se estabelecer entre seus países relações políticas e econômicas duradouras. A esse respeito, Chiarelli (2004, p. 42) registra correspondência entre o Barão de Mauá e Lamas, este, embaixador do Uruguai no Brasil, ainda no século XIX, na qual o primeiro assinalava que a política externa do Império brasileiro deveria ter como prioridade máxima a boa relação política e econômica com seus vizinhos da bacia do Prata; bem assim um encontro, na segunda metade da década de 1940, entre Getúlio Vargas e Juan Perón — então presidentes do Brasil e da Argentina, respectivamente —, em que eles teriam chegado à conclusão de que, "ao final do século, ou estaríamos juntos ou estaríamos de joelhos".

Outros fatos são relatados por Almeida (1998, p. 43) como antecedentes do processo de integração do Cone Sul: projeto de constituição de um "bloco austral", no início da Segunda Guerra Mundial, que deu ensejo, em fevereiro de 1941, a uma reunião dos países da bacia do Prata, em Rivera (Uruguai), com o objetivo de discutir a criação de um bloco alfandegário regional; assinatura, em novembro de 1941, pelos chanceleres do Brasil (Oswaldo Aranha) e da Argentina (Enrique Ruiz), de um tratado comercial, cujo preâmbulo afirmava a vontade das partes de adotar "um regime de intercâmbio livre que permita chegar a uma união aduaneira, aberta à adesão dos países limítrofes" (os do Cone Sul, entre os quais o Chile).[70] Essa modalidade de integração — uma união aduaneira —, segundo Almeida (1998, p. 43), prefigurava o que viria a ser o Mercosul no início da década de 1990.

Tentativas de aproximação política e econômica entre o Brasil, a Argentina e o Chile ocorreram entre 1951 e 1954 (segundo governo de Getúlio Vargas, no Brasil) por iniciativa do presidente argentino Juan Perón, as quais, entretanto, foram sabotadas pelo ex-chanceler brasileiro João Neves da Fontoura — o qual alimentava

(70) Esse fato é mencionado também por Biocca (2001, p. 40), aludindo a Haroldo Pabst.

postura antiargentina, presente em setores da sociedade civil e nas próprias Forças Armadas do Brasil, e assim concorreu para a denúncia do pacto.[71]

A integração neste continente foi concebida objetivamente já em 1948, com a criação da Comissão Econômica da ONU para a América Latina (CEPAL), que adotou a respeito posições teóricas, apresentou propostas e formou especialistas para defendê-las. A CEPAL pugnou pela ideia da integração regional nos termos de um projeto de união aduaneira e de uma união de pagamentos na América Latina. Adotou, nos anos 1950, o conceito de cooperação regional com base num sistema de preferências comerciais como meio para dinamizar o desenvolvimento econômico.

Em 1950 e 1953 se propôs o pacto ABC (entre a Argentina, o Brasil e o Chile).

Em 1956, a CEPAL novamente propôs a constituição de uma integração regional. Em 1958, patrocinou a Primeira Reunião de Consulta sobre Política Comercial no Sul do Continente, realizada em Santiago, em que os representantes da Argentina, do Brasil, do Chile e do Uruguai concluíram ser conveniente que os governos daqueles países, "sem prejuízo dos estudos que já vinham sendo efetuados referentes ao Mercado Comum Latino-americano", adotassem, "simultaneamente e no mais breve prazo possível, uma política de liberação progressiva de seu comércio recíproco" (ALMEIDA, 1998, p. 36). Em 1959, na Segunda Reunião de Consulta sobre Política Comercial no Sul do Continente, ocorrida também em Santiago, foi elaborado, em colaboração com a CEPAL, um projeto de zona de livre comércio envolvendo os quatro países referidos, os quais, todavia, após consulta com o Secretário-Executivo do GATT, modificaram o projeto, a que vieram a aderir o Paraguai, o Peru e a Bolívia. Porém, subsistiam diferenças que impediam a adoção de um regime tarifário preferencial (BIOCCA, 2001, p. 41).

Pelo Tratado de Montevidéu, em 1960, foi criada a Associação Latino-Americana de Livre Comércio — ALALC, que preconizava a implantação de dois mecanismos: negociação de listas comuns de redução de tarifas alfandegárias; acordos de complementação industrial — acordos setoriais. Todavia, fracassou por ter objetivos muito ambiciosos, sem uma infraestrutura correspondente, ou seja, sem uma programação econômica conjunta ou um alto grau de coordenação de políticas, "com uma organização institucional primária e tradicional própria dos tratados internacionais clássicos" (EKMEKDJIAN *apud* GARCÍA; FARRANDO, 1994, p. 110). Por outro lado, não havia ainda razão suficiente para estruturar instâncias

(71) "Fracassou, assim, uma das primeiras tentativas de substituir a tradicional rivalidade Brasil–Argentina por um esboço de cooperação regional suscetível de conduzir a um projeto integracionista." [...] rivalidade essa que "frustraria a integração de duas economias altamente complementares, num momento que a Europa ocidental, forçada pelas circunstâncias da reconstrução e empurrada por estadistas como Monnet e Schuman, começava a caminhada para o ideal integracionista" (ALMEIDA, 1998, p. 44).

supranacionais importantes, pois a fase era de simples entendimentos comerciais, muito aquém do compatível com o porte de uma integração.

A ALALC foi substituída pela Associação Latino-Americana de Integração (ALADI), criada pelo Tratado de Montevidéu de 1980, subscrito naquela cidade pelo Conselho de Ministros de Relações Exteriores dos países-membros da ALALC em sua reunião de 12 de agosto do referido ano. Tinha como objetivo final, segundo seu art. 1º, lograr o estabelecimento, em forma gradual e progressiva, de um Mercado Comum latino-americano. Mas não estabeleceu prazo algum para o cumprimento dessa meta. Trazia propostas ainda mais ambiciosas que as da ALALC, mas não conseguiu implementá-las, posto que era também débil sua infraestrutura institucional. Ora, esta não previa a aplicação direta e imediata das normas ditadas por seus organismos aos habitantes dos países-membros, nem a instituição de um tribunal de justiça que funcionasse como um verdadeiro Poder Judicial interno da Comunidade, com jurisdição e poder de obrigar, não só os Estados-membros, mas também seus habitantes. Ora, se se aplica a teoria dualista, a validade das normas desses organismos internacionais, no plano interno, depende de sua adoção por uma norma nacional.

Entre os fatos que antecederam, especificamente, o surgimento do Mercosul, o primeiro que traduz relação entre países da América do Sul suscetível de estimular o Mercado Comum é a criação da União Aduaneira Brasil-Argentina, já no ano de 1941.

O ambiente de crise econômica e retorno da democracia no continente propiciou uma nova fase no relacionamento entre o Brasil e a Argentina, levando à superação da histórica rivalidade que dificultava a integração política e econômica dessas grandes nações latino-americanas. Nesse contexto, os presidentes do Brasil, José Sarney, e da Argentina, Raúl Alfonsín, formulam, em 30 de novembro de 1985, a Declaração de Iguaçu, que expressou a decisão política de iniciar um processo de integração bilateral entre esses países. Para esse efeito, foi constituída uma Comissão Mista. Na mesma ocasião, eles firmam uma Declaração Conjunta sobre Política Nuclear, que anuncia o propósito de cooperação bilateral nessa área com fins pacíficos.(72)

Em 26 de julho de 1986, pela Ata para a Integração Brasil-Argentina é estabelecido, em Buenos Aires, o Programa de Integração e Cooperação Econômica — PICE entre esses países, que marcou o início de uma complementação em matéria de bens de capital e alimentos de ambos, através de 12 protocolos setoriais. Em 10 de dezembro do mesmo ano, em reunião ocorrida em Brasília, foi ampliado o Programa por meio de cinco novos Protocolos e foi subscrita a Ata de Amizade Argentino-Brasileira, Democracia, Paz e Desenvolvimento.

---

(72) "Estava aberto, a partir daí, o processo de integração bilateral que, mais tarde, se desdobraria na iniciativa quadrilateral do MERCOSUL." (ALMEIDA, 1998, p. 45)

Em julho de 1987, ainda em Buenos Aires, Brasil e Argentina ampliaram o Programa de Integração bilateral, incorporando três novos Protocolos.

Em 7 de abril de 1988, em Brasília, os presidentes da Argentina, do Brasil e do Uruguai subscreveram a Ata de Alvorada, pela qual se formalizou a participação do Uruguai no processo de integração, no tocante ao setor de transporte terrestre. O Programa foi ampliado com dois novos protocolos.

Em 29 de novembro de 1988, em Buenos Aires, o Brasil e a Argentina celebram um Tratado de Integração, Cooperação e Desenvolvimento, em vigor a partir de 1989, em que decidem pela constituição de um mercado comum bilateral no prazo de dez anos. Em março de 1990, em Brasília, os presidentes desses países ratificam, mediante a subscrição de um Comunicado Conjunto sobre o Processo de Integração, seu compromisso com o Programa de Integração iniciado por seus antecessores.

Esse processo, ainda nos quadros da ALADI, evolui em forma dinâmica e resulta, em 6 de julho de 1990, na Ata de Buenos Aires, pela qual os presidentes da Argentina e do Brasil resolvem acelerar o programa de constituição de um mercado comum bilateral, para que este se formasse até 31 de dezembro de 1994, reduzindo pela metade os prazos estabelecidos no Tratado de Integração de 1988 para liberalização comercial. Os dois chefes de Estado estabelecem, como meta, a redução geral de tarifas, linear e automática, bem como a eliminação de barreiras não tarifárias.[73] Em julho de 1990 eles criam, em Buenos Aires, o Grupo Mercado Comum, de caráter binacional, integrado por funcionários governamentais de ambos os países, tendo a incumbência de elaborar e propor medidas tendentes à conformação do Mercado Comum.

Em 1º de agosto de 1990, reúnem-se em Brasília os ministros de Relações Exteriores e Economia da Argentina e do Brasil. Na ocasião, formula-se convite ao Uruguai, para seu ingresso num Mercado Comum sub-regional, bem assim ao Paraguai, que manifestaria sua aceitação. Igual convite foi feito ao Chile, assinalando o que se convencionou chamar "o início de um período de observação por parte do Chile" (BIOCCA, 2001, p. 50).

Posteriormente o Grupo Mercado Comum, criado na Ata de Buenos Aires, constituído pelos representantes da Argentina, do Brasil, do Paraguai e do Uruguai, resolveu, em sua reunião realizada nos dias 3 e 4 de setembro de 1990, que todas as negociações celebradas naquele encontro fossem reunidas em um só documento. Lança, então, as bases para definir o conteúdo do tratado que daria origem ao Mercosul. Resulta, daí, a elaboração do Acordo de Complementação Econômica n. 14, firmado em 18 de dezembro de 1990 em Montevidéu pelos representantes da Argentina e do Brasil junto à ALADI, "consolidando no âmbito

(73) "É o início das negociações que conduzirão ao Mercosul" (ALMEIDA, 1998, p. 41).

daquela Associação o programa de liberalização comercial concertado no Tratado de Integração, nos prazos definidos pela Ata de Buenos Aires" (ALMEIDA, 1998, p. 47), pois "sistematiza todos os acordos em matéria de comércio bilateral" (BIOCCA, 2001, p. 50).

O referido acordo constitui-se o marco inicial do Tratado de Assunção, de 26.3.91, ao qual, inicialmente integrado pelo Brasil e a Argentina, se incorporaram o Paraguai e o Uruguai[74]. Esse instrumento multilateral passou a regular as relações econômico-comerciais dos quatro países no período de transição (1991-1994), a partir do qual seria complementado e regulamentado, conformando-se o mercado comum.[75]

O Tratado de Assunção estabeleceu o prazo até 31.12.94 para fixar a estrutura institucional definitiva dos órgãos de administração do Mercado Comum do Sul, suas atribuições, o sistema de tomada de decisões, assim como o sistema permanente de solução de controvérsias.

Em 17.12.94 foi celebrado o Protocolo Ouro Preto, que estabeleceu, em seu art. 1º, a estrutura institucional do Mercosul. Em seguida, as negociações entre os governos concentraram-se em acertos comerciais para a conclusão da União Aduaneira.

Com isso, surge, na opinião de García e Farrando (1994, p. 114), a perspectiva de haver na América Latina, pela primeira vez, "um novo direito com características comunitárias que excederá o direito puramente nacional e as tentativas de cooperação promovidas na esfera do direito internacional público".

3.2.4. Instituição do Mercosul. Estados-partes

A formação do Mercosul resulta da tendência mundial de constituição de blocos regionais de países, impulsionada pelo processo de globalização da economia.

---

(74) O Tratado de Assunção foi subscrito pelos presidentes da República Argentina, Carlos Saúl Menem, da República Federativa do Brasil, Fernando Collor de Melo, da República do Paraguai, Andrés Rodríguez, e da República Oriental do Uruguai, Luis Alberto Lacalle Herrera, conjuntamente com os respectivos ministros Guido di Tella, Francisco Rezek, Aléxis Frutos Vaesken e Hugo Gros Espiell. Entrou em vigor em 29 de novembro de 1991, trinta dias após o depósito do terceiro instrumento de ratificação, conforme seu art. 19. Foi ratificado pela Argentina, pela Lei n. 23.981 (B.O. 12.9.91); pelo Brasil, em 25.9.91, pelo Decreto Legislativo n. 197/91, sendo o depósito de ratificação efetuado em 30.10.91 e a promulgação em 21.11.91 pelo Decreto n. 350; pelo Paraguai, em 30.5.91 (publicação em 15.7.91); pelo Uruguai, através da Lei n. 16.196, de 22.7.91, tendo o depósito do instrumento da ratificação correspondente, no Ministério das Relações Exteriores do Paraguai, sido efetuado em 1º.8.91.

(75) "O MERCOSUL constituiu assim uma resposta criativa à nova dinâmica das economias nacionais e internacional, uma vez que o esgotamento das políticas substitutivas levou obrigatoriamente à necessidade de encontrar novas formas de inserção econômica externa. Transformou-se, assim, num espaço de tempo relativamente curto em termos históricos, a geografia econômica desse grande espaço sul-americano, projetando-se uma nova entidade comunitária, cujo impacto vai se exercer plenamente nos albores do século XXI." (ALMEIDA, 1998, p. 47)

Com efeito, os processos de integração que tiveram impulso na última década são interpretados como uma atitude de defesa, por parte dos Estados envolvidos, da competitividade das respectivas economias nacionais, diante do impacto, nelas, da globalização[76][77]. A integração, segundo Biocca (2001, p. 19), preserva as identidades das regiões e enseja que o Estado nacional adquira maior potencialidade na comunidade internacional.[78]

O instrumento básico institucional do Mercosul é o Tratado de Assunção, firmado pela Argentina, Brasil, Paraguai e Uruguai em 26 de março de 1991[79], o qual tem como objetivo alargar o processo de integração, a cooperação e o desenvolvimento dos Estados signatários e dos demais Estados sul-americanos que vierem a aderir ao bloco.

O Mercosul tem como Estados associados a Bolívia (1996), o Chile (1996), o Peru (2003), a Colômbia (2004) e o Equador (2004). O *status* de membro associado se estabelece por acordo bilateral, denominado Acordo de Complementação Econômica, firmado entre o Mercosul e cada país interessado, no qual é fixado um cronograma para a criação de uma zona de livre comércio com o país signatário. O Estado associado pode participar na qualidade de convidado nas reuniões dos organismos do Mercosul e efetuar convênios sobre matérias comuns.

O Chile formalizou sua associação ao Mercosul em 25 de junho de 1996, durante a X Reunião da Cumbre do Mercosul, em San Luis, Argentina, mediante a assinatura do Acordo de Complementação Econômica Mercosul-Chile; a Bolívia, na XI Reunião da Cumbre do Mercosul, em Fortaleza (Brasil), em 17 de dezembro de 1996, ao subscrever o Acordo de Complementação Econômica Mercosul-Bolívia; o Peru, em 2003, pela assinatura do Acordo de Complementação Econômica Mercosul-Peru; a Colômbia, o Equador e a Venezuela, em 2004, mediante a assinatura do Acordo de Complementação Econômica Mercosul-Colômbia, Equador e Venezuela.

---

(76) Essa tônica do processo de integração, no caso do Mercosul, consta no preâmbulo do Tratado de Assunção, onde se expressa que ele "constitui uma resposta adequada" aos acontecimentos internacionais em evolução, especialmente a consolidação de grandes espaços econômicos.

(77) A propósito, dizem Simonsen Associados (1998, p. 11): "De fato, integração regional não é apenas uma tendência, mas uma necessidade imposta pela conjuntura do atual poder político mundial e passa pela própria sobrevivência das nações carentes de padrões adequados de desenvolvimento e com elevado passivo financeiro e social. Para esse grupo de nações, de modo especial, será importante perseguir objetivos que incluam o aproveitamento racional e eficaz dos recursos disponíveis, a preservação do meio ambiente, a coordenação de políticas macroeconômicas e a complementação dos seus diferentes setores da economia".

(78) Explica Biocca (2001, p. 19), a propósito, que "o debilitamento do Estado Nação na América Latina é consequência da globalização política hegemônica, da deterioração dos termos do intercâmbio e do endividamento externo que impossibilita seu cancelamento".

(79) O referido Tratado foi aprovado, em nosso país, pelo Decreto Legislativo n. 197, de 25.9.91; o depósito do Instrumento de sua Ratificação ocorreu em 30.10.91; promulgado pelo Decreto presidencial n. 350, de 21.11.91, publicado no Diário Oficial da União de 22.11.91. Sua vigência internacional iniciou-se em 29.11.91, ou seja, trinta dias seguintes ao depósito do terceiro instrumento de ratificação, conforme seu art. 19.

A Venezuela esteve em processo de conversão em Estado-membro desde 9 de dezembro de 2005, quando, durante a XXIX Conferência do Mercosul, em Montevidéu, foi outorgado àquele país o *status* de Estado-membro em processo de adesão, o que na prática significa que ele tinha voz, mas não voto. Para adquirir essa qualidade em definitivo, a Venezuela precisava adotar o marco legal, político e comercial do Mercosul e firmar o respectivo protocolo. A denominada República Bolivariana da Venezuela recebeu assentimento para seu ingresso, como Estado-membro, no Mercosul, da parte da Argentina e do Uruguai. Assim, ela veio a participar das reuniões do Grupo com *status* de membro. Até há pouco não o integrava plenamente, pois, para tanto, ainda faltava a aprovação por parte do Senado do Paraguai e do Senado brasileiro (a Câmara dos Deputados já a havia deferido), que relutou, por bastante tempo, a aceitar sua admissão nessa qualidade, o que veio a ocorrer posteriormente. Assim, o processo político de sua integração foi aceito e formatado, enquanto sua integração no campo econômico-comercial e aduaneira foi postergada com prazos que iam até 2011. O Congresso do Paraguai continuou opondo-se à integração da Venezuela ao bloco como Estado-parte; porém, com a suspensão daquele país, efetivada em decorrência da destituição de seu presidente Fernando Lugo, a integração foi ultimada em reunião do Mercosul ocorrida, sem a presença do Paraguai, em 31.7.12, em Brasília. O Paraguai, no entanto, analisa meios de contestar o ingresso da Venezuela. O fato é que esse país conseguiu reverter a naturalidade do processo integrativo à luz da matriz da integração da União Europeia (que serve de parâmetro para o Mercosul). Pesava contra sua inserção no Grupo, da parte do Senado brasileiro, o fato de o Governo da Venezuela vir ostentando comportamento político incompatível com uma verdadeira democracia.

Nesse interim, foi afastado da presidência do Paraguai, mediante *impeachment*, Fernando Lugo, num processo sumário, em que não teria sido concedido a ele o direito de defesa por prazo razoável.

Pouco tempo depois, em 29 de junho de 2012, na reunião de cúpula realizada em Mendoza, na Argentina, os chefes de três dos quatro Estados do bloco — Cristina Kirchner (Argentina), Dilma Rousseff (Brasil) e José Mujica (Uruguai) — suspenderam a competência do Paraguai para participar das decisões do Mercosul, sob a justificativa de que a destituição de seu presidente e a posse do novo (então, vice), Federico Franco, não teriam sido realizadas com obediência aos procedimentos democráticos, à medida que não fora outorgada completa oportunidade de defesa ao acusado. Com a suspensão daquele país, efetivada em decorrência da destituição de seu presidente Fernando Lugo, a integração foi ultimada em reunião do Mercosul ocorrida, sem a presença do Paraguai, em Brasília.[80] O Paraguai, no entanto, analisa meios de contestar o ingresso da Venezuela. O presidente Hugo

(80) O Protocolo de Adesão da Venezuela é o instrumento jurídico-diplomático para o ingresso desse país no bloco.

Chávez assumiu a cadeira daquele país, como seu representante, em cerimônia de posse realizada em 30 de junho, no Palácio do Planalto, em Brasília.

Tal fato gerou um incidente diplomático de consequências não só políticas, mas também econômicas, posto que a suspensão do Paraguai foi desautorizada, em data recente, pela Organização dos Estados Americanos (OEA), que não vislumbrou irregularidade no afastamento do presidente Lugo. A esse fato, seguiu-se posição do Paraguai, cujo Senado rejeitou formalmente, por ampla maioria, o ingresso da Venezuela no Bloco regional. O Paraguai, na qualidade de sócio fundador, respondeu à cúpula do Mercosul, exercendo seu direito, assegurado pelo Tratado de Assunção, de opor-se à entrada da Venezuela.

Essa é consequência política. A de natureza econômica prende-se ao fato de tratar-se, em relação ao Paraguai, de um parceiro no processo de constituição do sonhado Mercado Comum. Sua exclusão representa um desfalque nesse processo, contrariando o objetivo, expresso no referido Tratado, de agregar países ao bloco. Ademais, gera precaução, da parte de países ou blocos econômicos externos, para encaminhar negociações com o Mercosul, diante da falta de clareza a respeito dos legítimos signatários dos documentos, o que poderia dificultar a concretização de tais negociações.

Em abril de 2013 haverá eleições para a presidência do Paraguai, ocasião em que será, na expectativa dos atuais membros do Mercosul, regularizada a situação institucional daquele país, devendo, consequentemente, ser cancelada sua suspensão do bloco, tendo em vista, notadamente, o pronunciamento feito sobre esse fato pela OEA.

É, no mínimo, questionável a decisão tomada, no caso, pela Argentina, Brasil e Uruguai, do ponto de vista das normas que regem as relações internacionais e, em especial, as relações no âmbito das Comunidades Regionais de Países, tal como o Mercosul. Ora, a rapidez (talvez, precipitação) com que o Senado do Paraguai decretou o *impeachment* do presidente Fernando Lugo poderia ser considerada um golpe, ou, pelo menos, uma manobra antidemocrática — situação essa que não se coaduna com o compromisso, firmado pelo *Protocolo de Ushuaia* (Argentina), de 24 de julho de 1998, compreendendo os países do Mercosul, assim como Bolívia e Chile, segundo o qual só seria admitido como membro do bloco país na vigência do regime político democrático. Por outro lado, sabendo que o afastamento de Lugo, na forma como se deu, não feriu a Constituição do país, deve-se ponderar que não era legítima, sob o aspecto do direito internacional, bem como do direito supranacional (aplicável aos blocos regionais de países), a desconsideração do texto constitucional que o admitia, pois tal comportamento implica, de certo modo, desrespeito ao princípio da soberania estatal. Teria havido, nessa situação, um contragolpe do bloco ao Paraguai e ao seu novo presidente, caracterizando um retrocesso institucional que poderá fragilizar, a médio ou longo prazo, o processo de integração referente ao Mercosul. A propósito, comenta-se que o Itamarati e o chanceler brasileiro Antônio Patriota teriam advertido a presidente Dilma de que a decisão referente à suspensão do Paraguai fora ilegal. Com esse entendimento, o presidente do Uruguai, Jose Mujica, dissera tratar-se de medida política que atropelava disposições jurídicas.

3.2.4.1. Natureza jurídica, objetivos

O Mercosul veio a ter personalidade jurídica internacional declarada no Protocolo de Ouro Preto (1994), cujo art. 34 dispõe que "o Mercosul terá personalidade jurídica de Direito Internacional", podendo, nessa condição, "praticar todos os atos necessários à realização de seus objetivos, em especial contratar, adquirir ou alienar bens móveis e imóveis, comparecer em juízo, conservar fundos e fazer transferências" (art. 35).

Quanto à sua natureza jurídica, o Tratado de Assunção é, na opinião do professor Ekmekdjian, um dos Acordos Parciais de integração econômica regulados nos Capítulos II e IV do Tratado ALADI (Tratado de Montevidéu de 1980). Esse também é o entendimento de Gros Espiell e Magariños (PIZZOLO, 2002, p. 87). Aliás, isso é o que se depreende dos termos do Preâmbulo do Tratado de Assunção (1991), em cotejo com os do Preâmbulo do Tratado de Montevidéu (1980).

O Tratado de Assunção é qualificado como um tratado marco que, segundo Magariños *apud* Pizollo (2002, p. 89), é uma nova figura, distinta dos tipos clássicos de tratados do Direito Internacional, isto é, os tratados-contratos e os tratados-leis. A doutrina denomina esse tipo de acordos internacionais, mais propriamente, acordos-marco, por conterem apenas um conjunto de diretrizes gerais que devem posteriormente ser desenvolvidas e concretizadas mediante convênios especiais. Segundo Abreu *apud* Pizzolo (2002, p. 90), "não deve considerar-se como um tratado final constitutivo do Mercosul, mas como o instrumento de caráter internacional destinado a tornar possível sua concretização".

Em outra concepção (PÉREZ OTERMIN *apud* PIZZOLO, 2002, p. 90), o TA é, fundamentalmente, em seu conteúdo estrutural, um tratado transitório, consoante seu art. 18, ou, em outras palavras, um tratado provisório ou preliminar (GROS SPIELL; MAGARIÑOS *apud* PIZZOLO, 2002, p. 91), porquanto objetiva a constituição de um mercado comum, mas não o constitui. "Em definitivo — afirma Magariños —, o Tratado de Assunção não é o próprio instrumento, em essência provisório, mas a decisão política de estabelecer um mercado comum de duração indefinida". Esse também é o entendimento de Espiell (1997, p. 250), segundo o qual "o Tratado de Assunção é um tratado internacional, cujo objetivo é a criação de um mercado comum", que "estabelece o caminho, o procedimento, a forma e o conteúdo do processo para chegar ao objetivo de constituir o mercado comum". Porém, "não o cria". "Determina como se há de chegar, necessária e indubitavelmente, a ele." Embora tenha duração indefinida, destinava-se a regular o período de transição (até 31.12.94), após o qual deveria ser substituído por outro tratado ou complementado por um ou vários protocolos adicionais, consoante, aliás, seu art. 18, que rezava deverem os Estados-partes, antes do estabelecimento do Mercado Comum, a 31 de dezembro de 1994, convocar uma reunião extraordinária com o objetivo de determinar a estrutura institucional definitiva dos órgãos de administração do Mercado Comum, assim como as atribuições específicas de cada um deles e seu sistema de tomada de decisões — o que veio a ocorrer com o Procolo de Ouro Preto, de 1994. Nesse sentido, limitado e preciso, o Tratado de Assunção é um tratado provisório ou preliminar.

No preâmbulo do Tratado, os Estados-partes consideram que "a ampliação das atuais dimensões de seus mercados nacionais, através da integração, constitui condição fundamental para acelerar seus processos de desenvolvimento econômico com justiça social"; que "essa meta deve ser alcançada por meio do mais eficaz aproveitamento dos recursos disponíveis, a preservação do meio ambiente, a coordenação das políticas macroeconômicas e a complementação dos diferentes setores da economia, com base nos princípios de gradualidade, flexibilidade e equilíbrio". Enfatizam ainda que "esse processo de integração constitui uma resposta adequada" à consolidação de grandes espaços econômicos, tendo em vista "a importância de obter uma adequada inserção internacional para seus países"; que "o presente Tratado deve ser considerado como um novo avanço no esforço tendente ao desenvolvimento em forma progressiva da integração da América Latina, conforme o objetivo do Tratado de Montevidéu de 1980"; além de alertarem para "a necessidade de promover o desenvolvimento científico e tecnológico dos Estados-partes e de modernizar suas economias para ampliar a oferta e a qualidade dos bens e serviços disponíveis a fim de melhorar as condições de vida de seus habitantes"(81). E reafirmam "sua vontade política de deixar estabelecidas as bases para uma união cada vez mais estreita entre seus povos, com a finalidade de alcançar os objetivos acima mencionados".(82)

3.2.5. Estrutura institucional do Mercosul

O Tratado de Assunção previu, como pressuposto para a consolidação do Mercosul, a constituição de um Mercado Comum efetivo entre o Brasil, a Ar-

---

(81) Nesses termos, como assinala Sánchez (2001, p. 35), a meta estabelecida no Tratado não se reduz a um projeto econômico, nem tem como único objetivo uma maior eficiência e competitividade; mas vai além, apontando para a melhoria das condições gerais de vida dos habitantes dos Estados-partes e uma maior justiça social, o que só se conseguirá pondo em prática os princípios de Solidariedade, Liberdade e Igualdade.

(82) Esses objetivos estão longe de serem alcançados, mesmo porque o processo de integração do Mercosul ainda carece de uma estrutura suficiente, está sendo implantado gradualmente, encontrando-se em fase incipiente de organização. Esse processo tem caráter hegemônico, não atendendo à questão social, ao desenvolvimento sustentável — que não se confunde com um mero crescimento econômico — e ao estabelecimento de mecanismos compensatórios que contribuam para o equilíbrio harmônico dos países e das regiões. (BIOCCA, 2001, p. 7)

gentina, o Paraguai e o Uruguai, com livre circulação de bens, serviços e fatores produtivos, mediante os seguintes instrumentos:

a) um Programa de Liberalização Comercial, baseado em reduções tarifárias progressivas, lineares e automáticas e na eliminação de toda e qualquer restrição comercial, a fim de chegar, em 31.12.94, a zeragem das tarifas para o comércio entre os Estados-partes;

b) a coordenação das políticas macroeconômicas e setoriais, a realizar-se gradualmente e em forma convergente com os programas de redução e eliminação tarifária retromencionada;

c) uma tarifa externa comum, que incentive a competitividade externa dos Estados-partes;

d) adoção de acordos setoriais, objetivando otimizar a utilização e mobilidade dos fatores de produção e alcançar escalas operacionais eficientes;

e) harmonização legislativa nas áreas pertinentes, a fim de lograr o fortalecimento do processo de integração;

f) adoção, no período de transição entre a entrada em vigor do Tratado e 31.12.94, a fim de facilitar a constituição do Mercado Comum, de um Regime Geral de Origem, um Sistema de Solução de Controvérsias e Cláusulas de Salvaguarda.

A integração far-se-ia obedecendo às seguintes etapas:

a) zona de livre comércio, com a eliminação, entre os países componentes do Mercado Comum, das barreiras tarifárias, incrementando seu intercâmbio comercial;

b) união aduaneira, mediante a qual os referidos países adotam uma tarifa externa comum e uma mesma política comercial perante outros países. Dessa maneira, o Mercosul se concretizaria a partir de 1º.1.95, com uma união aduaneira, ainda que imperfeita;

c) mercado comum, que compreende um regime de livre circulação, entre os países-membros, de bens e fatores produtivos, isto é, o capital e a mão de obra, os trabalhos e serviços. A circulação dos trabalhadores pressupõe a igualdade de tratamento para os nacionais e os estrangeiros pertencentes ao Mercado Comum;

d) união econômica;

e) integração, mediante a unificação das políticas econômicas, financeiras e fiscais, bem como a monetária, com o reconhecimento de uma autoridade supranacional competente para dirimir os eventuais conflitos, ou seja, um órgão jurisdicional comunitário autônomo. Esses elementos dão o perfil do Mercado Comum — de que é exemplo o referente à Comunidade Europeia, a partir do Tratado de Maastricht (1992) —, no qual os países-membros delegam a um órgão supranacional a criação do direito, comprometendo-se a aplicar as normas por ele editadas.

> A atual estrutura institucional do Mercosul é intergovernamental e chegou a dar o máximo de suas possibilidades. Com ela o sistema não pode ser mais que uma zona de livre comércio, com importante repercussão econômico-comercial, mas com escassas possibilidades de aprofundar as demais aspirações. [...] o Mercosul não poderá aprofundar sua integração, não transitará para uma verdadeira união aduaneira e menos para um mercado comum (ARBUET-VIGNALI, 2004, p. 210).[83]

(83) "La actual estructura institucional del Mercosur es intergubernamental y há llegado a dar el máximo de sus posibilidades. Con ella el sistema no puede pasar de ser uma zona de libre comercio,

Essa estrutura é inadequada para alcançar uma integração profunda, que chegue ao político e a outras áreas e propicie a criação de um bloco unido, com poder e capacidade de decisão perante o mundo exterior. Com ela:

> é muito difícil, conquanto não impossível, ir além de uma integração de tipo comercialista; é pouco provável que se possa concretizar um sistema que se estenda a outros campos além de uma zona de livre comércio, que sequer alcance uma união aduaneira perfeita e, menos ainda, a um mercado comum. Nem se pode pensar em uma integração fora do econômico, na política exterior, a defesa, o social ou o cultural.[84] (ARBUET-VIGNALI, 2004, p. 211)

A estrutura orgânica do Mercosul, segundo o Capítulo II do Tratado de Assunção, ficou constituída, para o período de transição que iria até 31.12.94 (quando seria estabelecido o Mercado Comum), pelos seguintes órgãos, incumbidos da administração e execução do Tratado, assim como dos acordos específicos e decisões a serem adotadas no quadro jurídico por ele estabelecido:

a) Conselho do Mercado Comum — CMC;

b) Grupo Mercado Comum — GMC.

O Conselho do Mercado Comum, órgão superior do processo de integração, é encarregado da condução da política do Mercosul e da tomada de decisões para assegurar o cumprimento dos objetivos e prazos estabelecidos para a constituição definitiva do Mercado Comum. É integrado pelos ministros de Relações Exteriores e os ministros de Economia dos Estados-partes. O Grupo Mercado Comum é seu órgão executivo, cuja função é assistir o Conselho nas decisões de natureza executiva, adotando resoluções nesse sentido. No cumprimento de suas atribuições, estabelece o programa de trabalho para assegurar a marcha até a constituição definitiva do Mercado Comum, podendo, para esse fim, constituir subgrupos de trabalho. O referido Grupo é integrado pelos ministros de Economia e de Relações Exteriores e os presidentes dos bancos centrais dos quatro países signatários do Tratado.

Em seu Anexo V o Tratado de Assunção determinou que o Grupo Mercado Comum constituísse, dentro dos trinta dias a partir de sua instalação, para a coordenação das políticas macroeconômicas e setoriais, os subgrupos de trabalho, que são os seguintes:

---

com importante repercusión económico-comercial, pero con escasas posibilidades de profundizar las demás aspiraciones. [...] el Mercosur no podrá profundizar su integración, no transitará hacia una verdadera unión aduanera y menos hacia un mercado común."

(84) "Con esta estructura es muy difícil, aunque no imposible, ir más allá de una integración de tipo comercialista; es poco probable que se pueda concretar un sistema que se extienda a otros campos más allá de una zona de libre comercio, que alcance siquiera una unión aduanera perfecta y, menos aún, a un mercado común. Ni se puede pensar en una integración fuera de lo económico, en la política exterior, la defensa, lo social ou lo cultural."

subgrupo 1: assuntos comerciais;

subgrupo 2: assuntos aduaneiros;

subgrupo 3: normas técnicas;

subgrupo 4: política fiscal e monetária relacionada com o comércio;

subgrupo 5: transporte terrestre;

subgrupo 6: transporte marítimo;

subgrupo 7: política industrial e tecnológica;

subgrupo 8: política agrícola;

subgrupo 9: política energética;

subgrupo 10: coordenação de políticas macroeconômicas.

Posteriormente, foi criado o Subgrupo 11, para cuidar dos temas pertinentes aos trabalhadores (85), denominado "Assuntos trabalhistas", designação que logo em seguida, pela Resolução n. 11/92 do Grupo Mercado Comum, foi alterada para "Relações trabalhistas, emprego e seguridade social". Em sua 2ª reunião, ocorrida em 7.5.92, em Montevidéu, o Subgrupo de Trabalho n. 11 definiu a constituição de suas Comissões de Trabalho, em número de oito, com as seguintes denominações e respectivos temas prioritários:

1. Comissão de Relações Individuais de Trabalho:

   1.1. análise comparativa dos sistemas de relações trabalhistas entre os países do Mercosul;

   1.2. custos trabalhistas, nível de salários e contribuições sociais.

2. Comissão de Relações Coletivas de Trabalho.

3. Comissão de Emprego:

   3.1. emprego e suas repercussões; estudo setor por setor;

   3.2. livre circulação de trabalhadores (migrações).

4. Comissão de Formação Profissional:

   4.1. recapacitação ao trabalhador;

   4.2. reconhecimento das habilitações profissionais.

5. Comissão de Saúde e Segurança do Trabalho:

   5.1. condições e meio ambiente de trabalho.

6. Comissão de Seguridade Social:

   6.1. seguridade Social.

---

(85) Advertiu-se que o social não podia estar ausente das questões pertinentes ao Mercado Comum, como, aliás, fizeram notar os ministros do Trabalho dos quatro países signatários do Tratado de Assunção em reunião realizada em Montevidéu em maio de 1991. Por essa razão, criou-se o Subgrupo 11. "O tema não podia faltar, ainda que se descontem os problemas que se podem apresentar nas relações entre o econômico e o social, quando se trata da aplicação de políticas comuns de integração" (SARDEGNA, 1995, p. 38).

7. Comissão de Setores Específicos:

   7.1. legislação específica de algumas categorias.

8. Comissão de Princípios:

   8.1. ratificação de convenções da OIT a fim de homogeneizar as condições mínimas de proteção, promovendo a justiça social;

   8.2. Carta de Direitos Fundamentais em matéria trabalhista.

O Subgrupo de Trabalho 11 tinha, tal como os demais Subgrupos, como objetivo executar tarefas técnicas de apoio ao GMC. No aspecto técnico não obteve resultado considerável; porém, concorreu para a solução de inúmeras questões na respectiva área de atuação e constituiu-se "um foro para melhorar a qualidade do diálogo entre os setores privados" (NORRIS, 1998, p. 33), o que representou um grande avanço político em termos de participação da sociedade civil, que não possuía poder decisório. Referindo-se ao estágio atual do Subgrupo de Trabalho 11, Teixeira Filho (1996, p. 463) diz, com a autoridade de quem participou de sua criação, que ele "vem cumprindo excelente papel"; e reporta-se ao testemunho do Coordenador Nacional da Seção brasileira, Dr. José Alves de Paula, expresso no artigo "O Subgrupo 11 do MERCOSUL: Balanço de suas Atividades", do qual extrai algumas propostas concretas [86], que revelam resultados positivos da atuação daquele órgão.

Pelo Protocolo de Ouro Preto (1994), art. 1, foi completada essa estrutura, que passou a contar com os seguintes órgãos:

a) o Conselho do Mercado Comum — CMC;

b) o Grupo Mercado Comum — GMC;

---

(86) "a) na Comissão Temática n. 1 — Concluído o estudo comparado de direito individual do trabalho e a fórmula determinante dos custos trabalhistas nos quatro países. Ambos os assuntos aguardam decisão do GMC; b) na Comissão Temática n. 2 — Finalizado o levantamento sobre a realidade fática e jurídica sobre os seguintes aspectos da negociação coletiva de trabalho: sujeitos; conflitos de representatividade; obrigação de negociar; níveis de negociação; conflito de normas coletivas; homologação ou registro de convenções coletivas; extensibilidade; conteúdo da negociação; eficácia e efeitos das convenções; prazo de vigência; renovação; ultra-atividade das convenções pactuadas; direito de informação; procedimentos de solução dos conflitos e negociação *in pejus*. Pendente de decisão do GMC; c) na Comissão Temática n. 3 — Aprovada harmonização conceitual sobre migração trabalhista, livre circulação, emprego, desemprego e setor informal da economia, tendo sido as matérias encaminhadas ao Subgrupo n. 10; d) na Comissão Temática n. 4 — Reconhecimento e equivalência de qualificações profissionais concluído e decidida a constituição de um Sistema Regional de Informação sobre Formação Profissional; e) na Comissão Temática n. 5 — Comparadas as legislações sobre segurança e saúde no trabalho e definida a metodologia para apuração do grau de cumprimento dessa legislação; f) na Comissão Temática n. 6 — Elaboradas propostas de acordos bi ou multilaterais sobre seguridade social e os acordos administrativos para sua operacionalização; g) na Comissão Temática n. 7 — Levantados os custos trabalhistas do setor de transporte marítimo e terrestre, assim como definida a metodologia para estudo do trabalho rural; h) na Comissão Temática n. 8 — Realizado o levantamento das convenções da OIT ratificadas pelos quatro países e consensuado um conjunto de convenções a serem por eles internalizadas." (TEIXEIRA FILHO, 1996, p. 464)

c) a Comissão de Comércio do Mercosul — CCM;

d) a Comissão Parlamentar Conjunta — CPC;

e) o Foro Consultivo Econômico Social — FCES;

f) a Secretaria Administrativa do Mercosul — SAM.

A Comissão de Comércio do Mercosul assiste o Grupo Mercado Comum, competindo-lhe, nos termos do art. 16 do Protocolo de Ouro Preto:

> velar pela aplicação dos instrumentos de política comercial comum acordados pelos Estados-Partes para o funcionamento da união aduaneira, bem como acompanhar e revisar os temas e matérias relacionados com as políticas comerciais comuns, com o comércio intraMercosul e com terceiros países.

A Comissão Parlamentar Conjunta é o órgão representativo dos Parlamentos dos Estados-partes no âmbito do Mercosul (art. 22 do Protocolo de Ouro Preto), integrada por igual número de parlamentares representantes daqueles países, designados pelos respectivos Parlamentos nacionais de acordo com seus procedimentos internos. Há previsão de que seus membros sejam eleitos diretamente pela população, já em 1914, como ocorre na União Europeia.

Não é da competência do Parlamento legislar, mas acompanhar a atuação dos demais órgãos do Mercosul. Compete-lhe diligenciar, junto aos Estados-partes, para a rápida tramitação dos procedimentos internos com vista à pronta entrada em vigor das normas emanadas dos órgãos do Mercosul, bem como auxiliar na harmonização legislativa, indispensável para o avanço do processo de integração.

Manifesta-se através de pareceres, projetos de normas, anteprojetos de normas, declarações, recomendações, relatórios e disposições, tomadas, dependendo da hipótese, por maioria simples, absoluta, especial ou qualificada, conforme seu regimento interno.

No sentido de operacionalizar tais funções, as delegações de parlamentares representativas dos quatro países signatários do Tratado de Assunção aprovaram, em 3.8.95, em Assunção, com base no art. 27 do Protocolo de Ouro Preto, o Regulamento Interno da Comissão Parlamentar Conjunta, o qual dispõe, entre seus propósitos, acerca do favorecimento das condições de vida e emprego, criando condições para um desenvolvimento autossustentável que preserve o entorno e que se construa em harmonia com a natureza.

Esse órgão demonstrou, reiteradamente, preocupação com as questões trabalhistas, pois, já antes da aprovação de seu Regulamento, através de sua Resolução Mercosul/CPC/Res. n. 2/93, decidiu incluir o tema "políticas laborais" na Ordem do Dia de sua III Reunião Ordinária, ocorrida em Brasília em 1993. E, no mesmo ano, editou a Recomendação Mercosul/CPC/Res. n. 4/93, resultante de sua III Reunião Ordinária, cujo item 2 tratava do tema trabalhista nos seguintes termos: "2. Pronunciar-se pela mais alta e especial consideração para com os direitos dos trabalhadores, assegurando-lhes justa participação no processo integracionista, assim como o pleno gozo dos benefícios consequentes".

No que tange ao tema "migrações trabalhistas" — que não pode deixar de ser analisado num processo de integração regional —, a Comissão Parlamentar Conjunta, pela Resolução Mercosul/CPC/Res. n. 2/94, após avaliar estudos realizados pela Subcomissão de Assuntos Trabalhistas, decidiu recomendar a aprovação, pelos signatários do Tratado de Assunção, das Convenções de ns. 97 e 143 da OIT, que se relacionam com a matéria. Inobstante isso, os sindicatos sul-americanos, reunidos sob a Coordenação das Centrais Sindicais do Cone Sul — CCSCS, fizeram várias críticas a essa proposta da CPC, apontando omissão dela quanto a diversos temas que não teriam sido considerados pelas autoridades responsáveis pelos assuntos trabalhistas no Mercosul, dentre os quais os seguintes:

> a) avaliação do impacto da abertura comercial sobre o emprego e o salário;
>
> b) estabelecimento de um patamar mínimo de direitos trabalhistas nos quatro países integrantes do Mercosul;
>
> c) criação de um mecanismo de negociação coletiva entre o capital e o trabalho;
>
> d) integração entre sindicatos, comissões de fábrica e direção das empresas para que negociem lado a lado (NORRIS, 1998, p. 37).

O Foro Consultivo Econômico Social, segundo o art. 28 do Protocolo de Ouro Preto, "é o órgão de representação dos setores econômicos e sociais e será integrado por igual número de representantes de cada Estado-Parte". Enseja aos diversos setores da sociedade (sindicatos, consumidores, sociedade civil em geral) encaminhar seus pleitos e proposições aos órgãos de decisão. Possui função meramente consultiva; manifesta-se através de Recomendações dirigidas ao Grupo Mercado Comum. Representa, com a Comissão Parlamentar Conjunta, os órgãos de caráter supranacional no marco do Mercosul.

A Secretaria Administrativa do Mercosul é órgão de apoio operacional do Mercado Comum, com sede definitiva em Montevidéu. Faz o registro das decisões tomadas pelos órgãos permanentes e facilita o processo de solução de controvérsias na fase arbitral. Está a cargo de um diretor, nacional de um dos Estados-partes, eleito, em sistema de rotatividade, pelo Grupo Mercado Comum, após prévia consulta aos países integrantes do Mercosul, para um mandado de dois anos, vedada a reeleição. A designação do diretor é feita pelo Conselho do Mercado Comum.

Os subgrupos de trabalho criados inicialmente funcionaram até 31.12.94. Foram suprimidos, tendo sido criados, em substituição, onze novos subgrupos:

comunicações;

mineração;

regulamentos técnicos;

assuntos financeiros;

transportes e infraestrutura;

meio ambiente;

indústria;

agricultura;

energia;

assuntos trabalhistas, emprego e seguridade social;

saúde.

O Protocolo de Ouro Preto (1994) adapta a estrutura institucional do Mercosul estabelecida pelo Tratado de Assunção às mudanças ocorridas a partir da assinatura deste. Confirma a visão gradualista do processo de integração, reconhecendo a importância dos avanços alcançados durante a fase de transição (1991-1994) e criando condições para a implementação da união aduaneira, como etapa para a construção de um mercado comum, ao dotar o Mercosul dos órgãos encarregados de administrá-la (ALMEIDA, 1998, p. 12).

Outrossim, com o Protocolo de Ouro Preto foi estipulada, para o início da união aduaneira, uma Taxa Externa Comum — TEC, em relação a terceiros países, bem assim uma política tarifária comum aos membros do bloco regional (MERCOSUL).

Foram constituídas, entre 1991/1994, reuniões especializadas (ciência e tecnologia, turismo, entre outras), bem como reuniões de ministros nos mais diferentes setores (entre os quais os da Justiça, Educação, Cultura, Agricultura, Ciência e Tecnologia, Economia e de presidentes dos bancos centrais).

Em 17 de dezembro de 1991, é firmado o Protocolo de Brasília para a Solução de Controvérsias, que institui mecanismo *ad hoc* de solução arbitral dos conflitos comerciais entre os países-membros do Mercosul. Naquele Protocolo foram lançadas as bases para o funcionamento de um Tribunal Arbitral multinacional [(87)], que seria a última instância, com decisões finais vinculantes. Numa primeira etapa conciliatória, haveria negociações diretas, com procedimento, diante da Comissão de Comércio e do Grupo Mercado Comum, conforme a matéria em discussão.

O Protocolo de Brasília para Solução de Controvérsias optou por um sistema arbitral em vez de um órgão investido de funções tipicamente jurisdicionais. Criou um sistema provisório, sem previsão de adoção de um sistema permanente, seja

(87) Na realidade, tratava-se de tribunais *ad hoc*, para cada caso. A criação do referido Tribunal era já prevista no Tratado de Assunção, em seu art. 3, e no Anexo III dele, ao dispor que os Estados-partes adotariam um sistema de solução de controvérsias. O Protocolo de Brasília instituía um sistema temporário, genérico, modificado pelo Protocolo de Ouro Preto que, todavia, o manteve em suas linhas gerais.

arbitral, seja judicial. Estabeleceu dois ritos de solução de controvérsias: um, entre Estados-partes, mediante negociações diretas, ou, caso essas não resultassem em acordo ou a controvérsia fosse solucionada apenas parcialmente, com a interveniência do Grupo Mercado Comum, admitindo-se, caso frustradas ambas as tentativas, recurso ao juízo arbitral.

O outro rito compreendia reclamações de particulares (pessoas físicas ou jurídicas) contra Estado-parte, que deveriam ser formalizadas perante a seção nacional do Grupo Mercado Comum do Estado-parte onde eles tivessem sua residência habitual ou a sede de seus negócios. Caso não resolvidas nessa instância, as reclamações seriam levadas à apreciação pelo Grupo Mercado Comum, que convocaria um grupo de especialistas, e estes dariam um parecer sobre a querela. Se nesse parecer se verificasse a procedência da reclamação, a requerimento de qualquer outro Estado-parte poderiam ser adotadas medidas corretivas ou a anulação das medidas questionadas. Se, mesmo assim, o requerimento não surtisse efeito, o Estado-parte que o efetuou poderia recorrer diretamente ao juízo arbitral já referido.

O primeiro rito referia-se às controvérsias entre Estados-partes que tivessem por objeto a interpretação, aplicação ou descumprimento das normas integradoras; o segundo, às reclamações feitas tendo em vista sanção ou aplicação, por qualquer dos Estados-partes, de medidas legais ou administrativas de efeito restritivo, discriminatórias ou de concorrência desleal, em infração a essas normas.

Na verdade, "com um tribunal arbitral independente se procurou garantir a segurança jurídica como objetivo sobretudo para investimentos estrangeiros"(88). Porém, em virtude das dificuldades criadas para acesso ao Tribunal Arbitral, o sistema de solução de controvérsias não assegura uma adequada defesa dos particulares e, por consequência, a segurança jurídica era relativa (GONZALEZ-OLDEKOP, 1997, p. 185).

O Conselho do Mercado Comum, pela decisão n. 1/92, adotou um extenso programa de medidas, denominado "*Cronograma de Las Leñas*", para o cumprimento dos compromissos estabelecidos no Tratado de Assunção, ou seja, a conformação do Mercado Comum do Sul até 31.12.94. E, em sua reunião de junho de 1992, em *Las Leñas*, foi firmado um Protocolo (89) de cooperação e assistência jurisdicional em matéria civil, comercial, laboral e administrativa.

(88) "Con un tribunal arbitral independiente se procuró garantizar la seguridad jurídica como objetivo sobre todo para inversiones estranjeras."

(89) Os principais objetivos desse Protocolo "consistem na criação de um quadro jurídico que permita aos nacionais e residentes permanentes terem acesso à justiça dos Estados-Partes em igualdade de condições, bem como na simplificação dos trâmites jurisdicionais em matéria civil, comercial, trabalhista e administrativa (cumprimento de cartas rogatórias e reconhecimento de sentenças e laudos arbitrais)" — Anexo ao Aviso 754 do Ministério da Justiça brasileiro, mencionado por Michelon (1997, p. 165).

Em 1992, é criada a Comissão Sindical do Mercosul, por iniciativa da Coordenadora de Centrais Sindicais do Cone Sul.

Pela Resolução n. 7, de 1993 é criado, no âmbito do Grupo Mercado Comum, o Grupo *Ad Hoc* sobre Aspectos Institucionais, incumbido de formular propostas sobre a estrutura jurídica do Mercosul.

Em 1996, são firmados acordos de associação do Chile e da Bolívia ao Mercosul.

Naquele mesmo ano, em 26 de junho, foi assinado pelos presidentes dos quatro países-membros do Mercosul, em San Luis (Argentina), a "Declaração Presidencial sobre o compromisso democrático no Mercosul", na qual se proclamou que "a plena vigência das instituições democráticas é condição essencial para a cooperação no âmbito do Tratado de Assunção, seus Protocolos e demais atos subsidiários".

Foi instituído, em Buenos Aires, em junho de 1997, o Fórum Consultivo Econômico e Social do Mercosul.

Pelo Protocolo de Ushuaia, de 24 de julho de 1998, foi firmado o compromisso democrático dos países-membros do Mercosul, Bolívia e Chile.

Foi criada, pela Resolução n. 15 do Grupo Mercado Comum, em 1999, a Comissão Sociolaboral, de composição tripartite.

Por incumbência do Conselho do Mercado Comum, o Grupo Mercado Comum elaborou um plano de ação estratégico — conhecido como Mandato de Assunção — visando a alcançar os objetivos do Tratado de Assunção e a consolidar a união aduaneira até o ano de 2000.

O Protocolo de Olivos, de 18.2.02, assinado em Buenos Aires, cuja vigência se iniciou em 2004, dispõe sobre a solução de controvérsias no contexto do Mercosul, seja entre particulares (empresas e outras entidades privadas), seja na esfera público-estatal. Institui ainda mecanismos para esse fim, especialmente a formação de Tribunais Arbitrais *Ad Hoc* e a fundação de um Tribunal Permanente de Revisão em 13 de agosto de 2004, a qual representa um maior aprofundamento do processo integrativo e o aprimoramento do mecanismo de resolução de controvérsias. Substitui o Protocolo de Brasília, de dezembro de 1991, posto que disciplina toda a matéria de que esse tratava.

Foi criado pelo GMC o Tribunal Administrativo-Trabalhista, como o único e exclusivo foro para resolução de litígios entre o Mercosul e seus funcionários (permanentes ou temporários). É composto por quatro titulares, indicados um por cada Estado-parte, com mandato de dois anos, renováveis.

Foi criado, ainda, o Centro Mercosul de Promoção do Estado de Direito, com a finalidade de "analisar e reforçar o desenvolvimento do Estado, a governabilidade democrática e todos os aspectos vinculados aos processos de integração regional, com especial ênfase no Mercosul". Essa finalidade, segundo a Decisão que o criou, deve ser alcançada através de estudos e eventos acadêmicos.

Aos quatro dias do mês de julho de dois mil e seis na cidade de Caracas, República Bolivariana da Venezuela, foi firmado o Protocolo de Adesão da República Bolivariana da Venezuela ao MERCOSUL.

Pela Decisão n. 63/10 o Conselho do Mercado Comum (CMC) criou o Alto Representante Geral do MERCOSUL, como órgão do Conselho. Será uma personalidade política destacada, nacional de um dos Estados-partes, com reconhecida experiência em temas de integração. Deverá contribuir para o desenvolvimento e funcionamento do processo de integração, estimulando propostas de políticas regionais e de gestão comunitária sobre matérias fundamentais.

A Decisão n. 33/04 do CMC criou o Fundo de Financiamento do Setor Educacional do MERCOSUL (FEM), cujo regulamento foi aprovado.

A Decisão n. 03/07 do CMC criou o Instituto Social do MERCOSUL (ISM), com o objetivo de aprofundar a dimensão social do MERCOSUL e fortalecer o processo de integração, vindo a ser, pelo Dec. N. 07/11 do CMC, designado o diretor executivo daquele órgão.

Na opinião de Felker (2004, p. 87), o sistema de solução de conflitos no Mercosul, consubstanciado nos Protocolos de Brasília e Olivos, é inspirado pelo Documento Técnico 319 do Banco Mundial, que propõe a reformulação do Judiciário na América Latina e enfatiza a necessidade de criar os MARCs (Mecanismos Alternativos de Resolução de Conflitos), ou seja, Tribunais de Arbitragem, Mediação e Conciliação, que representam uma tentativa de privatizar a prestação jurisdicional.

3.2.5.1. Os direitos sociais no ordenamento jurídico do Mercosul

Apesar de as relações no Mercado Comum terem um enfoque eminentemente mercantilista, pode-se afirmar que a problemática trabalhista se insere no contexto de dispositivos do Tratado de Assunção (art. 1º, penúltimo parágrafo). Isso porque "o fator trabalho é, sem dúvida, um dos componentes do custo do produto", que, por seu lado, "é o elemento objetivo que balizará as condições de competitividade do produto no mercado comum frente a um similar fabricado em qualquer dos Estados-Partes" (TEIXEIRA FILHO, 1996, p. 457).

A harmonização legislativa — prevista no Tratado de Assunção — impõe-se como indispensável para evitar prejuízo ao processo de integração, pois as diferenças substanciais no nível de proteção atinente às relações de trabalho, nos Estados componentes de um Mercado Comum, podem ensejar o *dumping* social, pela procura de mão de obra mais barata. Requer-se, pois, a máxima redução das discrepâncias entre os sistemas jurídicos nacionais (autônomos ou heterônimos) quanto aos diversos temas pertinentes à estrutura social. No tocante às relações laborais, esse processo deve concorrer para que, no conjunto, as condições de trabalho sejam aproximadas *in mellius*. O contrário representaria a negação do princípio de justiça social e do propósito de melhoria das condições de vida declarados no preâmbulo do referido tratado.

Esse objetivo parece viável, em face dos traços comuns da cultura entre os países sul-americanos, especialmente os do Cone Sul, nos quais se vislumbram os princípios basilares do Direito do Trabalho, quais sejam: o de proteção, expresso através dos enunciados da norma mais favorável, da condição mais benéfica e do brocardo *in dubio pro operário*; o da irrenunciabilidade em relação aos direitos trabalhistas; o da primazia da realidade.

No quadro do Mercosul, diante da predominância das preocupações com o aspecto econômico da integração, os segmentos interessados exerceram pressão sobre os representantes dos governos dos quatro países que o compõem, para que se cuidasse das questões sociais, criando-se um grupo para tratar delas. Por conseguinte, a proposta de melhoria das condições de trabalho, bem assim da situação geral de vida dos trabalhadores, surgiu como consectária do mercado comum. Ora, tais questões não poderiam ser ignoradas por aqueles países, em especial a referente à liberdade de circulação de trabalhadores em seu espaço geográfico, mesmo porque se trata de uma liberdade fundamental prevista em seu tratado constitutivo (Tratado de Assunção, Preâmbulo, art. 1º e Anexo IV).

Foram, assim, sensibilizados os ministros do trabalho dos referidos Estados, de modo que, em 9.5.91, emitiram uma Declaração Conjunta enfatizando a necessidade de atender aos aspectos sociais e trabalhistas do Mercosul.

Ademais, em dezembro daquele ano, no Protocolo de Brasília, foi criado, pela Resolução n. 11/91 do Grupo Mercado Comum, o Subgrupo de Trabalho (SGT) n. 11 — para assuntos trabalhistas —, denominação que foi modificada, pela Resolução n. 11/92 do GMC, para relações de trabalho, emprego e seguridade social, compreendendo os seguintes temas: relações individuais e coletivas de trabalho, migrações de trabalhadores, formação profissional, certificado de aptidão profissional, segurança e higiene no trabalho, seguridade social, setores específicos e princípios. O referido órgão foi reformulado, em 1995, para Subgrupo 10, pela Resolução n. 20/95 do GMC. Pela Resolução n. 38/95 do GMC, sofreu nova alteração, com a instituição de grupos especiais *ad hoc* para os seguintes temas: custos trabalhistas, normas sobre relações de trabalho, seguridade social, higiene e segurança do trabalho, formação profissional, migrações trabalhistas e inspeção do trabalho.

O SGT-10 é, segundo a Resolução GMC n. 20/95, um órgão de apoio técnico do Grupo Mercado Comum, tendo a competência de analisar as matérias de natureza trabalhista e previdenciária, bem assim propor a esse órgão executivo as medidas e fazer-lhe as recomendações compatíveis com o desenvolvimento do processo da integração regional. Sua composição é tripartite, ou seja, dela fazem parte representantes dos governos, dos empregadores e dos trabalhadores compreendidos no âmbito do Mercosul. Por isso, ele serve como amplo espaço de negociação entre esses três segmentos, acerca das questões sociolaborais envolvidas na formação do Mercado Comum. Na formulação e desenvolvimento dos temas de sua pauta de negociação, adota-se na prática o consenso, inspirada no princípio do diálogo social, o que torna mais consistentes e duradouras as propostas e soluções por ele apresentadas ao Grupo Mercado Comum.

O SGT-10 é alvo de séria crítica da parte de economistas e cientistas sociais, tais como Alexandre de Freitas Barbosa e João Paulo Candia Veiga (1997, p. 101 e 102), os quais o acusam de pautar-se pela mesma orientação neoliberal presente no projeto de integração regional. Alinham, como justificativa da restrição que fazem a esse órgão, que ele foi o último subgrupo criado no quadro do Mercosul, mercê da pressão exercida pelas centrais sindicais e movimentos populares, o que revela não serem os temas a ele pertinentes considerados, na agenda dos governos, tão importantes quanto os ligados à eliminação de tarifas e à liberação da circulação de bens e capitais. Ademais, desde sua criação até o final de 1994, o SGT-10 nada havia feito quanto à formulação de políticas ativas nos vários setores do mercado de trabalho, pois sua atuação registrava progresso, tão somente, na área de harmonização de metodologias e conceitos. E, apesar de sua composição tripartite, as decisões no seio desse órgão eram tomadas pelos governos. "As preocupações das centrais sindicais com um patamar social mínimo na região, com o objetivo de proibir o *dumping* social, eram postergadas." Em termos institucionais, o resultado por ele obtido era superior ao do processo de integração relativo ao Nafta (mais liberal); porém, na prática, os movimentos sociais estavam excluídos tanto em um, quanto no outro.

O fenômeno da globalização acarreta mudanças econômicas, tecnológicas e sociais, que penalizam os trabalhadores e representam sério desafio para os seus sindicatos, exigindo deles reciclagem, bem como revisão de seu posicionamento e de suas técnicas de atuação. Em relação ao Mercosul, tais organizações classistas cedo compreenderam a necessidade de se envolverem no processo e influírem nele, a fim de preservar a relação de emprego e os direitos trabalhistas vigentes. Ora, a formação de blocos econômicos inevitavelmente traz o risco de deterioração dessas condições, notadamente porque: gera "um clima que encoraja os empregadores a ameaçar os trabalhadores com o fechamento de fábricas" (SOUSA, 1998, p. 307); acarreta o deslocamento de setores produtivos no espaço do Mercado Comum, com a redução dos postos de trabalho resultante da reestruturação tecnológica das empresas em suas novas instalações. Além disso, já se percebia, no debate acerca da harmonização da legislação trabalhista dos países integrantes do Mercosul, a tendência ao seu nivelamento no nível mais baixo.

As centrais sindicais resolveram, então, enfrentar esse desafio, procurando, de imediato, atuar em conjunto e de forma articulada na região[90]. Surgiu, como efeito, a Coordenadora de Centrais Sindicais do Cone Sul — CCSCS, criada pela Organização Regional Interamericana dos Trabalhadores — ORIT e integrada pelas centrais sindicais brasileiras (CUT, CGT, FS), pela CGT argentina, pelo PIT/CNT uruguaio, pela CUT chilena, pela CUT paraguaia e pela COB boliviana. Paralelamente, o setor patronal criou a Associação de Empresas Brasileiras para a Integração do Mercosul (ADEBIM).

Em 1991, ao fazerem seu primeiro pronunciamento público acerca do recém-criado Mercosul, as centrais sindicais reivindicaram a democratização do processo e a adoção de uma Carta Social. Em seguida, apresentaram aos governos um projeto de Carta Social ou de Direitos Fundamentais do Mercosul, que foi incluído na agenda oficial. Objetivavam, por esse meio, instituir um sistema de normas sociais e trabalhistas assecuratórias de iguais direitos e condições a todos os trabalhadores dos quatro países, tendo em vista a livre circulação deles no âmbito do Mercado Comum, a ser implementada.

Essa proposta tomou como piso para tais direitos um conjunto de convenções da OIT, visando a estabelecer um mínimo inderrogável a partir do qual se promovesse a equiparação com base nos mais avançados direitos sociais em vigor, ou seja, homogeneizar as condições mínimas de proteção ao trabalhador nos quatro países, no mais elevado patamar.[91] Pleiteava-se ainda que esse instrumento jurídico consagrasse também direitos sociais e políticos, tal como ocorrera na Comunidade Europeia. Enfim, as organizações sindicais pretendiam participar da própria negociação do modelo de integração.

A partir da assinatura do Protocolo de Ouro Preto (1994), a estrutura institucional do Mercosul

(90) Assinalam Passos e Silva (2001, p. 135) que as entidades sindicais tiveram atuação intensa no âmbito do Mercosul desde a discussão do Tratado de Assunção. E destacam a contribuição da Central Única dos Trabalhadores — CUT no sentido de uma participação mais efetiva e eficaz das organizações sindicais no processo de integração. Mencionam que, no 4º Congresso Nacional da CUT, realizado em São Paulo de 4 a 8 de setembro de 1991, foi aprovada resolução propondo uma ampla atividade perante o Mercosul, que incluía a realização de encontros e seminários do grupo sindical formado pela CUT (Brasil), o PIT/CNT (Uruguai), a CUT paraguaia, bem como sindicatos argentinos, embrião da Coordenadora de Centrais Sindicais do Cone Sul (CCSCS). Naquele encontro, a CUT denuncia como antipopular o Mercosul e iniciou um amplo debate com organizações da sociedade civil acerca dos rumos do Tratado. Preocupa-se com a ação sindical a ser desenvolvida nesse processo, a qual detalha em estudo sob o título "Elementos para a estratégia da CUT no MERCOSUL", publicado em 1992 e constante dos Cadernos da CUT, n. 8, 1993 (PASSOS; SILVA, 2001, p. 135).

(91) Susana Corradetti (2001, p. 43) adverte que, para superar os efeitos desvantajosos da globalização sobre as relações de trabalho, no Mercosul, é imperativo defender o princípio da norma mais favorável, evitando-se, com isso, o lamentável processo de igualar por baixo. E sugere, para tanto, que sejam incorporadas, à contratação e às relações laborais em obras binacionais ou em acordos multilaterais, as normas fundamentais da OIT, como única maneira de demonstrar ao mundo que nossa região está integrada com base nas regras dos mais desenvolvidos.

contempla a dimensão social do processo de integração em vários foros negociadores — entre os quais, a Reunião de ministros do Trabalho, o Foro Consultivo Econômico e Social (órgão de representação exclusiva dos setores econômicos e sociais) e o SGT 10 "Assuntos Trabalhistas, Emprego e Seguridade Social" —, competentes para propor aos órgãos superiores medidas concretas destinadas a promover a melhoria das condições de vida e de trabalho das populações dos Estados-Partes. (SANT'ANA(92), 2001, p. 79).

Pelas Resoluções de n. 115/96 e n. 153/96, o Grupo Mercado Comum — GMC aprovou a ampliação da pauta negociadora do Subgrupo de Trabalho — SGT 10 Assuntos Trabalhistas, Emprego e Seguridade Social, tendo como objetivos: análise da dimensão social do processo de integração e diversas alternativas para sua formulação institucional. A referida pauta incluía o projeto de Carta dos Direitos Fundamentais do Mercosul, bem assim a Declaração Sociolaboral do Mercosul.

A fim de implementar sua agenda, o SGT 10 organiza-se em três comissões temáticas:

a) CT I, Relações e Trabalho, que tem a seu cargo o estudo comparativo dos institutos jurídicos que regulamentam as relações individuais e coletivas de trabalho nos países do Mercosul, tendo em vista sua futura harmonização;

b) CT II, Emprego, Migrações, Qualificação e Formação Profissional, em cuja responsabilidade incidem diversas tarefas, dentre as quais a estruturação do "Observatório do Mercado de Trabalho do Mercosul", o estudo da questão migratória e a criação do sistema de certificação de competências profissionais;

c) CT III, Saúde, Segurança e Inspeção do Trabalho e Seguridade Social, que procura desenvolver mecanismos capazes de ampliar o sistema de proteção trabalhista e social nos países componentes do grupo regional.

Desde 1991, a ação sindical no Mercosul se ampliou e se aprofundou, com o envolvimento de várias categorias profissionais dos quatro países que o integram, através de seus órgãos representativos, que desenvolvem ação conjunta no trato de questões gerais de interesse dos trabalhadores, sob a coordenação das centrais sindicais supranacionais ORIT e CIOSL. "Essa conjugação de esforços, [...], elevou, significativamente, a presença dos trabalhadores na integração sindical, social e política na região do Cone-Sul" (PASSOS; SILVA, 2001, p. 136).

O evento denominado Dia Internacional de Luta pelos Direitos dos Trabalhadores do MERCOSUL, ocorrido em Fortaleza, Ceará (Brasil) em 17 de dezembro de

(92) Marcílio Ribeiro de Sant'Ana é Coordenador Nacional Alterno do SGT 10 e Membro Governamental Alterno da Comissão Sociolaboral do Mercosul, como representante do Brasil.

1996, com mobilização simultânea nos demais países, representou, segundo Passos & Silva (2001, p. 136), um dos momentos mais expressivos dessa atuação sindical regional. Ali foi divulgado um manifesto, que encerrava as reivindicações fundamentais dos trabalhadores, a saber: a) plena democratização das instâncias de decisão do MERCOSUL; b) implementação da Carta dos Direitos Sociais do MERCOSUL; c) criação de um Fundo de Apoio a Reconversão Produtiva e Requalificação Profissional; d) reconhecimento dos sindicatos no processo de negociação coletiva de trabalho.

Naquele documento, as Centrais Sindicais fazem um sério desabafo em relação aos critérios adotados no processo de integração do Mercosul:

> até o momento nossas propostas não têm sido ouvidas e o processo de integração continua orientado por exigências exclusivamente comerciais, em prejuízo dos critérios sociais que devem orientar prioritariamente as políticas de construção do MERCOSUL;
>
> os responsáveis políticos têm atuado como se o desemprego, a precarização e informatização do mercado de trabalho e a exclusão social tenham sido consequência natural da modernização. (PASSOS; SILVA, 2001, p. 136)

Indicam, outrossim, a prioridade que deveria ser adotada nesse processo: "Cremos que a integração do MERCOSUL pode dar-se sobre outras bases, tendo como prioridade o bem-estar das pessoas e não apenas as grandes empresas que operam na região, como até agora tem ocorrido" (INFOSUR-Informativo Sindical sobre o MERCOSUL – set. 1997), (PASSOS; SILVA, 2001, p. 136).

Graças aos esforços da CCSCS, foi criado, em Buenos Aires, em junho de 1997, o Foro Consultivo Econômico e Social do Mercosul que, na opinião de Schutte, Castro e Jacobsen (2000, p. 113), concorreria para "o estabelecimento de uma dimensão social ao processo de integração e a democratização de suas instâncias de decisão". Tem sido um importante aprendizado para as centrais sindicais e poderá constituir um valioso instrumento de articulação delas com outros movimentos e organizações sociais (SCHUTTE; CASTRO; JACOBSEN, 2000, p. 133).

O SGT 10 ostenta uma pauta de realizações digna de nota[93], das quais vale destacar:

> a) a Declaração Sociolaboral do Mercosul, firmada pelos presidentes dos Estados-partes, no Rio de Janeiro, em 10 de dezembro de 1998;
>
> b) o Acordo Multilateral de Seguridade Social do Mercosul, celebrado em Montevidéu, em 15 de dezembro de 1997[94];

(93) O SGT 10 realizou, a partir de maio de 1996 até novembro de 2003, 18 Reuniões Ordinárias, cujas pautas, com os respectivos assuntos, são relacionadas no anexo.

(94) O referido Acordo entrou em vigor em 1º de junho de 2005, ou seja, no primeiro dia do mês seguinte à data do depósito do último instrumento de ratificação, como reza seu art. 17, inciso 1.

c) o estudo comparativo das legislações trabalhistas dos países da região, com o intuito de identificar as assimetrias legais entre eles e promover a harmonização normativa em conformidade com a marcha da integração. Seu resultado traduziu-se no documento denominado Nomenclador Mercosul, que retrata a convergência e a discrepância entre as legislações daqueles países;

d) o Observatório do Mercado de Trabalho do Mercosul, em fase de estruturação, que é um organismo destinado ao monitoramento permanente do mercado de trabalho na região, cabendo-lhe a produção e a difusão de informações, estudos e propostas de ação, com o fim de respaldar políticas e programas de agentes públicos e privados na área do emprego;

e) os Planos Operativos Conjuntos de Inspeção do Trabalho. Trata-se de eventos que reúnem governos e setores sociais dos quatro países para o intercâmbio de informações sobre a organização, a base legal, os métodos e as práticas dos sistemas de inspeção do trabalho, bem como sobre as condições de saúde e segurança e meio ambiente.[95]

Registra Sant'Ana (2001, p. 81) que, ainda quando se denominava SGT 11, esse órgão promoveu a análise comparada das legislações sobre migração, o estudo sobre atividades econômicas mais sensíveis às migrações e o estudo dos custos trabalhistas no Mercosul, cuja execução ficou a cargo de consultores externos, contratados com recursos do Banco Interamericano de Desenvolvimento (BID).

O Acordo Multilateral de Seguridade Social do Mercosul tem como objetivo assegurar a todos os trabalhadores do Mercosul fora de seu país de origem, bem como a seus dependentes, os mesmos direitos à seguridade social reconhecidos aos nacionais do país em que se encontrem exercendo suas atividades. Traduz a primeira unificação de normas no campo do Direito Social no âmbito do Mercosul, embora insuficiente diante da falta de uma normatização que estabeleça um patamar jurídico básico tutelar dos trabalhadores (PASSOS; SILVA, 2001, p. 139).

Por meio desse Acordo, os Estados-partes reconhecem aos trabalhadores que tenham prestado serviços em qualquer deles, assim como a seus familiares e assemelhados, os mesmos direitos e obrigações em matéria de seguridade social que aos seus nacionais. Tal instrumento refere-se às pensões contributivas e de saúde; estabelece que os períodos de seguro ou cotização cumpridos nos territórios dos Estados-partes serão considerados para a concessão das prestações por velhice, idade avançada, invalidez ou morte, na forma estabelecida pelo respectivo Regulamento Administrativo; prevê sua aplicação aos trabalhadores filiados a um

---

(95) O SGT 10, por meio da Comissão Temática III, promoveu dois ciclos de experiências conjuntas, realçando as condições de trabalho na construção civil e na cadeia produtiva do setor de alimentos, compreendidas aí também as atividades agrícolas.

regime de aposentadoria e pensões de capitalização individual estabelecido ou por estabelecer-se por algum dos Estados-partes, bem assim mecanismos de cooperação administrativa entre as entidades gestoras de seguridade social dos Estados-partes. Nele ficou definido que as autoridades competentes desses instituirão uma Comissão Multilateral Permanente, que se reunirá uma vez por ano e cujas funções deverão facilitar o cumprimento e a continuidade na aplicação do Acordo.

Segundo o secretário de Previdência Social do Brasil, Helmut Schwarzer (2005, p. 2), "O Acordo Multilateral é uma etapa fundamental no mercado de trabalho comum do Mercosul", eis que seus benefícios ultrapassam o marco da cobertura previdenciária. Estima-se que esse tratado internacional beneficiará 2,1 milhões de trabalhadores, em atividade fora de seus países de origem, no âmbito do Mercosul, dos quais 370 mil se encontram no Brasil.

Pelo documento intitulado "Da Aliança Social à Ação Continental" — apresentado no "*Cumbre de los Pueblos de América*", encontro dos presidentes dos países das Américas em Santiago, nos dias 16 e 17.4.98 —, os sindicatos de vários países do continente, a ORIT e as Centrais Sindicais filiadas a ela, reunidas paralelamente no mesmo período, naquela capital, afirmaram o compromisso das suas organizações de "desenvolver trabalho permanente com as organizações populares para impulsionar a globalização dos direitos sociais e econômicos frente ao processo de globalização de capitais e mercados em marcha" (PASSOS; SILVA, 2001, p. 139). Como denota esse pronunciamento, as entidades sindicais pretendem estabelecer uma aliança social para enfrentar os blocos econômicos.

> Esta visão de unidade entre o setor organizado dos assalariados e os trabalhadores em geral, vinculados a outras organizações sociais, permitirá sejam elencados direitos não apenas do trabalhador, mas do cidadão, quer os de natureza profissional, quer os que sejam relacionados com as amplas condições de trabalho e de vida (PASSOS; SILVA, 2001, p. 139)

Digno de registro, no quadro da promoção dos direitos sociais no Mercosul, é o programa de natureza trabalhista denominado RELASUL (Relações Laborais no Cone Sul), promovido com a cooperação do governo espanhol e da OIT, que durante vários anos forneceu valiosa contribuição para análise e desenvolvimento das relações profissionais na esfera desse acordo sub-regional. Empreendeu-se a publicação da *Revista Relasul*, da qual, entre 1993 e 1995, foram lançados oito números com trabalhos de investigação. Cessado o financiamento desse órgão, feito pelo Ministério do Trabalho e Seguridade Social da Espanha, deixou de ser publicada a revista. A referida promoção deu ensejo a dois importantes instrumentos: o Acordo Multilateral de Seguridade Social de 1977 e a Declaração Sociolaboral do Mercosul de 1988.

Outro passo importante para assegurar os direitos sociais no quadro do Mercosul, dado pelo movimento sindical, foi a introdução nas discussões do

Subgrupo 10 de proposta apresentada pelas mencionadas entidades sindicais, de uma Declaração Sociolaboral, ou Protocolo Laboral, objetivando conferir uma "dimensão social ao processo de integração, diversas alternativas para sua formulação institucional" (PASSOS; SILVA, 2001, p. 139).

Na referida Declaração[96], firmada em 10 de dezembro de 1998, no Rio de Janeiro, os Chefes dos Estados-partes do Mercosul, considerando que a "integração regional não pode circunscrever-se à esfera comercial e econômica, mas deve abranger a temática social, tanto no que diz respeito à adequação dos marcos regulatórios trabalhistas às novas realidades configuradas por essa mesma integração e pelo processo de globalização da economia, quanto ao reconhecimento de um patamar mínimo de direitos dos trabalhadores no âmbito do MERCOSUL, correspondente às convenções fundamentais da OIT", estabeleceram uma série de princípios, fundados na necessidade — assinalada pela Cúpula de Copenhague (1995) — de "instituir mecanismos de seguimento e avaliação dos componentes sociais da mundialização da economia, a fim de assegurar a harmonia entre o progresso econômico e o bem-estar social".

Os princípios (e direitos) adotados na Declaração, pertinentes ao campo das relações de trabalho, não excluem outros que a prática nacional ou internacional dos Estados-Partes haja instituído ou venha a instituir. Dizem respeito aos direitos individuais, aos direitos coletivos e outros (conexos), assim especificados: *direitos individuais*: não discriminação, promoção da igualdade, igualdade de direitos entre trabalhadores imigrantes e fronteiriços em relação aos nacionais do país em que estiverem exercendo suas atividades, eliminação do trabalho forçado, proibição do trabalho infantil e proteção especial do trabalho dos menores, direito dos empregadores de organizar e dirigir econômica e tecnicamente a empresa; *direitos coletivos*: liberdade de associação, liberdade sindical, negociação coletiva, direito de greve, promoção e desenvolvimento de procedimentos preventivos e de autocomposição de conflitos, diálogo social; *outros direitos (conexos)*: fomento do emprego, proteção dos desempregados, formação profissional e desenvolvimento de recursos humanos, saúde e segurança no trabalho, inspeção do trabalho, seguridade social.

A mencionada proposta feita pelas entidades sindicais, no seio do Subgrupo de Trabalho 10, ensejou também a criação, pela Resolução n. 15/99 do Grupo Mercado Comum, em 1999, da Comissão Sociolaboral[97], de composição tripartite, órgão auxiliar do GMC, dotado de instâncias nacionais e regionais, com caráter promocional e não sancionador. Segundo instrumento aprovado pelo Conselho do Mercado Comum (art. 20), à Comissão foram estabelecidas as seguintes atri-

(96) A Declaração Sociolaboral do Mercosul consta do Anexo D (p. 764-769).
(97) Registram-se no anexo as Reuniões Ordinárias realizadas pela Comissão Sociolaboral entre meados de 1999 e o final de 2003, em número de 14, com as respectivas atas e seus objetos.

buições: a) examinar, comentar e encaminhar as memórias preparadas pelos Estados-partes, decorrentes dos compromissos desta Declaração; b) formular planos, programas de ação e recomendações tendentes a fomentar a aplicação e o cumprimento da Declaração; c) examinar observações e consultas sobre dificuldades e incorreções na aplicação e cumprimento dos dispositivos contidos na Declaração; d) examinar dúvidas sobre a aplicação dos termos da Declaração e propor esclarecimentos; e) elaborar análises e relatórios sobre a aplicação e o cumprimento da Declaração; f) examinar e apresentar as propostas de modificação do texto da Declaração e dar-lhes o encaminhamento pertinente.

Tal como outros órgãos componentes da estrutura institucional do Mercosul, a Comissão Sociolaboral Regional manifesta-se por consenso dos três setores nela representados (Governos, empresários e trabalhadores). Reúne-se "ao menos uma vez ao ano para analisar as memórias oferecidas pelos Estados-partes e preparar relatório a ser levado ao Grupo Mercado Comum" (art. 21). Ela redigiu, por consenso e no prazo de seis meses, a contar da data de sua instituição, seu próprio regulamento interno e o das comissões nacionais, que foram submetidos ao Grupo Mercado Comum para aprovação (art. 22).

Os Estados-partes deverão elaborar, por seus Ministérios do Trabalho e em consonância com as organizações mais representativas de empregadores e de trabalhadores, memórias anuais, contendo o relato das alterações ocorridas na legislação ou na prática nacional relacionadas à implementação dos enunciados da Declaração, bem como o relato dos avanços realizados na promoção dela e o das dificuldades enfrentadas em sua aplicação (art. 23).

Segundo o art. 25 da Declaração, é vedada a invocação de seus termos sem as autorizações nele expressas e, em particular, sua aplicação a questões comerciais, econômicas e financeiras.

Baseada na Declaração, a Comissão propiciou à representação sindical um espaço de negociação, a ser ampliado por uma correlação de forças mais favorável aos trabalhadores (SCHUTTE; CASTRO; JACOBSEN, 2000, p. 121).

A Declaração Sociolaboral demonstra a preocupação com a dimensão social do Mercosul, que deve ser levada em conta com a econômica, condição para que o desenvolvimento econômico se faça com justiça social. Seus dispositivos são programáticos, posto que não se incorporam aos ordenamentos jurídicos internos dos Estados-partes. Todavia, ela encerra um conjunto de princípios, "aos quais esses ordenamentos devem adequar-se, numa perspectiva de harmonização do Direito do Trabalho no Mercosul" (NASCIMENTO, 2001, p. 19).

Do exposto, constata-se que a agenda inicial do processo de integração do Mercosul — que contemplava prioritariamente sua dimensão econômica — tem sido gradativamente ampliada, para tratar das questões sociais e, especificamente, a temática dos direitos humanos. Além das importantes medidas institucionais e dos movimentos sociais que vimos mencionando, cumpre destacar, como sintomáticos dessa mudança, os seguintes dados:

1. cooperação e assistência jurisdicional em matéria civil, comercial, trabalhista e administrativa, estabelecidas no *Protocolo de Las Lenas*, de 1992;

2. medidas cautelares com o fim de impedir a irreparabilidade de dano em relação às pessoas, bens e obrigações (Protocolo de Medidas Cautelares, de 1994);

3. o direito do consumidor e da concorrência (Protocolo de Santa Maria sobre Jurisdição Internacional em Matéria de Relações de Consumo, de 1966, e o Protocolo de Defesa da Concorrência do Mercosul);

4. educação e cultura (Protocolo de Integração Cultural para Favorecer o Enriquecimento e a Difusão de Expressões Culturais e Artísticas do Mercosul, de 1996, e o Protocolo de Integração Educacional para Prosseguimento de Estudos de Pós-graduação nas Universidades dos Países do Mercosul, de 1996);

5. meio ambiente (Acordos sobre Cooperação em Matéria Ambiental celebrados entre o Brasil e a Argentina em 1997 e entre o Brasil e o Uruguai em 1997);

6. a "cláusula democrática" do Mercosul, pela qual se requer, como condição indispensável de seus membros, a vigência, no âmbito das respectivas jurisdições, do regime democrático — o que foi objeto da Resolução n. 1/93 da Comissão Parlamentar Conjunta do Mercosul e do *Protocolo de Ushuaia*, de 1998, que a introduziu no Tratado de Assunção.

Observa Piovesan (2002, p. 57) "relação entre o aparato normativo internacional de proteção dos direitos humanos e os tratados referentes ao Mercosul"; e que, graças ao processo de democratização da região ocorrido na década de 1980, os Estados latino-americanos recepcionaram importantes instrumentos internacionais dessa natureza, de tal modo que, atualmente, se acham subscritos pelos países integrantes do Mercosul os principais tratados gerais e especiais de direitos humanos adotados pela ONU e pela OEA.

Vale registrar, a esse respeito, o fato de que, no tocante à incorporação dos tratados internacionais de proteção dos direitos humanos no seu direito interno, as Constituições desses países lhes conferem posição privilegiada na hierarquia normativa, em relação aos tratados de outra ordem. Destaquem-se a propósito a Constituição da Argentina e a do Brasil. A Constituição da Argentina, em seu art. 75,

§ 22, expressamente atribui hierarquia constitucional aos tratados de proteção de direitos humanos considerados de maior relevância. A Constituição brasileira de 1988, com a Emenda n. 45, de 8 de dezembro de 2004, no § 3º do art. 5º, equipara às emendas constitucionais os tratados e convenções internacionais sobre direitos humanos que forem aprovados, em cada casa do Congresso Nacional, em dois turnos, com o *quorum* de três quintos dos votos dos respectivos membros. Esse dispositivo consagra a superioridade dos tratados e convenções sobre direitos humanos em relação aos demais instrumentos internacionais adotados pelo Brasil, conferindo-lhes *status* de norma constitucional.[(98)]

A normatividade internacional de proteção aos direitos humanos estabelece para os Estados integrantes dos blocos econômicos (*v. g.*, a União Europeia e o Mercosul) parâmetros mínimos com caráter impositivo que "conferem lastro ético e moral a tais organizações regionais, que não se reduzem à criação de um mero mercado comum para a livre circulação de bens, mercadorias e serviços" (PIOVESAN, 2002, p. 61).

Todavia, muito ainda pode e precisa ser feito para a integração que se pretende realizar em nosso continente, a qual deve, necessariamente, compreender os aspectos sociais. "Afinal, não há integração sem o homem." Além dos direitos básicos, outras matérias há que precisam de regulamentação, tais como: regras sobre migrações internas; regime de equivalência em qualificações profissionais; coordenação dos sistemas de seguridade social, a fim de que reconheçam tempo de serviço e cotizações respectivas para obtenção de benefícios (FRANCO FILHO, 1998, p. 195).

Acredita Piovesan (2002, p. 73) que a formação de blocos econômicos regionais, nos processos de integração, em face da crescente densificação dos valores democráticos e de direitos humanos, poderá, com a incorporação de cláusulas democráticas e de direitos humanos, ser um fator que possa contribuir para a realização

(98) Trata-se, segundo Piovesan (2002, p. 58), de regime jurídico diferenciado aplicável aos tratados internacionais de proteção dos direitos humanos, que revela a adoção, pelas referidas Constituições, de um sistema misto, que encerra sistemas jurídicos distintos — um, aplicável aos tratados internacionais de proteção dos direitos humanos; outro, aplicável aos tratados tradicionais. O fundamento dessa distinção reside na "natureza especial dos tratados internacionais de direitos humanos que — distintamente dos tratados tradicionais que objetivam assegurar uma relação de equilíbrio e reciprocidade entre Estados pactuantes — priorizam assegurar a proteção da pessoa humana, até mesmo contra o próprio Estado pactuante". Esse fenômeno traduz, por outro lado, a vinculação do Poder Constituinte dos Estados a princípios e regras de Direito Internacional peremptório, no tocante, especialmente, aos direitos humanos, admitida "a transformação deste direito em parâmetro de validade das próprias Constituições nacionais cujas normas deveriam ser consideradas nulas se violassem as normas do *jus cogens* internacional" (CANOTILHO, 1997, p. 1.219). "Assim, o processo de internacionalização dos direitos humanos traz reflexos no âmbito normativo interno, na medida em que as Constituições contemporâneas hão de respeitar parâmetros internacionais mínimos voltados à proteção da dignidade humana, convertida em pressuposto ineliminável de todos os constitucionalismos." (PIOVESAN, 2002, p. 59)

dos direitos humanos, na era da globalização econômica, tendo em vista as experiências da União Europeia e do Mercosul.

Alguns especialistas na matéria (BARROS, 2000, p. 54) consideram alvissareira a perspectiva de sucesso do Mercosul no campo dos direitos sociais. A formação de blocos geoeconômicos é uma realidade de nossos dias e "ao Subgrupo 11, com o seu traço distintivo do tripartismo, está reservada a delicada missão de equilibrar os desejáveis ganhos econômicos com os necessários avanços no campo social" (TEIXEIRA FILHO, 1996, p. 469).[99]

3.3. A União das Nações Sul-americanas (UNASUL)

Foi criada, em 23.5.08, durante a Reunião dos presidentes de países da América do Sul, em Brasília, mediante tratado subscrito por eles, a União Sul-americana de Nações (UNASUL), constituída pelos 12 países da América do Sul. Sua criação foi precedida pela Reunião de presidentes da América do Sul de 8 de dezembro de 2004, na cidade de Cuzco (Peru), na qual foi emitida a Declaração de Cuzco, que lançou as bases para a UNASUL.[100]

É uma união intergovernamental que integra as duas uniões aduaneiras existentes na região: o Mercado Comum do Cone Sul (MERCOSUL) e a Comunidade Andina de Nações (CAN), além do Chile, Guiana e Suriname. A integração completa entre esses dois blocos foi formalizada durante a reunião dos presidentes de países da América do Sul, no dia 23 de maio de 2008, em Brasília.

Sua personalidade jurídica é de organismo internacional, tal como o Mercosul e a União Europeia.

O instrumento firmado entrou em vigor 30 dias depois de nove países, no mínimo, o ratificarem através dos respectivos Congressos. Até lá, a Secretaria-Geral foi instituída por decisão dos presidentes dos Estados signatários e a partir daí os grupos de trabalho começaram a reunir-se.

São países-membros da UNASUL: Argentina, Bolívia, Brasil, Chile, Colômbia, Equador, Guiana, Paraguai, Peru, Suriname, Uruguai e Venezuela. Como observadores, estão o México e o Panamá. São línguas oficiais: o português, o espanhol, o holandês e o inglês.

A UNASUL será uma zona de livre comércio continental, tendo como objetivo propiciar a integração entre os países da América do Sul, nas áreas econômica, social e política, com a perspectiva de uma coordenação e cooperação maior nos segmentos de educação, cultura, infraestrutura, energia, ciências e finanças.

(99) Teixeira Filho era representante do Brasil no SGT 10.

(100) Sua designação inicial, de Comunidade Sul-americana de Nações (CSN), foi abandonada em 16.4.2007, durante a 1ª Reunião de Energia Sul-americana na Ilha de Margarita, Venezuela.

Esse processo, tal como o referente ao Mercosul, é inspirado em Simón Bolívar — reverenciado na América do Sul como *El Libertador* e diretamente responsável pela independência da Venezuela, Colômbia, Equador, Peru e Bolívia (os quatro últimos, ora membros do Pacto Andino), no início do século XIX —, o qual tinha como objetivo a criação de uma federação de nações da América espanhola, a fim de garantir prosperidade e segurança após a independência, posto que ele temia o imperialismo brasileiro.

Os líderes desse processo anunciaram a intenção de que a nova comunidade se constituísse nos moldes da União Europeia, incluindo uma moeda, um passaporte e um parlamento comuns. Segundo Allan Wagner, secretário-geral do Pacto Andino, uma união completa como a da União Europeia deve ser possível nos próximos 15 anos [101].

De acordo com os entendimentos realizados a propósito, a UNASUL tem sede em Quito, enquanto seu banco, o Banco do Sul, será localizado em Caracas e o seu Parlamento, em Cochabamba, na Bolívia.

A consolidação do órgão teria um período de carência de cinco anos, para congregar vizinhos da América Central e do Caribe que venham a interessar-se por esse processo de integração[102]. O texto do tratado prevê que o pedido de adesão — sobre o qual decidirão por consenso os presidentes dos Estados integrantes da UNASUL — somente será admitido se o país pretendente já estiver há pelo menos quatro anos na situação de associado. Não impõe, como condição para permanecer no órgão, a plena vigência do regime democrático no Estado-membro.

Segundo o presidente da Venezuela, Hugo Chávez, a criação da UNASUL poderá propiciar a unidade econômica entre os países sul-americanos, que é um dos seus principais objetivos. E o presidente Lula, do Brasil, ao comemorar esse fato como sinal de mudança de mentalidade nos países da América do Sul — que teriam passado a acreditar na possibilidade de superar a pobreza, as divergências entre si e sua dependência em relação aos Estados Unidos e à União Europeia —, preconizou a criação do Banco da América do Sul, perseguindo o objetivo de instituição de um banco central único e uma moeda única no bloco. Sinalizou, também, a criação do Conselho de Defesa Sul-Americano, cuja ideia poderia ser analisada novamente dentro de 90 dias, com a elaboração de uma proposta melhor e hábil a superar divergência a esse respeito surgida com objeção apresentada pela Colômbia. "A UNASUL representa a consolidação de uma perspectiva de mais

---

(101) Disponível em: <http://pt.wikipedia.org/wiki/Uni%C3%A3o_de_Na%C3%A7%C3%B5es_Sul-Americanas>. Acesso em: 26 jul. 2008.

(102) As seguintes áreas sul-americanas são territórios dependentes e, portanto, não participam: *Guiana Francesa*, pois não é um país, e sim um *departamento* ultramarino *francês* e, por isso, parte da *União Europeia*; as *Malvinas* (*Falkland*) e as *Ilhas Geórgia do Sul e Sandwich do Sul*, que são territórios ultramarinos do *Reino Unido*, objetos de reinvindicações de soberania pela Argentina.

tranquilidade, mais paz, mais democracia, mais comércio, mais empresas, mais empregos, mais renda, mais desenvolvimento", que "buscamos para a América do Sul" — enfatizou o presidente brasileiro[103].

3.3.1. Estrutura institucional da UNASUL

A estrutura decisória da UNASUL repete, com alguma flexibilidade, a do MERCOSUL. No respectivo tratado, curiosamente, todas as autoridades são mencionadas nos gêneros feminino e masculino. O comando caberá ao Conselho de "chefes e chefas" de Estado. Em segundo plano estará o Conselho de "ministros e ministras" de Relações Exteriores. Para a negociação definitiva atuará o Conselho de "delegados e delegadas". A Secretaria-geral, que tem sede em Quito, é o órgão executivo.

A estrutura funcional da UNASUL é a seguinte[104]:

1) Os presidentes das nações-membro, que exercem o mandato político superior, têm uma reunião anual. A primeira reunião ocorreu em Brasília, em 29 e 30 de setembro de 2005; a segunda, em Cochabamba (Bolívia), em 8 e 9 de dezembro de 2006. Na terceira reunião, que aconteceu em Brasília — deveria ter ocorrido em Cartagena das Índias (Colômbia), mas foi adiada por causa da tensão entre Equador, Colômbia e Venezuela —, foi formalizada a criação da UNASUL, com a assinatura do respectivo Tratado Constitutivo, em 23 de maio de 2008.

2) Os ministros de relações exteriores de cada país deverão reunir-se uma vez em cada seis meses. Eles formularão propostas concretas de ação e decisão executiva. O Comitê Representativo Permanente do presidente do Mercosul e o diretor do departamento do Mercosul, o secretário-geral da Comunidade Andina, o secretário-geral da ALADI, os secretários permanentes de instituições para cooperação regional e integração, a Organização do Tratado de Cooperação Amazônica, dentre outras, também se farão presentes nessas reuniões.

3) De acordo com o *Decisiones del Diálogo Político*, que foi assinado durante a 1ª Reunião de Energia Sul-americana, foi criado um gabinete geral permanente, com sede em Quito. Para o cargo de secretário-geral foi nomeado o ex-presidente equatoriano Rodrigo Borja, que renunciou em maio de 2008, sendo designado para substituí-lo o ex-presidente argentino Nestor Kirchner. Com a morte deste, foi eleita Maria Emma Mejia, do Equador, em maio de 2011.

(103) Disponível em: <http:///jc.uol.com.br/2008/05/26/not_169782.php>. Acesso em: 26 maio 2008.
(104) Disponível em: <http://pt.wikipedia.org/wiki/Uni%C3%A3o_de_Na%C3%A7%C3%B5es_Sul-Americanas>. Acesso em: 26 jul. 2008.

4) Reuniões de ministros setoriais serão convocadas pelos presidentes dos países-membros. Elas serão desenvolvidas de acordo com mecanismos do Mercosul e da Comunidade Andina (CAN).

5) A presidência, temporária, é exercida por um ano e de forma rotativa entre os países-membros da UNASUL. Logo a partir de sua criação, de maio de 2008 a agosto de 2009, esteve a cargo do Chile, na pessoa de sua presidente, Michelle Bachelet; de agosto de 2009 a novembro de 2010, do Equador. Em seguida, assumiu o cargo o presidente da Guiana, Bharrat Jagdeo. Como secretário-geral, também "pro tempore", foi eleito Jorge Taunay Filho, com a incumbência de estabelecer o secretariado permanente em Quito.

6) Em 9 de dezembro de 2005, uma Comissão Estratégica de Reflexão sobre o Processo de Integração Sul-americana foi criada. Compõe-se de 12 membros, cuja função é elaborar propostas que ajudarão no processo de integração entre as nações sul-americanas. Essas propostas deveriam ser feitas na 2ª Reunião da UNASUL (2006).

7) A Comissão Executiva, criada na 2ª Reunião da UNASUL, foi transformada na Comissão Política ou Conselho de Deputados, de acordo com o *Decisiones del Diálogo Político*.

8) Um dos iniciativos da UNASUL é a criação de um mercado comum, começando com a eliminação de tarifas para produtos considerados não sensíveis até 2014 e para produtos sensíveis até 2019.

9) Há, em andamento, a Iniciativa para a Integração da Infraestrutura Regional Sul-Americana (IIRSA), com investimentos estimados em US$ 38 bilhões, provenientes do Banco Interamericano de Desenvolvimento, da Corporação Andina de Fomento, do BNDES e do FonPlata.

Cogitou-se a criação, de imediato, por pressão da Bolívia, da Venezuela e do Equador, de um Parlamento sul-americano, com sede em Cochabamba (Bolívia); porém, essa providência foi adiada. O Tratado prevê que a formação dessa Casa será objeto de um protocolo adicional, sem prazo estabelecido para sua negociação.

A livre circulação de pessoas, no novo bloco econômico, será concretizada pela minimização da exigência para visitas por cidadãos sul-americanos a qualquer parte do continente (exceto a Guiana Francesa) de até 90 dias, a qual fica condicionada a apresentação da carteira de identidade expedida pela entidade competente do país de origem do viajante. Em 24 de novembro de 2006, Argentina, Bolívia, Brasil, Chile, Colômbia, Equador, Guiana, Paraguai, Peru, Suriname, Uruguai e Venezuela dispensaram requerimento de visto para viagens a turismo entre nacionais de tais países.

O Mercosul, a Bolívia e o Chile estabeleceram, na reunião de cúpula de presidentes em Brasília — mediante o "Acordo sobre Residência para Nacionais dos Estados-Partes do Mercosul, Bolívia e Chile", assinado em 6 de dezembro de 2002 —, que o respectivo território constitui uma Área de Livre Residência com direito ao trabalho para todos os seus cidadãos, sem exigência de outro requisito além da própria nacionalidade.

Cidadãos de quaisquer países do Mercosul, natos ou naturalizados há pelo menos cinco anos, terão um processo simplificado para obtenção de residência temporária por até dois anos em outro país do bloco. Essa facilidade visa a criar um intercâmbio entre os países, para uma real formação comunitária, tendo em conta, além da entrada, a garantia de direitos fundamentais de todos os que migrarem de um país para outro. No que tange, especificamente, aos direitos trabalhistas, há uma clara definição de igualdade na aplicação da legislação trabalhista, além do compromisso de acordos de reciprocidade em termos de legislação previdenciária. Ainda como ganho humano do Acordo, mencione-se a relação educacional dos filhos dos imigrantes, colocando-os em igualdade de condições com os nacionais do país de recepção.

Na cúpula extraordinária da UNASUL, em 15 de dezembro de 2008, foi aprovada, por proposta da Venezuela e do Brasil, a criação do Conselho de Defesa Sul-americano, composto pelos ministros de defesa da Argentina, Brasil, Uruguai, Paraguai, Bolívia, Colômbia, Equador, Peru, Chile, Guiana, Suriname e Venezuela. Cabe ao Conselho a elaboração de políticas de defesa conjunta, intercâmbio de pessoal entre as Forças Armadas de cada país, realização de exercícios militares conjuntos, participação em operações de paz das Nações Unidas, troca de análises sobre os cenários mundiais de defesa e integração de bases industriais de material bélico.(105) Em 10 de março de 2009, os 12 membros da UNASUL realizaram, no Chile, a primeira reunião do recém-formado Conselho.

Em 26 de novembro de 2010, foi assinado, na cidade de Georgetown, República Cooperativa da Guiana, o Protocolo Adicional sobre Compromisso com a Democracia, que deriva do mandato estabelecido na Declaração de Buenos Aires de 1º de outubro de 2010, na qual se afirma que os Estados-membros não tolerarão desafio à autoridade institucional, nem tentativa de golpe ao poder civil legitimamente constituído, podendo adotar medidas concretas e imediatas em caso de violação da ordem constitucional.

Está em vigor, desde março de 2011, Conselho pertinente à institucionalidade da UNASUL, composto de oito Conselhos Setoriais, voltados para temas de interesse comum, tais como segurança, economia e finanças, infraestrutura, energia, saúde, desenvolvimento social, educação, ciência e tecnologia.

---

(105) Disponível em: <http://pt.wikipedia.org/wiki/Uni%C3%A3o_de_Na%C3%A7%C3%B5es_Sul-Americanas>. Acesso em: 26 jul. 2008.

Como banco central para a Comunidade, surge o Banco do Sul, que estabelecerá a política monetária e os projetos de desenvolvimento de finanças. Um dos objetivos da união monetária é o estabelecimento de uma única moeda sulamericana. Apoio à criação dessa moeda foi prestado em janeiro de 2007 pelo presidente peruano Alan García e tem sido manifestado por chefes de outras nações sul-americanas, inclusive o presidente boliviano Evo Morales em abril do mesmo ano, o qual propôs que a UNASUL estabeleça uma moeda única chamada "Pacha" ("terra" em idioma quíchua), ressalvando, porém, o direito de cada país de sugerir um nome para a moeda comum e almejando que esta circule pelos países membros do bloco.

No tocante à viabilidade e perspectivas de consolidação da UNASUL, o respectivo acordo — impulsionado, basicamente, pela diplomacia brasileira na reunião de Cúpula Sul-Americana de Cuzco —, embora saudado por alguns como um grande avanço, encontra resistência e é alvo de descrédito por parte de outros. Críticos consideram-no uma utopia política. Além disso, o Chile manifesta uma postura de quem, embora não sendo contra, aponta para dificuldades consideradas insuperáveis, como as baixas tarifas que já se praticam.

Há, entretanto, o propósito de que, paulatinamnte, o Pacto Andino e o Mercosul convirjam para se tornarem a Comunidade Sul-americana, desaparecendo gradualmente ao mesmo tempo, como expressou o ex-presidente argentino Eduardo Duhalde, presidente do Comitê Representativo do Mercosul.

A proposta apresentada pertinente ao novo bloco de integração latino-americana não é apenas de cooperação comercial e complementação econômica, mas também de integração da rede de transportes, como a conexão rodoviária transoceânica Atlântico-Pacífico na região amazônica e ferroviária na região platina, com os portos chilenos, bem como hidroviária entre as bacias amazônica, platina e caribenha (Rio Orinoco). Além disso, haveria a integração energética e a cooperação político-diplomática. Essa iniciativa decorre da projeção da economia brasileira e da diplomacia do país, encontrando base no fenômeno de regionalização que caracteriza a globalização. De fato, o intercâmbio aumentou nos últimos anos, especialmente entre vizinhos que possuem um semelhante nível de desenvolvimento. Esse fenômeno assumiu maiores proporções com a instabilidade financeira e o crescimento do protecionismo, que recentemente tem caracterizado a economia internacional e está presente nas demais regiões do globo[106].

3.4. Perspectivas de consolidação: sobrevivência e desenvolvimento do Mercosul

É evidente, em nossos dias, que o processo de integração do Mercado Comum do Cone Sul passa por séria crise, que representa instigante desafio para

(106) http://pt.wikipedia.org/wiki/Uni%C3%A3o_de_Na%C3%A7%C3%B5es_Sul-Americanas (acesso em 26.7.08).

seus protagonistas. Por sua própria natureza, ele é difícil — tal como o que resultou na União Europeia —, dada a força do princípio da soberania nacional, ainda presente na realidade atual da comunidade internacional, apesar do desgaste e das restrições que sofre em consequência da globalização.

Outro fator que ameaça entravar esse processo é a crise econômica que ainda afeta, principalmente, a Argentina e coloca em xeque a viabilidade de atendimento, por aquele país, aos compromissos assumidos em face das medidas institucionais tomadas e acordos celebrados no seio do Mercosul.

Diagnosticando a atual crise no processo de integração do Mercosul, Felker (2004, p. 90-92) menciona como causa fundamental "seu distanciamento do aspecto social da integração", menosprezando-se o objetivo da Justiça Social — assinalado no Preâmbulo do Tratado de Assunção —, eis que os trabalhadores não foram contemplados nas preocupações dos seus signatários. Aquele instrumento constitutivo dispõe, com prioridade, sobre as questões diretamente ligadas ao progresso econômico da região e aborda, timidamente e de forma imprecisa, questões essenciais ao pleno exercício da cidadania. Lembra Felker que se trata de um projeto de integração não apenas econômica, mas também cultural, social e política,(107) de caráter regional com vistas a uma integração continental.

Se persistirem as contradições, as omissões e os equívocos de seu projeto, o Mercosul fracassará; mas se seu processo for direcionado no sentido da democratização, da planificação ordenada da economia comunitária, tendo o homem como centro e destinatário de todos os esforços e medidas tomadas, será revigorado e implementado.

Malgrado os presságios negativos, permanece a convicção de que o Mercosul sobreviverá a essas intempéries e se consolidará, desenvolvendo-se gradualmente até sua completa formação. Na opinião de García e Farrando, o processo iniciado a partir do Tratado de Assunção segue um caminho sem volta, até a integração comunitária dos países nele engajados, bem assim dos que venham a fazer parte dele no futuro, diante da possibilidade de adesão prevista no art. 20 daquele instrumento. Na realidade, não será fácil essa caminhada, que "terá seguramente marchas e contramarchas, mas o destino final estará marcado, quiçá, pela frase — cremos já célebre — de Francisco Cerro: 'Não há destino de grandeza em solidão'".(108) Para lograr esse desiderato, há que instituir, em nível comunitário, como

(107) Felker (2004, p. 91-92) adverte: "Qualquer plano de integração que repousar tão-somente nas leis do Deus-Mercado, subordinado à nova Santíssima Trindade da Competição, da Produtividade e do Lucro, não terá outro destino que a germinação de uma série infindável de crises, até nos levar à convulsão social".

(108) "Pensamos que con el proceso iniciado a partir del Tratado de Asunción, se ha iniciado un camino sin vuelta, sin retorno, hacia la integración comunitaria de los países que lo integran — o pudieran integrarlo en el futuro, conforme a la posibilidad de adhesión que brinda su art. 20. Dicho camino no será fácil, y tendrá seguramente marchas y contramarchas, pero el destino final estará marcado, quizá, por la frase — creemos ya célebre — de Francisco Cerro: 'No hay destino de grandeza en soledad'."

preconizou Ekmekdjian, os três poderes clássicos, com jurisdições obrigatórias, de efeito direto, seja sobre os Estados, seja sobre os cidadãos — a exemplo do que se dá na União Europeia (GARCÍA; FARRANDO, 1994, p. 118).

A harmonização legislativa — indispensável para a integração comunitária — afigura-se viável, a julgar pelo resultado de estudo promovido recentemente pela Comissão Temática n. 1 do SGT 10, que concluiu serem atualmente muito semelhantes as estruturas jurídicas entre os quatro países do Mercosul, convindo, para assegurar a efetividade dos direitos sociais, promover medidas que fortaleçam a fiscalização do trabalho internamente (BARROS, 2000, p. 54). É, por conseguinte, promissora a perspectiva de sucesso do Mercado Comum nesse importante setor das relações humanas.

Os próximos passos, segundo a agenda futura da integração, em termos gerais, são: o processo de convergência das últimas exceções à Tarifa Externa Comum (TEC) do Mercosul, compreendendo o período de 2001 a 2005; o término das negociações hemisféricas para a conformação, a partir de 2006, da ALCA (Acordo de Livre Comércio das Américas), assim como para negociações com vista a um acordo de associação entre o Mercosul e a União Europeia, as quais teriam início em 1999.

Em relação à ALCA, trata-se de uma vasta área de livre comércio abrangendo todo o continente americano — do Alasca à Terra do Fogo —, cuja proposta foi anunciada pelo presidente George Bush em junho de 1990 e reiterada pelo presidente Bill Clinton na Conferência de Miami de dezembro de 1994. Tal projeto, segundo Almeida (1998, p. 42), veio, de certa forma, atropelar os diversos esquemas sub-regionais de integração, mas, de imediato, colocou a questão da "convergência" deles, como forma de compatibilização. O Brasil e os demais componentes do Mercosul manifestaram, claramente, a preferência por um aprofundamento dos esquemas sub-regionais em vigor, antes de se promover essa convergência, o que implica diferir para época posterior a 2005 a implementação da ALCA.[109]

Nesse ínterim, a União Europeia procurou aproximar-se da América Latina, objetivando acordo de cooperação com o Mercosul, que veio a ser firmado em dezembro de 1995. Cuida-se, aí, de eventual negociação de uma área de livre comércio no contexto transatlântico, como um projeto para o século XXI.

No campo específico do trabalho, as perspectivas do Mercosul são delineadas por Teixeira Filho (1996, p. 466)[110], com a previsão de sensíveis impactos sobre as relações de trabalho decorrentes da integração de mercado, ao ponto de acarretar uma mudança de cultura. Isso deverá ocorrer pela valorização da negociação

(109) Esse tema será melhor abordado no próximo subitem.

(110) Como já assinalado, o Dr. João de Lima Teixeira Filho participou da criação do Subgrupo de Trabalho n. 11 (Relações de Trabalho, Emprego e Previdência Social), sendo seu primeiro Coordenador Nacional para o Brasil.

coletiva cuja abrangência se estenda a condições de trabalho existentes no espaço do Mercado Comum, superando o âmbito interno de cada país, tendo em vista a homogeneidade dos problemas no marco da integração e, consequentemente, das reivindicações de caráter social.

Segundo ele, exigir-se-á do movimento sindical que adote uma postura mais convergente na busca de soluções negociadas, dando prioridade à garantia do nível de emprego, eis que os postos de trabalho sofrerão ameaça decorrente da chamada reconversão empresarial, expressa tanto pela modernização produtiva interna, quanto pela reformulação da atividade econômica desenvolvida pela empresa, nos setores menos competitivos do mercado. Destarte, cumpre aos sindicatos de trabalhadores fazer constar de suas pautas de reivindicações cláusulas pertinentes à qualidade e à produtividade, à formação e à reciclagem profissional, ao acesso maior a dados e informações da empresa, à criação de mecanismos paritários para resolver problemas de interesse comum no nível da empresa, dentre outras.

Diante desse fenômeno, incumbe aos governos promover, em caráter de emergência, políticas de emprego que incluam reciclagem e formação de mão de obra, com vistas a preparar os trabalhadores para atender às exigências da tecnologia(111) e, ao mesmo tempo, reinserir no mercado de trabalho os desempregados. Nessa situação, o seguro-desemprego é um paliativo e uma contribuição insuficiente do ponto de vista monetário para manter o poder aquisitivo do obreiro. "É preciso uma coordenação voltada para minimizar esses impactos negativos de curto prazo sobre o nível de emprego" (TEIXEIRA FILHO, 1996, p. 467).

Por outro lado, vislumbram-se significativas mudanças de comportamento nas relações de trabalho por parte dos empresários, numa visão nova que eles terão do trabalhador, como um parceiro no processo produtivo e não como adversário, o que resultará em abertura de espaço para a gerência participativa, o aproveitamento das potencialidades do obreiro e sua valorização como condição de sua dignidade humana. Ademais, tendo em vista que a busca da qualidade e da produtividade passa a constituir um imperativo de sobrevivência das empresas, elas deverão preocupar-se sobremaneira com a elevação do nível de qualificação profissional da mão de obra e, por consequência, em investir no ensino básico, assim como em programas de treinamento e reciclagem profissional. Cumpre, por esses meios, promover a inserção dos jovens no mundo do trabalho, em função das demandas que nele se apresentem (TEIXEIRA FILHO, 1996, p. 466).

(111) Ressalve-se que cabe às empresas promover, com os governos, medidas nesse sentido, pois elas têm um importante papel a desempenhar na preparação e na qualificação dos trabalhadores para sua adaptação às novas técnicas implantadas no sistema de produção, tendo em vista aumentar a eficiência desta, como exigência da competição no mercado. Afinal de contas, são elas a parte mais interessada no alcance desse resultado, além de melhor conhecer suas necessidades dessa ordem, bem como a tecnologia, e disporem dos meios necessários para otimizá-la.

Na persecução do bem-estar social, que constitui meta da integração, prevista no Tratado de Assunção, impor-se-á a minimização da possibilidade de as grandes empresas racionarem suas atividades mediante a concentração de unidades produtivas num país onde haja menores custos sociais (no que tange, por exemplo, à carga tributária) e o fechamento das existentes nos demais países do bloco, mantendo a possibilidade de colocar seu produto no mercado ampliado. Tal providência requer uma eficaz harmonização das políticas macroeconômicas, que leve à equalização das cargas tributárias, das políticas de estabilização de preços, dentre outras medidas dessa ordem, ou seja, que se crie "certa homogeneidade dos ambientes econômicos de cada um dos países" (TEIXEIRA FILHO, 1996, p. 467). Aliás, ela é proposta pela OIT, na Declaração Tripartite de Princípios sobre as Empresas Multinacionais e a Política Salarial, adotada em 1977.

Deve-se regular a livre circulação de trabalhadores, que é uma exigência do Mercado Comum e requer um esforço de harmonização das legislações trabalhistas dos países que o compõem, assim como um sistema informatizado sobre o mercado de trabalho, com bases estatísticas comuns e uma classificação de ocupações homogêneas. Essa movimentação reclama, também, cuidado para evitar sentimento xenófobo naquele espaço, resultante da competição pelos postos de trabalho, em determinado país, entre seus nacionais e os de outros Estados. Essa preocupação já é de algum tempo presente entre as autoridades dos Estados integrantes da União Europeia.

> A integração econômica, objeto do MERCOSUL, longe de constituir apenas um trânsito de bens e serviços isento de barreiras tarifárias e não tarifárias, é uma verdadeira revolução, exigindo de todos — governos, empresários e trabalhadores — um trabalho conjunto e participativo para que a mudança seja absorvida com o mínimo de traumas e até com os melhores resultados possíveis. (TEIXEIRA FILHO, 1996, p. 468)

A formação de blocos geoeconômicos é uma realidade de nossos dias. Nesse contexto, "ao Subgrupo 11, com o seu traço distintivo do tripartismo, está reservada a delicada missão de equilibrar os desejáveis ganhos econômicos com os necessários avanços no campo social" (TEIXEIRA FILHO, 1996, p. 469).

A agenda institucional do Mercosul deverá conter projeto de adoção integral de instituições comunitárias, como etapa superior do processo de integração. Esta diz respeito à formação de uma ordem jurídica comunitária, nos moldes da bem-sucedida experiência europeia, que implica cessão de soberania, delegação ou transferência de poderes dos Estados-partes para os órgãos instituídos.

Em sua fase mais avançada, o Mercosul estabelecerá, a exemplo da Comunidade Europeia, uma cooperação e coordenação política institucionalizada e seguirá até atingir uma união econômica ampliada, com moeda única e banco central, a coordenação da segurança comum, a implementação do capítulo social em matéria de direitos individuais e coletivos. Seu caminho acha-se traçado até que se efetivem, de forma consistente, a União Aduaneira e o Mercado Comum, para o que está previsto o prazo até o ano de 2013. Consumadas, então, essas etapas, teremos em vinte anos a realização do que a Europa conseguiu em quarenta anos, "numa surpreendente construção, acelerada e consistente, sobre um trágico e arrasador pós-guerra" (CHIARELLI, 1997, p. 26).

No que tange à sua feição externa, o Mercosul deve aprofundar suas relações com outros esquemas de integração, a começar pela União Europeia. Cumpre, outrossim, não fazer uma negociação em prol da ALCA, sem antes garantir condições mínimas de consolidação da complementariedade intraindustrial entre o Brasil e a Argentina e de expansão do comércio em geral no próprio Mercosul e, por extensão, no espaço econômico sul-americano em construção. Como registra Almeida (1998, p. 80), "a 'ameaça' da ALCA incitou presumivelmente os europeus a se decidir por avançar na implementação do acordo de cooperação inter-regional, firmado em Madrid em dezembro de 1995". Passo importante nesse sentido estava previsto para reunião da cúpula Europa-América Latina, a realizar-se no Rio de Janeiro no primeiro semestre de 1999, ocasião em que também deveriam reunir-se representantes de cúpula do Mercosul e da União Europeia, com vistas a definir negociações para um processo progressivo de liberalização do comércio recíproco dos dois espaços de integração regional.

O surgimento da UNASUL suscita discussão em torno da permanência do MERCOSUL, tendo em vista que ela é mais abrangente, porquanto compreende todos os países do subcontinente, no qual este se inclui.

Durante a reunião dos presidentes de países da América do Sul, em 23 de maio de 2008, em Brasília, com a criação da UNASUL se formalizou a integração completa entre esses dois blocos.

Em entrevista à Agência Senado, o chefe de Departamento de MERCOSUL do Ministério das Relações Exteriores do Brasil, ministro Bruno Bath, afirma que o encontro dos países da América do Sul é uma imposição ditada pela realidade que se descortina com a transformação geopolítica da região. Para ele, o processo do MERCOSUL, assim como o Andino, tem um caráter sub-regional, enquanto a UNASUL é o primeiro projeto com lógica continental. Aduz que, "tendo nascido como união aduaneira, o Mercosul tem de tratar das questões difíceis de tarifas. A Unasul é outro animal, não nasce com propósito de ser uma união aduaneira". E conclui: "Os dois podem conviver bem, desde que se aceite o fato de que, durante algum tempo, haverá alguma sobreposição de agendas. É o preço que se paga para se ter a Unasul, um preço perfeitamente razoável"(112).

(112) Disponível em: <http://www.senado.gov.br/noticias/Especiais/mercosul20anos/entrevista-Bruno-Bath.shtml>. Acesso em: 9 set. 2012.

Por conseguinte, o mais razoável, nessa situação, será manter ambos os blocos — o regional e o sub-regional —, que, em vez de excluir-se, completam-se e podem realizar a importante tarefa de integração mais ampla dos países componentes da América do Sul. As experiências iniciais de relação entre esses organismos supranacionais demonstram a viabilidade, bem como a necessidade, de convivência e complementação entre eles, numa conjugação de esforços visando ao ambicioso objetivo de pleno desenvolvimento da região sob os vários aspectos da integração em sua concepção plena, que se configure como um processo amplo e irrestrito.

Na entrevista em apreço, o ministro Bruno Bath declara-se otimista com relação ao futuro do MERCOSUL, pelos resultados favoráveis já obtidos para os respectivos membros, especialmente o Brasil, sobretudo no setor da economia. No tocante aos valores sociais que configuram a cidadania, assinala:

> A dimensão não econômica, que inclui os temas da sociedade e da cidadania, no fundo é o verdadeiro cimento da integração. O que torna o Mercosul irreversível é a criação de redes de solidariedade das sociedades. É a lenta e gradual construção de uma ideia de cidadania do Mercosul. Hoje existe um desenvolvimento muito importante na área educacional, com processos de facilitação de circulação de estudantes e professores e reconhecimento de diplomas. Na área de saúde, há um tremendo trabalho na área de genéricos, de controle de endemias. O que o Estatuto da Cidadania faz é recolher todas as iniciativas e colocá-las em um marco comum.(113)

3.5. Formação econômica da América Latina

Após um século e meio de emancipação de suas metrópoles europeias, os países latino-americanos apresentavam, individual ou em conjunto, um perfil ainda não inteiramente definido, pois cada sub-região se encontrava em fase distinta de um processo de homogeneização cultural, de modernização social e política e de um desenvolvimento econômico sob muitos aspectos *sui generis*. As instituições que formaram a base da sociedade colonial — fazenda, a comunidade indígena tutelada e a empresa agrícola de exportação — permaneceram incólumes e serviram de esteio para os novos Estados nacionais (FURTADO, 1970, p. 353).

Esse desenvolvimento ocorre a partir da metade do século XIX, assumindo a forma de integração no sistema de divisão internacional do trabalho projetada pela Revolução Industrial. Consistiu, até o início do século XX, em utilizar extensivamente recursos disponíveis de terras e mão de obra, para inserir-se nos mercados

(113) Disponível em: <http://www.senado.gov.br/noticias/Especiais/mercosul20anos/entrevista-Bruno-Bath.shtml>. Acesso em: 9 set. 2012.

mundiais de produtos primários, o que requereu importantes investimentos em infraestrutura, via de regra financiados pelo estrangeiro. Dessa forma, "a penetração da tecnologia moderna se fez inicialmente nos setores que criavam economias externas no conjunto das atividades econômicas e não nos setores diretamente reprodutivos" (FURTADO, 1970, p. 353).

A modernização da economia na América Latina faz-se, na opinião de Furtado (1970, p. 354), pela adoção de produtos acabados e a transplantação de formas de comportamento na utilização do produto, e não pela assimilação da tecnologia moderna nas formas e processos produtivos. Na fase de expansão das exportações dos produtos primários, a inserção da tecnologia moderna limitou-se quase ao setor de infraestrutura. Em relação aos produtos minerais, as exportações eram confinadas, impedindo que o progresso tecnológico ocorrido nesse setor produzisse efeitos significativos no conjunto da economia. No setor agropecuário, seria lenta ou quase nenhuma a assimilação de novas técnicas no que tange às exportações. Com o processo de industrialização é que houve a assimilação da tecnologia de modo amplo, eis que inicialmente a modernização se limitava às formas de consumo.

Quando a economia internacional entrou numa fase de importantes transformações, a industrialização latino-americana ainda era incipiente. Ademais, a assimilação da tecnologia aqui era lenta, particularmente nas atividades diretamente reprodutivas, em que a difusão dos frutos da produtividade é reduzida, o que redunda na manutenção de grande parcela da população na marginalidade, sem acesso aos frutos do desenvolvimento econômico, ampliando-se a distância que a separa dos grupos de rendas média e alta.

Furtado (1970, p. 359) observa que "a análise econômica constitui apenas uma primeira aproximação no estudo de complexos processos históricos como o que atualmente está em curso na América Latina". Cita, entre os pontos mais relevantes do tema em questão: 1) reinserção das economias regionais nas linhas em expansão da economia internacional; 2) reformulação das relações econômicas com os Estados Unidos; 3) reformulação das relações com os grandes consórcios internacionais.

A solução para os problemas econômicos neste Continente, segundo Furtado (1970, p. 363), depende de um esforço paralelo de reconstrução de novos aspectos das estruturas internas dos países de maior peso na região e da criação de novas formas de cooperação entre eles. Quanto a essa fase, ele destaca as seguintes medidas: 1) reconstrução de estruturas econômicas com vistas a intensificar a assimilação da tecnologia moderna em todos os setores produtivos; 2) formulação de políticas de emprego capazes de pôr termo ao processo da crescente marginalização social; 3) aparelhamento do setor público; 4) a conquista de um mínimo de autonomia tecnológica; 5) cooperação no plano regional, indispensável à criação de um espaço econômico integrado que possa ser considerado um instrumento eficaz do desenvolvimento regional; 6) reintegração de Cuba na economia regional.

No início da década de 1990, a CEPAL colocou na agenda dos debates latino-americanos o principal desafio econômico para a região, ou seja, a transformação produtiva com equidade. Ora, os programas de ajuste estrutural implementados em vários países desde meados dos anos oitenta e que abriram espaço para a globalização haviam logrado o controle dos desequilíbrios macroeconômicos, mas davam sinais de retrocesso quanto à distribuição de renda, incapacidade para eliminar os contingentes de pobreza e um comportamento bem menos transparente no que tange à quantidade e à qualidade dos empregos gerados (ESPINOSA, 2001, p. 110).

Diante disso, cabe perguntar: para onde se encaminham as economias latino-americanas? A resposta a essa questão indica a tendência a promover a inversão e o crescimento no setor externo, assim como dirigir essa inversão a produtos de maior valor agregado, evitando repetir a experiência de aplicá-la em bens primários, que correm o risco de ser recursos não renováveis, como, por exemplo, os minerais, os produtos do mar e os recursos florestais.

Apesar de as economias virem dando sinais de recuperação, é alarmante sua incapacidade de gerar empregos estáveis, bem remunerados, que concorram para a proteção mínima dos trabalhadores. Verifica-se uma desregulação crescente em relação ao emprego — promovida em função da flexibilização dos mercados de trabalho —, que importa em deterioração da qualidade das relações de trabalho, em termos de garantia e proteção para o trabalhador. Essa situação traduz-se em eficiência econômica e ineficiência social.

Destacam-se, como problema emergente do modelo exportador, os efeitos negativos sobre a ecologia, porquanto as economias latino-americanas têm baseado suas vantagens competitivas na exploração dos recursos naturais, sem políticas de longo prazo protetoras do ecossistema.

Constata-se, outrossim, o debilitamento da ação coletiva, pela queda do índice de sindicalização, assim como a perda da capacidade de negociação, decorrente da reestruturação produtiva trazida pela globalização — fenômeno esse ocorrido também em países, como os europeus, onde se encontra o sindicalismo mais forte e bem estruturado. Para tanto concorrem fatores culturais e psicossociais, ligados ao temor que têm os trabalhadores de perder o emprego ou benefícios a ele inerentes. Daí por que, em face dessa contingência, eles optam pelo abrandamento de suas reivindicações, a fim de preservar o bem principal, que é a manutenção do posto de trabalho.

Entre os fatores que concorrem para o debilitamento do movimento sindical, Espinosa (2001, p. 116) enumera os seguintes: 1º) o fato de alguns países latino-

-americanos virem saindo de regimes autoritários, que violaram sistematicamente os direitos humanos, inclusive os sindicais; 2º) as transformações estruturais, que se fizeram acompanhar de acomodação da legislação para permitir práticas flexibilizatórias da força de trabalho e formas de emprego muito vulneráveis às conjunturas econômicas; 3º) a implementação de um modelo produtivo competitivo, que trouxe para os trabalhadores comportamentos individualistas e de concorrência, desestimulantes do apelo à ação coletiva e à associação, valores sobre os quais se construiu o sindicalismo em todo o mundo.(114)

3.5.1. O impacto da globalização na América Latina

Os países da América Latina, como, de resto, os demais que compõem o chamado "terceiro mundo", acham-se diante de um grave desafio histórico, qual seja a preservação de seus valores culturais e a promoção de seu desenvolvimento, em face da globalização que se respalda na ideologia neoliberal. Afirma-se que a economia social de mercado representa o triunfo final do sistema capitalista. Esse modelo, que pretende ser único, caracterizado por generalizações e macrointerpretações, não considera as especificidades e complexidades de cada sociedade, decorrentes de seus fatores culturais e níveis de crescimento alcançado; por isso, revela-se inadequado para lograr o bem-estar geral.

Apesar da notável evolução da humanidade expressa pelo progresso científico-tecnológico e que traduz uma das manifestações da globalização, opera-se ao mesmo tempo o desgaste de alguns valores essenciais que informaram o paradigma da modernidade: a liberdade, a igualdade e a fraternidade. A ideia de liberdade está cada vez mais associada à de liberdade de escolher e empreender com relação ao mercado, que regula a vida social. A noção de igualdade reduz-se à de igualdade de oportunidades, como se estas dependessem dos indivíduos e não das sociedades a que pertencem, com a implicação de o progresso não ser equitativo, ou seja, não acessível a todos. Ora, as organizações sociais e os esta-

(114) Diante desse quadro, Espinosa (2001, p. 117) observa que, "ao lado da estabilização econômica atual, subsistem importantes áreas cinzentas, nos âmbitos políticos e sociais, que obrigam a analisar os efeitos negativos ou disfuncionais neste caminho de êxito econômico. É o que se poderia chamar a necessidade de fazer um 'ajuste político-social' ao ajuste econômico realizado que nos tornou partícipes da nova ordem econômica mundial. Não menos importante é definir um projeto de desenvolvimento, isto é, reinaugurar a ideia de que existe um modo político e não apenas econômico para definir até onde vai o crescimento. Este consiste em procurar os consensos sociais e políticos sobre o que é possível, desejável e necessário para um país, ou, se se quer pensar em termos mais amplos, para um conjunto de países. Não é real que as forças do mercado sejam a única maneira de crescer: também estão as políticas de Estado, as demandas da sociedade civil, a cultura dos direitos humanos e a aspiração de mudança. Esta tarefa cabe um importante papel ao autor sindical. Não apenas fortalecer sua presença interna, mas também mover-se em um mundo globalizado, onde os aprendizados e as alianças da parte laboral alcançam a fusão 'por cima' que realizaram os agentes econômicos".

dos, ausentes e extremamente debilitados, nesse contexto, abdicam das funções distributivas que lhes competem, de seu dever de garantir o respeito aos direitos universais e de fazer prevalecer o bem comum sobre o privado. Em suma, trata-se de "sociedades que se subordinam ao capitalismo selvagem, reduzindo a ideia de sociedade a um só componente: o mercado". [115] Ao contrário dessa postura, o fenômeno de exclusão social colocou em evidência a necessidade de assumir a responsabilidade sistêmica ou política no acesso inequitativo às oportunidades (ESPINOSA, 2001, p. 118).

A América Latina entra neste novo ciclo histórico sem jamais haver alcançado verdadeiros estados de bem-estar. As consequências da globalização são diferentes para os países, segundo sua situação econômica: para os ricos são moderadas, em virtude da proteção e níveis por eles alcançados; para os subdesenvolvidos ou em via de desenvolvimento, são dramáticas, em consequência do desemprego, da desestruturação dos sistemas de proteção social, da emergência de empregos atípicos e de setores sociais excluídos, situações essas que neles são mais acentuadas, frustrando uma aspiração de mudança e "reeditando os velhos e graves dilemas: pobreza, distribuição regressiva de renda, aumento do dualismo: setores minoritários que se integram na globalização e suas possibilidades e setores que vão sendo marginalizados do progresso, para os quais a modernidade não cumpriu antes nem agora suas promessas" (ESPINOSA, 2001, p. 119). [116]

Nos países da América Latina, de um modo geral, a globalização da economia concorreu para a estabilidade econômica (mediante a âncora cambial), as políticas de privatização das empresas públicas, a desregulação das atividades econômicas e a abertura à concorrência internacional, como resultado do ajuste prescrito pelo Fundo Monetário Internacional. Acarretou mudanças do papel do Estado, com profunda alteração das relações trabalhistas, através da flexibilização, que se resultou na perda da estabilidade no emprego, na adoção de modalidades de contratos de trabalho por prazo determinado, na regulamentação do direito de greve nos serviços públicos com sua limitação nos setores essenciais, bem como na redução dos salários (LIMA, 1999, p. 52).

A fragilidade do Continente revela-se, segundo Espinosa (2001, p. 119), pelas seguintes circunstâncias: a) a debilidade das sociedades civis, sem que se constituam atores sociais capazes, seja de demandar, exigir e controlar, ao Estado, seja de opor ao poder econômico um jogo de contrapesos sociais. Exceção feita ao empresariado, em face de sua posição no mercado, como organizador da

(115) "[...] en suma las sociedades que se subordinan al capitalismo salvaje, reduciendo la idea de sociedad a un solo componente: el mercado."

(116) "... reeditando los viejos y graves dilemas: pobreza, distribución regresiva del ingreso, aumento de la dualización: sectores minotarios que se integran a la globalización y sus posibilidades y sectores que van siendo marginados del progreso, para quienes la modernidad no cumplió antes ni ahora sus promesas."

vida social; b) a debilidade das instituições políticas, tendo em vista a incapacidade das democracias, egressas do ciclo autoritário, de avançarem significativamente no sentido de seu aprofundamento; c) a substituição da ideia de mudança social, gradual ou revolucionária, pela de supremacia do econômico sobre o social e o político, atribuindo-se às elites (circuitos de governos, grupos econômicos ou círculos de peritos) o papel da sociedade nas decisões, a qual fica reduzida mais a um objeto de políticas do que a um sujeito de direitos, opiniões e opções para definir os lineamentos da sociedade a que se aspira; d) a debilidade dos movimentos sociais, compreendendo não só o sindical, mas também outros setores da sociedade organizada, que vão sendo envolvidos pela lógica do mercado, pela apatia ou retraimento e as vozes de descontentamento, marginalizadas; e) o isolamento dos indivíduos, a consciência da necessidade de "navegar sós", de buscar a integração individualmente, e a consequente perda, pelas sociedades, de uma fórmula coletiva de expressão.

A globalização das ideias democráticas e de uma cultura de respeito aos direitos humanos é, na época atual, condição das grandes reservas éticas e potencialidades de humanizar o desenvolvimento. Cumpre à América Latina:

> recriar um modelo de Estado capaz de encarnar o bem comum de maneira eficiente e equitativa; um sistema político com instituições democráticas sólidas que fortaleçam a cidadania e, sobretudo, uma sociedade civil que se reconhece na diversidade, que exerce controle sobre a política e, fundamentalmente, que é capaz de defender-se e, por sua vez, criar um mercado para satisfazer as necessidades humanas, a felicidade, o gozo e o desenvolvimento da inteligência humana[117]. (ESPINOSA, 2001, p. 120).

Recuperar a ideia de mudança, ou a busca de uma sociedade melhor, continuará sendo sempre um princípio orientador das identidades populares latino-americanas. De nossas sociedades depende a transformação da globalização do capital na universalização da cultura, que seja "uma criação múltipla, diversa e eternamente em processo de mudança." (ESPINOSA, 2001, p. 121)[118].

---

(117) "...recrear un modo de Estado capaz de encarnar el bien común de manera eficiente y equitativa; un sistema político con instituciones democráticas sólidas que fortalezcan la ciudadanía y por sobre todo una sociedad civil que se reconoce en la diversidad, que ejerce control sobre la política y fundamentalmente que es capaz de defenderse y a la vez crear un mercado para satisfacer las necesidades humanas, la felicidad, el goce y el desarrollo de la inteligencia humana."

(118) Espinosa (2001, p. 121) tem uma perspectiva otimista a esse respeito. Afirma que "esse princípio resulta de uma história vivida que não pode ser suprimida por decreto". Observa que a ideia de mudança está sufocada por tensões advindas de situações novas, do discurso neoliberal e dos efeitos da globalização; contudo, indiscutivelmente, tem sustentação social e cultural. "O sindicalismo latino-americano vive uma situação de retrocesso; porém, não está em crise terminal, senão, mais propriamente, em crise de adaptação. Os movimentos étnicos, que emergem dramaticamente uma vez ou outra na cena social latino-americana, lembram-nos que a globalização não eliminou as entidades vivas" que se fazem presentes em nosso continente.

3.5.2. O desafio do enfrentamento do projeto da ALCA

O projeto da ALCA é, consoante Vizentini (2000), uma reação do governo norte-americano à "estratégia brasileira de criar um espaço econômico com relativa margem de iniciativa autônoma na América do Sul" — o Mercosul —, ampliado com a associação da Bolívia e do Chile, bem assim a aproximação com os países andinos e a África do Sul.

A ALCA viria ao encontro dos objetivos mais amplos dos EUA, nos quais se inclui a inviabilização do Mercosul, com empecilhos à sua autonomia e à sua associação com outros blocos, notadamente a União Europeia. Os próprios *lobbies* econômicos e sindicais norte-americanos não viam necessidade de implantação imediata da ALCA, pelo que não permitiam que seus deputados e senadores concedessem o *Fast Track* para o presidente Clinton negociar sua criação. "De qualquer maneira, a criação da ALCA traria enormes prejuízos para a economia brasileira", razão pela qual nossos empresários se opunham frontalmente a essa iniciativa, muito mais que o próprio governo Fernando Henrique Cardoso (VIZENTINI, 2000).

Tal projeto visa a promover uma zona de livre comércio de âmbito continental, tendo como princípios e objetivos: a integração econômica e dos mercados de capitais; a conformidade com as normas da OMC (Organização Mundial do Comércio); a eliminação de quaisquer obstáculos ao comércio ou ao investimento estrangeiro e de subsídios de exportação de produtos agrícolas; a criação de uma estrutura legal para proteção dos investimentos; a criação de novas medidas para contratos públicos e novas negociações pertinentes aos serviços.

Para compreender suficientemente a ALCA, importa analisar a natureza e os objetivos do NAFTA (*North American Free Trade Agreement*) — (Acordo de Livre Comércio da América do Norte), que a antecedeu e lhe serve de parâmetro. O NAFTA substituiu em 1º.1.1994, data de sua assinatura pelos três países que compõem o bloco (Estados Unidos, Canadá e México), o *Canada United States Free Trade Agreement* (CUSFTA), primeiro acordo de livre comércio de caráter neoliberal na América do Norte. [(119)] Era o primeiro passo da "Iniciativa das Américas", lançada em junho 1990 pelo presidente George Bush, com o objetivo de acompanhar as transformações econômicas de caráter neoliberal que se operavam na América Latina e no Caribe e estabelecer uma nova relação com a região, centrada no livre comércio, nos investimentos e na negociação da dívida externa, bem assim constituir uma Zona de Livre Comércio em todo o hemisfério. O fim das negociações e a concretização de um acordo a respeito, envolvendo os EUA, o Canadá e o México, deu-se em agosto de 1992.

---

(119) Esse acordo — CUSFTA — se iniciou em março de 1985 entre os EUA e o Canadá, foi assinado em 2.1.88 e entrou em vigor em 1º.1.89, em seguida à aprovação pelos parlamentos dos dois países. Visou a liberar mais as relações comerciais entre eles — que já eram integradas —, extinguindo determinadas barreiras não tarifárias e incluindo novas áreas, tais como investimentos, serviços e compras governamentais.

Em dezembro de 1994, na Cúpula de Chefes de Estado realizada em Miami, foi aprovada a proposta de instituir uma Zona de Livre Comércio em todo o continente americano, ou seja, a Área de Livre Comércio das Américas (ALCA), cujo funcionamento deveria iniciar-se em 2005.

Como se percebe, a criação do NAFTA foi uma iniciativa tomada com vistas a preparar o terreno para a criação da ALCA, como, aliás, se deduz das palavras do presidente Bill Clinton ao referir-se à ALCA como extensão do NAFTA (FELIPE CORRÊA, 2002).

São instituições com características comuns, que ressaltam do paralelo entre os países que integram o NAFTA e entre os que comporão a ALCA (se a respectiva proposta vier a consolidar-se, o que é bastante provável), no tocante às suas condições socioeconômicas, bem assim seus objetivos.

O NAFTA é um acordo de livre comércio entre países com diferenças de produção, valor de mão de obra, condições sociais e econômicas, legislação trabalhista e ambiental. Essas discrepâncias são acentuadas entre o México, país em via de desenvolvimento, ou "emergente", e os outros dois membros, Estados Unidos e Canadá, ambos situados na faixa dos países de primeiro mundo, bem desenvolvidos economicamente, mas com sensível superioridade do primeiro. A ALCA, compreendendo todas as nações do hemisfério (com exceção de Cuba), albergaria países com situações bastante díspares, sobretudo se tomarmos como ponto de referência, para comparação, os Estados Unidos. Suas consequências sobre o mercado, as populações e o meio ambiente teriam proporções semelhantes às do NAFTA.

O NAFTA estabelece uma eliminação tarifária progressiva, de tal modo que, após dez anos da celebração do acordo, desapareceriam as barreiras comerciais entre seus membros. Pretende-se, por meio dele, proteger as economias dos países envolvidos e impedir que outros tenham acesso ao mercado norte-americano. Na área de serviços, prevê-se uma abertura comercial entre eles, com o comércio entre fronteiras, que implica dispensar às mercadorias importadas de qualquer integrante do bloco o mesmo tratamento dado aos produtos no país de origem — exceção feita aos contratos públicos e aos subsídios. O acordo contém, ainda, a garantia de direitos de propriedade intelectual e tratamento diferenciado para os setores têxtil, de vestuário, automotriz, de energia, agrícola, de transporte terrestre e de telecomunicações.

O NAFTA, tal como será a ALCA, é um acordo de livre comércio que não inclui qualquer salvaguarda de direitos trabalhistas, direitos humanos, do meio ambiente, das normas de saúde ou cuidados com as condições sociais das populações dos países a que se refere o acordo. [120] Os cidadãos são os que mais sofrerão o

(120) Como assinala Vásquez (1997, p. 429), o Tratado de Livre Comércio do Canadá, Estados Unidos e México (NAFTA) não se apresenta como uma experiência de integração social.

impacto dessa tratativa intergovernamental, porquanto foram excluídos do processo de negociação, em sua grande parte feita por representantes de grandes conglomerados corporativos e chefes de Estado das nações envolvidas. Em um, como no outro processo, concedem-se privilégios às empresas transnacionais, inclusive nas áreas da previdência social, assistência médica, educação, proteção ao meio ambiente, distribuição de água, recursos naturais, cultura e serviços públicos.

O NAFTA não trata (e o projeto da ALCA não cogita) de políticas de migração, nem do movimento de trabalhadores através das fronteiras, exceto a entrada temporária de profissionais e executivos. [(121)] O movimento sindical, organizações ambientais e grupos de defesa dos direitos humanos posicionaram-se contra as negociações do NAFTA, fazendo pressão sobre o presidente Clinton para rejeitá-las, pois o consideravam "uma peça da agenda neoliberal que favorecia as empresas transnacionais e investidoras, à custa dos trabalhadores e do meio ambiente." (SCHUTTE; CASTRO; JACOBSEN, 2000, p. 211).

O presidente Clinton decidiu apoiar o Acordo negociado e trabalhar por sua aprovação no Congresso, com a condição de que se efetivassem acordos complementares em matéria trabalhista e ambiental. Daí o surgimento, em agosto de 1993, dentre outros, do Acordo Norte-Americano de Cooperação sobre o Trabalho — NAALC, que, embora não tendo caráter vinculante — pois respeita a soberania nacional no tocante à aplicação da legislação trabalhista de cada país e não cria nenhum tribunal ou órgão decisório de caráter supranacional para decidir sobre o cumprimento, ou não, das respectivas normas —, adota procedimentos e instrumentos de avaliação que o movimento sindical da região tem procurado utilizar para enfrentar o comportamento de certas empresas transnacionais, após a entrada em vigor do NAFTA.

O NAALC não resulta da preocupação pela situação e os direitos dos trabalhadores, mas surgiu "como parte de um acordo comercial, como um instrumento para evitar que, pelo descumprimento das obrigações patronais, fossem obtidos ganhos ilegítimos que pudessem gerar uma concorrência desleal". Não alterou as legislações trabalhistas dos três países; porém, além dos objetivos que expressamente enuncia, tem por escopo fundamental o cumprimento das normas trabalhistas de cada país por suas respectivas autoridades e dá ênfase à informação e ao acesso dos particulares aos procedimentos com esse fim (UNNA, 2001, p. 228).

Nesse instrumento (o NAALC), os Estados-partes assumem uma série de compromissos e definem objetivos em matéria social e trabalhista, entre os quais

(121) Informa Verge (1997, p. 552), sobre o assunto, que quase não existem, no interior do sistema do NAFTA, normas e instituições relativas ao trabalho de alcance supranacional. E, em se tratando de negociação coletiva — diferentemente de normas técnicas, por exemplo em matéria de saúde e segurança do trabalho —, a construção faz-se lentamente, "tendo em conta práticas nacionais tão diversas como são as realidades nacionais das quais elas são reflexos."

destacam (no Preâmbulo), a criação de novos empregos, a melhoria das condições de trabalho e níveis de vida nos respectivos territórios, a promoção dos princípios trabalhistas enunciados no Anexo 1 do Acordo, a observância e a aplicação efetiva da legislação trabalhista de cada uma das Partes, a transparência na administração da legislação trabalhista, a realização de atividades de estudo e cooperação mútuas no campo das relações de trabalho. No Anexo 1 são elencados onze princípios a serem observados pelos três países que participam do NAFTA (Estados Unidos, Canadá e México): liberdade de associação e proteção ao direito de organização, direito à negociação coletiva, direito à greve, proibição de trabalho forçado, restrições sobre o trabalho de menores, condições mínimas de trabalho (salário mínimo e remuneração de hora extra), eliminação da discriminação no emprego, salário igual para homens e mulheres, prevenção de lesões e doenças ocupacionais, indenização em caso de ocorrência destas, proteção aos trabalhadores migrantes.

Cria obrigações nas áreas de legislação e aplicação, quanto a níveis de proteção. Os dispositivos do NAALC não se restringem a esse compromisso geral, mas também estabelecem uma série de obrigações muito concretas em relação a: ações governamentais para aplicação da legislação trabalhista, que compreendem não apenas a criação de inspetores do trabalho, mas também a especificação de medidas e procedimentos que estes devem cumprir para tornar efetiva a aplicação da legislação trabalhista; acesso dos particulares aos procedimentos administrativos, quase judiciais e judiciais em matéria laboral; garantias processuais; publicidade e difusão das normas trabalhistas. A obrigação assumida, em relação a cada país, é a de "aplicar efetivamente sua legislação trabalhista" no que tange a salário mínimo, trabalho infantil, segurança e saúde ocupacional — esses três, os compromissos fundamentais.

No último parágrafo, define-se a aceitação, pelos três Estados, de investigações, inclusive internacionais, sobre o cumprimento das respectivas leis nacionais relativas a esses três compromissos, com base em determinada estrutura e certos procedimentos.

Tal estrutura compreende: Comissão para Cooperação Trabalhista, composta por um Conselho Ministerial e por um Secretariado, sendo aquele integrado pelos ministros ou secretários de Trabalho, como instância máxima sobre assuntos dessa área, gozando de competência inclusive para decidir a respeito da instalação de painéis, em caso de queixas analisadas em instâncias inferiores sobre a violação dos três compromissos fundamentais; *National Administrative Offices* (NAO), escritórios administrativos nacionais instalados, um em cada país-membro, com funções de informação, comunicação, investigação e assistência técnica, incumbidos de receber as queixas apresentadas (denominadas "comunicações públicas" no texto do Acordo), referentes a questões surgidas no território de algum dos outros dois países — vedada a formulação de queixa por indivíduo, grupo ou entidade, sobre a violação de direitos em seu próprio país; Comitê Avaliador de Especialistas [(122)],

(122) Esse órgão é presidido por um perito integrante de lista da OIT. Suas opiniões não são vinculantes.

que pode ser instalado, inclusive em âmbito internacional, sobre cada assunto contemplado nos princípios da NAALC, desde que o tema seja relacionado com o comércio, que as empresas acusadas atuem em pelo menos dois países integrantes do NAFTA e que ambos tenham legislação sobre o assunto; Painel Arbitral[(123)], para cuidar exclusivamente dos três compromissos fundamentais (segurança e saúde no trabalho, trabalho de menores e salário mínimo), com poder de aplicar multas por descumprimento, devendo os recursos provenientes delas destinar-se a promover a aplicação da legislação trabalhista da parte demandada, cabíveis sanções comerciais em caso de recusa de pagamento.

Observa Unna (2001, p. 229) que esse procedimento é complexo e lento e, ademais, é pouco provável que um determinado caso resulte em imposição de multa. Porém, ao menos por enquanto, qualquer pessoa interessada pode formular queixa em razão de conduta das autoridades trabalhistas de um país e levá-la a um procedimento, o qual, certamente, lhes causará incômodo, que aumentará no caso da publicidade que for dada ao procedimento.

O Acordo Norte-americano de Cooperação sobre o Trabalho — NAALC não visa, diretamente, a proteger os trabalhadores cujos direitos tenham sido violados, mas os empregadores que cumprem suas obrigações, em face dos inadimplentes. Por isso, quem tem competência natural para promover uma queixa perante o Escritório Administrativo Nacional seria, precisamente, o empresário que sofre a concorrência desleal, não solucionada pelas autoridades do país onde se encontra seu competidor.

Todavia, desde o início se desvirtuou o objetivo do Acordo, tendo em vista ser maior a urgência de proteger os direitos trabalhistas que os comerciais. Assim, as organizações sindicais cedo encontraram nele um foro para denunciar as violações aos direitos dos trabalhadores, bem como a ineficácia e a cumplicidade das autoridades, como ocorreu no México com a Frente Autêntica do Trabalho (FAT), apenas há um mês e meio de sua vigência[(124)] (UNNA, 2001, p. 230).

---

(123) Para estabelecer o Painel, requer-se voto de aprovação de duas terças partes do Conselho Ministerial. Cabe a ele propor um plano de ação para solucionar problema surgido entre países-membros que não foi resolvido por acordo entre eles, bem assim impor contribuição monetária à parte demandada. Caso o plano não seja cumprido e/ou não seja paga a referida contribuição, é possível, no caso do Canadá, exigir o cumprimento e o pagamento diante de um tribunal competente. Em se tratando do México ou dos Estados Unidos, pode-se suspender da parte demandada benefícios resultantes do Tratado, até o cumprimento do plano e/ou o pagamento da contribuição. Informa Valdes (1997, p. 54), a propósito, que o teto máximo dos benefícios que podiam ser suspensos como sanção foi, em 1994, de 20 milhões de dólares; e, a partir de 1º de janeiro de 1995, elevou-se em 0.007% do comércio total de bens entre as partes, correspondentes ao ano mais recente de que se tenha informação disponível.

(124) Registra Unna (2001, p. 230) que, através das queixas apresentadas em 14 de fevereiro de 1994, ambas relacionadas com despedidas injustificadas de trabalhadores que exerciam atividades sindicais em maquiladoras de empresas dos Estados Unidos estabelecidas no Estado mexicano de Chihuahua — uma da General Electric e a outra, da Honeywell —, ensejou-se que, pela primeira vez,

No tocante ao meio ambiente, o Preâmbulo do NAFTA refere-se ao desenvolvimento sustentável, algumas barreiras técnicas, regras sanitárias e fitossanitárias, bem como mecanismos de solução de controvérsias; porém, não há mecanismos gerais para tratar de violação de leis ambientais no quadro dos três países. Embora não tenha caráter vinculante, obriga os signatários a apresentar relatórios periódicos sobre a situação do meio ambiente nos respectivos países, e a desenvolver programas de contingência, de educação ambiental e de investigação científica.

Em síntese:

> o Acordo cria um marco de consulta e cooperação, reafirma princípios básicos de proteção trabalhista, tende ao cumprimento da legislação interna de cada país e estabelece um sistema para a solução de controvérsias, que pode levar em situações extremas a recurso perante tribunais nacionais ou à suspensão limitada dos benefícios do tratado. (VALDEZ, 1997, p. 54)

As negociações relativas ao CUSFTA e ao NAFTA ocorrem entre países absolutamente assimétricos do ponto de vista econômico e social, com nítida predominância, sob esses aspectos, de um dos parceiros, os EUA. Argumenta-se, a favor do NAFTA, com a defesa do livre comércio, sustentando-se que a realidade assimétrica e a perda de empregos por parte dos demais países componentes do bloco seriam compensadas pelo crescimento da economia, principalmente no setor de exportação, e os benefícios advindos do surto econômico em geral. Mas uma avaliação da realidade, após alguns anos de vigência dos Acordos, mostra outra face, em relação ao Canadá e ao México: recessão; desvantagem no mercado decorrente do desnível de produtividade; o aumento do desemprego e das despesas nas áreas sociais; a consequente queda na arrecadação de impostos; expansão do déficit público, para cuja solução a direita usa o método clássico de cortes no orçamento das áreas sociais. No México a crise, de caráter político e econômico, foi mais aguda, importando no fechamento de grande número de empresas, menos competitivas, elevando o índice de desemprego a taxas muito elevadas e acarretando sensível queda do salário real. Esse último problema também surgiu nos EUA em decorrência do NAFTA: segundo a AFL — CIO [(125)], entre 1994 e 1996 400 mil empregos foram perdidos em virtude do Acordo, o que contribuiu para rebaixamento dos salários e benefícios sociais, pois os trabalhadores desempregados, quando encontravam novos empregos, tinham salários menores; além disso,

---

fossem discutidos publicamente, em um ambiente internacional e não meramente acadêmico, os problemas resultantes dos obstáculos à liberdade sindical.

(125) Central única dos trabalhadores americanos, composta por: American Federation of Labour — Congress of Industrial Organisation. A primeira foi criada em 1886, agrupando essencialmente os sindicatos por profissão, constituídos por trabalhadores qualificados; a segunda surgiu em 1938, constituída por uma minoria dissidente da AFL. Em 1955, as duas entidades se fundiram numa única central, surgindo a AFL — CIO.

a mudança de uma empresa para outro país sempre é utilizada como instrumento de pressão para rebaixar condições de trabalho (SCHUTTE; CASTRO; JACOBSEN, 2000, p. 214, 215 e 218). Em 2001, conforme análise feita pelo *Economic Policy Institute*, com o fechamento de empresas nos EUA e sua transferência para o México — onde a mão de obra era mais barata e as leis trabalhistas mais flexíveis —, 766.000 postos de trabalho haviam sido eliminados na indústria.

Nos primeiros três meses de vigência do NAFTA, as exportações mexicanas cresceram 25%, mas suas importações aumentaram 73%. No fim do primeiro trimestre, em vez de 600.000 colocações no mercado de trabalho prometidas, o número de empregos havia sido reduzido em 105.225, conforme cifras oficiais. Enquanto isso, as exportações de carro dos EUA para o México cresceram cinco vezes, em comparação com o mesmo período de 1993.

A maior penalização do México e, em menor proporção, do Canadá, com a execução da política introduzida pelo NAFTA, deu-se no campo das relações sociais e, especificamente, as trabalhistas. Uma preocupação dos mexicanos e canadenses, em relação ao NAFTA, uma vez hegemonizado pelos EUA, era a possibilidade de que ele viesse a ser um canal de generalização da desregulamentação do mercado de trabalho, como ocorre no americano. E isso, de fato, aconteceu, com desvantagens consideráveis para ambas as nações, notadamente a mexicana, dada a fragilidade de sua economia e seu menor (quase nenhum) poder de barganha, em relação aos demais parceiros (SCHUTTE; CASTRO; JACOBSEN, 2000, p. 217).

As fábricas americanas instaladas no México — as chamadas maquiladoras, imunes às leis trabalhistas — são, segundo relatório da ONU, as que mais empregam mão de obra infantil no planeta: cinco milhões de crianças menores de 14 anos estão trabalhando nelas. Sem embargo do fato de serem responsáveis por 47% das exportações mexicanas, são as que trouxeram àquele país mais emprego informal, sem proporcionar garantia de uma vida digna para seus operadores e, o que é pior, explorando a mão de obra infantil, o que constitui grave infração a direito consagrado pela ONU e, sobretudo, pela OIT (correspondente à proibição do trabalho infantojuvenil), como um dos direitos fundamentais do homem no campo da atividade laboral[126]. Ainda assim, um recente relatório do Banco Mundial sobre o México recomenda "flexibilização" de sua legislação trabalhista (além da que já foi efetivada), para que possa "atrair mais investimentos".

---

(126) *Vide* a "Declaração da OIT relativa aos princípios e direitos fundamentais no trabalho e seu seguimento", aprovada pela Conferência Internacional do Trabalho em sua 86ª reunião, realizada em Genebra em junho de 1998, em que são mencionados, como princípios referentes aos direitos fundamentais, os seguintes:

a) a liberdade de associação e a liberdade sindical e o reconhecimento efetivo do direito de negociação coletiva;

b) a eliminação de todas as formas de trabalho forçado ou obrigatório;

c) a abolição efetiva do trabalho infantil;

d) a eliminação da discriminação em matéria de emprego e ocupação (Cf. SÜSSEKIND, 2000, p. 313).

No tocante aos salários, os mexicanos sofreram sensível perda: em 1994 (quando entrou em vigor o NAFTA), o salário naquele país era em média de UR$ 2,10 por hora na indústria manufatureira, vindo a cair para UR$ 1,90 em 1999. O número de camelôs (trabalhadores informais) cresceu tanto que o mercado não foi capaz de absorvê-los.

Mesmo para o Canadá, país mais próximo dos Estados Unidos em nível de desenvolvimento, os resultados do Tratado de Livre Comércio das Américas não são animadores. Através de um acordo bilateral com os EUA em 1988, o Canadá esperava um aporte, na ocasião, de mais 500.000 empregos. Porém, em 1993, quando já visíveis os efeitos da integração, mais de 400.000 empregos haviam desaparecido.

Por exigência dos termos do Acordo, foram desregulamentadas e flexibilizadas as relações laborais, o que gerou enorme prejuízo para os trabalhadores, os quais em grande número foram lançados para as atividades informais, com a consequente perda das garantias que o sistema legal estabelecia em seu favor, entre as quais a referente a um salário mínimo, pois sua remuneração laboral ficou ao sabor da concorrência. Tal fato representa um retrocesso à época do *laissez faire, laissez passer*, em que a força de trabalho era considerada simples mercadoria, sujeita, por conseguinte, às leis do mercado, especialmente à lei da oferta e da procura.

Por esses dados, extraídos de fontes fidedignas[127], pode-se aquilatar os efeitos, para os direitos sociais (e os direitos humanos num sentido mais amplo), de uma adesão do Brasil à ALCA, que será (se vingar seu projeto, o que é mais provável) a extensão do NAFTA, com todas as suas consequências, a todos os habitantes do hemisfério americano. [128]

---

(127) Disponível em: <www2.expresso.com.br/alcapitalista/nafta.html>, que se reporta às seguintes fontes: México em Transa , Igor Fuser, ed. Scritta, 1995; Alca — quem ganha e quem perde com o livre comércio das Américas, Kjeld Jackobsen e Renato Martins, ed. Perseu Abramo, 2002. Acesso em: 8 mar. 2003.

(128) As negociações oficiais em torno da ALCA, sem consideração aos direitos sociais, levaram as Centrais Sindicais filiadas à Organização Regional Interamericana de Trabalhadores (ORIT), integrante da CIOSL, a reunirem-se em Belo Horizonte, nos dias 12 e 13 de maio de 1997, com o objetivo de fixar as reivindicações dos trabalhadores diante da proposta de instituição da Área de Livre Comércio das Américas. Naquele encontro, elas divulgaram um manifesto, afirmando terem propostas concretas para enfrentar os desafios dos acordos sub-regionais — NAFTA, MERCOSUL, PACTO ANDINO e SICA — e que trabalhavam "na perspectiva de uma integração que fomente o desenvolvimento social, resguardando nossas conquistas e promovendo a ampliação dos direitos dos trabalhadores como parte integral desses acordos" (in INFOSUR, set. 1997). Acentuavam, ainda, a necessidade de que a ALCA reconhecesse oficialmente a existência do Foro Sindical e constituísse grupo de trabalho com o objetivo de analisar os direitos sociais (PASSOS; SILVA, 2001, p. 137). Em outra oportunidade, as referidas Centrais Sindicais e inúmeros sindicatos de vários países do continente americano, reunidos em Santiago em 16 e 17 de abril de 1998, paralelamente ao encontro dos presidentes dos países das Américas — denominado "Cumbre de los Pueblos de América" —, formularam declaração intitulada "Da Aliança Social à Ação Continental", expressando que "a legitimidade da ALCA se

O Brasil e seus parceiros no Mercosul encontram-se num angustiante dilema: optar entre um mercado comum sub-regional e a ALCA, mercado comum mais amplo. Com relação ao Mercosul, não foram cumpridos os objetivos estabelecidos inicialmente, no Tratado de Assunção, os quais previam que o mercado comum começaria a funcionar em 1º de janeiro de 1995. Esperava-se que os quatro países definissem, nesse prazo, os requisitos mínimos para a conformação de um amplo espaço econômico conjunto no território comum, a partir do que se poderia caminhar em direção a fases mais avançadas do processo de integração, nos campos econômico, político e social, realizando sua consolidação progressiva e seu aprofundamento. Esse é o curso seguido pelo processo de integração do mercado comum europeu, que pode servir de padrão para o do Mercosul.

A adesão dos países sul-americanos à ALCA concorrerá, provavelmente, para a dissolução do Mercosul, ou, no mínimo, seu esvaziamento, substituindo um processo de integração sub-regional por um mais ambicioso (hemisférico) e que acarretará supremacia competitiva em relação a este, por suas limitações de mercado e suas fragilidades estruturais. Nessa hipótese, esses países não teriam as mesmas condições de que poderão desfrutar num bloco restrito aos seus interesses setoriais, dada a hegemonia dos Estados Unidos expressa, especialmente, por seu bem maior poder econômico.

A avaliação do resultado, em termos de ganhos, de uma adesão à ALCA justifica a relutância de países, como o Brasil, a adotar, de imediato, essa posição, eis que o desnível de poder de negociação com os Estados Unidos os levaria a fazer muito mais concessões do que as possíveis compensações. Ademais, não teria sentido para nosso país abandonar um projeto regional de construção de um espaço econômico próprio que, apesar de frágil, lhe reserva um nítido papel hegemônico, em favor de outro em que teria, sem dúvida, uma função secundária.

Tal como ocorreu em relação ao México e ao Canadá, a queda das barreiras tributárias nos países da América do Sul, especialmente nos integrantes do Mer-

---

coloca em dúvida com o tratamento superficial de temas sociais". Esse posicionamento revela uma disposição de luta contra a exclusão dos trabalhadores e suas entidades representativas, do processo da ALCA. Nessa última reunião, aquelas entidades sindicais, considerando indispensável sua presença na ALCA, apresentaram as seguintes propostas: a) reconhecimento do Foro Sindical e do Grupo especial sobre Assuntos Laborais dentro do processo de negociação para a criação da ALCA, acesso à informação, participação nas negociações sobre mercado de trabalho e direitos laborais, procedimentos que garantam a análise das propostas do Foro Sindical; b) inclusão do Foro de Parlamentares nas negociações da ALCA e que os Parlamentos de todos os países das Américas aprovem os acordos nascidos dessas negociações; c) garantia do direito de livre circulação dos trabalhadores, regularização e reconhecimento dos direitos dos trabalhadores migrantes (PASSOS; SILVA, 2001, p. 138). Mostram-se preocupadas com o problema do desemprego, acentuando a necessidade de enfrentá-lo, para o que oferecem sugestões, especialmente a redução da jornada de trabalho, combate ao abuso de horas extras, fim da despedida injustificada, investimentos públicos direcionados a setores de absorção de trabalhadores, formação e reconversão profissionais, reforma agrária, programa de incentivo à pequena e média empresa (PASSOS; SILVA, 2001, p. 138).

cosul, propiciará a entrada em grande volume de bens exportados pela indústria dos Estados Unidos, poderosa e modernizada, estabelecendo uma competição desvantajosa para esses países, sobretudo os que, como o Brasil, têm maior mercado consumidor e maior parque industrial a proteger da concorrência. Por isso, a implantação da ALCA deverá ser feita com prévias ressalvas e mecanismos de proteção, ainda que parciais e transitórios, sob pena de a economia de nosso país sofrer prejuízos imensuráveis (CHIARELLI, 2004, p. 72).

Nesse sentido, impõem-se algumas precauções, consistentes, por exemplo, em: vincular a abertura comercial ao volume de investimentos de capitais produtivos, assim compreendidos aqueles que se destinam a aplicação em fatores da produção, como fábricas, gerando riquezas e empregos; exigir a garantia de reciprocidade, sob a forma de isenção de ônus para nossos produtos que cheguem ao mercado norte-americano e que, por sua qualidade e preço, sejam competitivos com os dele. Os países sul-americanos têm legítimo interesse de lutar para que a implantação da ALCA respeite seus avanços tecnológicos e para que se estabeleça, no plano do hemisfério, um relacionamento equilibrado. "Só assim pode haver, a um tempo só, independência, progresso e integração" (CHIARELLI, 2004, p. 73).

Outra desvantagem advinda ao Brasil com o processo de liberalização comercial conduzido apenas em escala hemisférica seria a restrição imposta ao relacionamento econômico-financeiro e tecnológico numa diversificação bem mais ampla de parcerias, incluindo os países do continente europeu, com os quais ele mantém, tradicionalmente, intercâmbio dessa ordem. Ora, essa postura constitui uma tônica da política brasileira.

> A União Europeia é, e continuará sendo no futuro previsível, o mais importante mercado comercial e um dos principais provedores de investimentos para a economia brasileira, assim como a implementação do euro trará efeitos positivos para o Brasil em termos de comércio, finanças e diversificação de reservas. (ALMEIDA, 1998, p. 71)

Por essas razões, são compreensíveis os temores suscitados pelo projeto da ALCA e a reação cautelosa da diplomacia brasileira a ele.[129] Para nós importa mais a consolidação do Mercosul, que representa a possibilidade de cooperação para aumentar os investimentos, acelerar o desenvolvimento tecnológico e ampliar as alianças estratégicas em geral, com prioridade para incorporação de novos membros ao Mercado Comum, a criação da Zona de Livre Comércio com a União

(129) "O Brasil despertou cedo, por sua ação diplomática, para os riscos decorrentes de um ingresso, não minuciosamente negociado, na futura Aliança de Livre Comércio das Américas. Desde o início recusou, para ser leal aos compromissos grupais assumidos e manter posição de inequívoco destaque no MERCOSUL, acelerar negociações e, sobretudo, celebrar acordo(s) bilateral(is) com os Estados Unidos, o que, praticamente, liquidaria o MERCOSUL e escancararia as suas portas à entrada incontrolável dos produtos do NAFTA." (CHIARELLI, 2004, p. 70)

Europeia, sem descartar as negociações para a formação da ALCA, assim como o fortalecimento da Organização Mundial do Comércio (OMC), para o qual concorreria a implementação dos acordos da "Rodada Uruguai" e da "Rodada do Milênio", esta no final de 1999 (GARCIA JÚNIOR, 1998, p. 75).

A preferência pelo Mercosul parece a opção mais razoável que poderão fazer os países sul-americanos. Para o desenvolvimento do respectivo projeto, requer-se: seu aprofundamento interno, inicialmente nos campos econômico e comercial, no seu espaço regional; a intensificação das ligações extrarregionais, em primeiro lugar, com a União Europeia; e o apoio no "multilateralismo comercial como condição de seu sucesso regional e inter-regional enquanto exercício de diplomacia geoeconômica" (ALMEIDA, 1998, p. 72).

Quanto à adesão do Brasil à ALCA, é uma questão de suma gravidade, que deve envolver todos os segmentos da sociedade civil, para que, com os órgãos competentes do governo, deliberem a respeito, colocando, em primeiro lugar, os superiores interesses do país e da América Latina como um todo.

CAPÍTULO 4

PROGNÓSTICO DA CONJUNTURA POLÍTICA MUNDIAL

4.1. Uma visão prospectiva para além da União Europeia e do Mercosul

As profundas transformações de ordem econômica, política, tecnológica e social dos últimos tempos indicam o início de um novo sistema internacional; ou seja, o fim da modernidade e o alvorecer do que se denomina pós-modernidade, esta significando uma nova era ou um novo ciclo histórico a partir do início da década de 1970 (CHARLES JENKS *apud* MAGALHÃES, 1999, p. 84).

Apesar da impotência e inadequação das atuais instituições internacionais no trato das complexas questões com que se depara a humanidade — especialmente as de ordem ética, social, política, econômica, tecnológica —, nos últimos cinquenta anos têm surgido oportunidades inéditas de cooperação no plano internacional, envolvendo organizações intergovernamentais, ONGs transnacionais, redes de associações e grupos diversos da "emergente sociedade civil global", o que empresta à noção de comunidade global um significado e alcance novos, expressos, *v.g.*, na promoção e proteção dos direitos humanos, na proteção ambiental, na assistência humanitária, nos acordos sobre crime, droga e doenças, no desenvolvimento econômico e social (GÓMEZ, 2002, p. 173).[130]

Tendo em vista essas circunstâncias, Gómez (2002, p. 173) conclui, com respaldo em Held, que somente uma política de mundialização na base ("por baixo") será capaz de reunir forças e pressionar governos para que tornem efetivo o teor das normas de caráter universal já consagradas, promovam as reformas e implantem as instituições de governo indispensáveis, nos níveis regional e global, com o objetivo de estabelecer um relacionamento mais democrático e responsável entre os Estados e de maior integração dos cidadãos, bem como de associações cívicas. Essa política deverá ser orientada por "um novo internacionalismo de solidariedade e de cidadania ampliada, para além das fronteiras regionais". É possível, mercê das próprias contradições e dilemas dos processos de globalização, favorecida ainda pelo presente momento histórico, em que a hegemonia liberal se mostra em declínio e se multiplicam as resistências sociais e as dissidências intelectuais, tanto no norte, quanto no sul, contra o sistema de globalização de mercado sem regulação.

(130) Piovesan (2002, p. 67) refere que, à tônica excludente do processo de globalização da economia reagem movimentos sociais procurando "reforçar a democracia e os direitos humanos como parâmetros a conferir lastro ético e moral à criação de uma nova ordem internacional", o que corresponde à "tônica includente do processo de internacionalização dos direitos humanos, somada ao processo de incorporação das cláusulas democráticas e direitos humanos pelos blocos econômicos regionais".

Nessa linha de raciocínio, Immanuel Wallerstein (2002, p. 242) anuncia o declínio da ideologia liberal, resultante da derrota do leninismo, em 1989, que representou uma catástrofe para os poderosos, porquanto "eliminou o último e melhor escudo político, a sua única garantia, o fato de as massas acreditarem na certeza do êxito do reformismo". A queda do comunismo trouxe, como consequência, a perda, pelas massas, da paciência na expectativa de um regime político-social que lhes proporcionasse condições de vida melhor. Ora, isso é o que o liberalismo prometia — ou seja, a esperança do progresso, de um mundo com um padrão de vida confortável, sadio, em que as pessoas desfrutassem de uma situação digna para si e seus descendentes.

Um sinal indicativo de que o regime capitalista de produção (em outras palavras, o liberalismo, que lhe dá respaldo ideológico) tende a decair é sua incapacidade de explorar a força de trabalho de modo a produzir riquezas e gerar empregos. Assim ele perde sua força integradora e, consequentemente, sua legitimação como sistema político de bem-estar (MAGALHÃES, 1999, p. 103).

Essa perspectiva reflete-se nas instituições públicas, no Estado, nos políticos, nos burocratas, bem como nos líderes ditos revolucionários. E, diante da dificuldade de assumirem todas as funções da competência do Estado, as pessoas submetem-se a grupos constituídos de diversas maneiras e com variados rótulos. É lamenta que, "depois de cinco séculos de fortalecimento das estruturas estatais, no contexto dum sistema interestatal também em contínuo fortalecimento, vivemos hoje a primeira grande retração do papel dos Estados e necessariamente, portanto, também do papel do sistema interestatal" (WALLERSTEIN, 2002, p. 243).

Constata-se que "o sistema-mundo capitalista está desagregando-se em virtude dum conjunto de vetores", dentre os quais ele cita: a desruralização do mundo; a crise ecológica; a polarização socioeconômica, que acompanha a polarização demográfica; a democratização, que não se restringe à multiplicidade de partidos, nem ao sufrágio universal, nem a eleições livres, mas "é questão de igual acesso às verdadeiras decisões políticas e a um padrão de vida e uma seguridade social razoáveis" (WALLERSTEIN, 2002, p. 244 e 249).

Segundo esse autor, a democracia não pode conviver com uma grande polarização socioeconômica, quer no plano nacional, quer no mundial. Ela enseja uma pressão continuada, em todos os quadrantes, pelo aumento dos gastos com saúde, educação e condições de vida para os despossuídos, a qual agrava muito as políticas fiscais dos Estados. Por isso, "a onda democratizadora será o último prego no caixão (*nail in the coffin*) do Estado liberal", como ocorre, por exemplo, nos Estados Unidos.(131) "Por todas essas razões, o período que temos pela frente,

(131) Significativa, a propósito, é a advertência feita pelo Relações-públicas Carl Byoir *apud* Frank, (2004, p. 21): "A indústria americana — todo o sistema capitalista — vive à sombra de um vulcão. Esse vulcão é a opinião pública. Ele está em erupção. Dentro de um tempo inacreditavelmente curto, vai destruir os negócios ou salvá-los".

os próximos 30-40 anos, será o momento da desintegração do sistema histórico capitalista" (WALLERSTEIN, 2002, p. 249).

Encontramo-nos num quadro de bifurcação sistêmica, em que tudo parece caótico e é imprevisível o que vai resultar desse estado de coisas. Mas não devemos menosprezar nossa capacidade de oferecer alternativa para a nova forma de sistema híbrido desigual que os poderosos engendram como parâmetro de um mundo pós-capitalista, que intentam construir, a fim de manterem seus privilégios. Nessa situação, toda pequena ação tem enormes consequências. "Precisamos vivenciar nossas crenças na democracia igualitária", que se constitui a saída para o impasse em questão, lembrados de que o único progresso viável é aquilo por que lutamos. "A esperança reside, agora como sempre, em nossa inteligência e em nossa vontade coletiva" (WALLERSTEIN, 2002, p. 250).

Sella (2002, p. 60) traça um quadro que reflete o desencanto pelo capitalismo neoliberal, caracterizado pelas crescentes reações e resistências populares a ele. O projeto neoliberal perde credibilidade e acha-se fragilizado em diversos aspectos — econômico, ecológico, social, cultural.

A alternativa que se põe como necessária reside na construção de um modelo "que tenha como prioridade uma sociedade solidária e não mais o Estado e o mercado, ou a propriedade privada e coletiva, como nos sistemas precedentes do socialismo real e do capitalismo neoliberal". Requer-se, pois, a ética da neossolidariedade para o "ethos global" (SELLA, 2002, p. 97 e 104). (132)

Como ferramentas para a construção de uma sociedade neossolidária, indicam-se: a solidariedade no lugar do lucro, como novo paradigma social; a justiça social, como nova medida para regular todas as relações sociais; a dignidade da vida cósmica acima do lucro e do capital, como nova meta social; uma nova maneira de pensar o Estado e a sociedade civil, em que o poder seja exercido com a participação desta, como um serviço político, econômico ou religioso, o povo passe a negociar com os administradores eleitos e não se limite a reivindicar (SELLA, 2002, p. 117).

Ocorrerá o surgimento de "estratégias para dar forma à globalização e a valores, metas, normas éticas, padrões e regulamentos que conduzam a humanidade a um desenvolvimento humano mais equitativo e sustentável do ponto de vista ecológico e social". Sintomático, a esse respeito, é que, diante dos contínuos choques e instabilidades dos atuais mercados financeiros globais, ministros de finanças e diretores de bancos centrais reconsideram, com cautela, a necessidade de uma "nova arquitetura financeira" (HENDERSON, 2003, p. 20 e 56).

Há um sistema global em gestação. Para compreendê-lo melhor, mister se faz ultrapassar os mecanismos de medição econômica usuais e desenvolver uma abordagem mais sofisticada, que leve em consideração elementos tais como os

(132) Segundo Podetti (1997, p. 414), os Estados devem cuidar de "distribuir de boa-fé os frutos da liberalização do comércio internacional no seio de suas respectivas sociedades, de forma equitativa".

problemas locais, étnicos, comunitários e nacionais frente à globalização; ou seja, "requer ir além da economia para uma abordagem multidisciplinar" (HENDERSON, 2003, p. 63 e 71).

Sinais de mudança nesse quadro são detectados, com a desintegração da visão do "Consenso de Washington" sobre nosso futuro econômico global, diante da constatação de que o atual sistema financeiro internacional é incapaz de salvaguardar a economia mundial das crises financeiras, que se tornam muito intensas e frequentes e têm efeitos devastadores.

A nova realidade que se desenha no panorama mundial respeitante à economia resultará de uma reforma centrada nas pessoas, pois a remodelação da economia global tem como requisito a ampla participação pública de cidadãos, trabalhadores, gente pobre e grupos marginalizados. As organizações da sociedade civil — às vezes denominadas organizações não governamentais (ONGs) —, algumas das quais alcançaram dimensão global e atuam nesse âmbito, exercem nesse aspecto um papel fundamental, como fatores de pressão, que têm obtido sucesso em campanhas visando a reformar organismos internacionais (*v. g.*, o Banco Mundial), bem assim muitas vitórias em lutas no plano local. Esses voluntários da sociedade civil já são reconhecidos como um "novo setor" (HENDERSON, 2003, p. 78 e 81).

Como principal fonte de inovação social, a sociedade civil é o elemento propulsor capaz de reformar a economia global e reformular suas instituições. Aliando-se a experiência local, o bom-senso e a abordagem sistêmica, poderão ser revistos os níveis do sistema, desde o global ao local. Muitas das novas políticas, programas, intervenções sociais e inovações poderão concorrer para a reformulação da economia global "alinhada com os princípios de justiça, democracia, desenvolvimento humano e sustentabilidade ecológica" (HENDERSON, 2003, p. 83).

Nos fóruns de Seattle, de dezembro de 1999, de Davos, de fevereiro de 2000, de Praga, de setembro de 2000[133], de Porto Alegre (Fórum Social Mundial), de janeiro de 2001, de Québec, de abril de 2001, de Gênova, de julho de 2001, inúmeras organizações não governamentais formularam protestos e críticas contra o caráter excludente da globalização econômica. Os protestos visavam ao fortalecimento da sociedade civil "como especial protagonista da ordem internacional contemporânea", e indicavam a importância da proteção da democracia, meio ambiente, direitos humanos e direitos sociais trabalhistas no quadro da globalização (PIOVESAN, 2002, p. 66).

O quadro que se desenha permite prognosticar uma organização política que transcende os marcos regionais (*v. g.*, a União Europeia e o Mercosul).

---

(133) Observa Boaventura de Souza Santos (*apud* PIOVESAN, 2002, p. 73), a propósito desse fórum, que "A grande maioria dos manifestantes em Praga não protestou contra a globalização. Protestou contra a globalização predadora, protagonizada pelo capitalismo global, mas em nome de uma globalização alternativa, mais justa e equitativa, que permita uma vida digna e decente à população mundial, e não apenas a um terço dela, como acontece".

4.2. Sociedade e governança global. Rumo a uma humanidade sem fronteiras

O aumento da interdependência das nações deu origem a vários problemas que transcendem as fronteiras estatais, tais como os pertinentes ao uso dos recursos não renováveis, ao depósito do lixo radioativo, ao aquecimento global (HELD *apud* MATIAS, 2005, p. 461). Para equacionar esses problemas, faz-se necessária uma nova forma de regulação, em nível supranacional, que promova a coordenação das ações das diversas entidades políticas e, por esse meio, se alcancem a cooperação entre elas e um desenvolvimento harmônico, condição para se vencer tão fortes desafios.

Essa realidade suscita a criação de instituições e novos regimes internacionais, alguns dos quais já se fazem presentes no cenário mundial, regulando áreas como a do comércio internacional, a da aviação civil, a dos direitos humanos, a referente à exploração dos fundos marinhos. Esse sistema tem sido denominado de governança global. Esta, por conseguinte, não se limita à atividade dos Estados, mas compreende uma multiplicidade de atores, muitos deles não estatais, com estruturas e processos de decisão próprios.

Tal fenômeno afeta a soberania estatal, fazendo surgir um novo paradigma, ou seja, o modelo da sociedade global, da qual fazem parte os Estados e entidades de direito público transnacionais e supranacionais, com as quais eles dividem parte de seu poder, bem assim as organizações não governamentais, algumas de porte internacional, que exercem grande influência para a formação de uma consciência global e constituem a sociedade civil transnacional. A sociedade global, portanto, possui instituições próprias, que são incumbidas de tomar decisões coletivas sobre questões do interesse comum de seus diversos membros (MATIAS, 2005, p. 463).

As organizações não governamentais, inobstante sua natureza jurídica e sua posição de independência em relação aos Estados, defendem interesses que podem ser considerados de ordem pública. Perseguem diversos objetivos, especialmente a proteção ambiental, o desenvolvimento socioeconômico, a saúde, a educação e a defesa dos direitos humanos. Algumas vêm se destacando no âmbito internacional há vários anos. Ultimamente têm aumentado significativamente seu número[134] e a importância de sua atividade, bem como a visibilidade de suas iniciativas em esfera global.

---

(134) Após a Segunda Guerra Mundial e, em especial, nas últimas décadas do século XX, o número de ONGs com atuação internacional teve um rápido crescimento. Informa Matias (2005, p. 448) que em 1909 essas entidades somavam pouco mais de cento e setenta; em 1951 havia mais de oitocentas; em 1960 seu número ultrapassava a marca de mil e duzentas; em 1972 ultrapassava a de duas mil e cem; em meados da década de 1980 sua quantidade superou o dobro das existentes na década anterior, atingindo aproximadamente cinco mil; na década de 1990 seu número cresceu em ritmo ainda mais acelerado, passando, no final daquele período, de seis mil para vinte e seis mil. Nos Estados Unidos, particularmente, há mais de um milhão e quatrocentas mil organizações sem fins lucrativos, tendo como objetivos prestar serviço ou defender uma causa. Elas constituem o denominado "terceiro setor", que tem crescido duas vezes mais rapidamente que os setores público e privado daquele país.

Diante das complexas questões resultantes da atual conjuntura socioeconômica — especialmente as de natureza ética, social, política, econômica, tecnológica —, vêm surgindo oportunidades de cooperação no plano internacional, mercê da atividade de organizações intergovernamentais, redes de associações e diversos grupos da denominada emergente sociedade civil global. Delineia-se, aí, uma comunidade global com significado e alcance novos, que se traduzem, por exemplo, na promoção e proteção dos direitos humanos, na proteção embiental, na assistência humanitária, nos acordos sobre crime, droga e doenças, no desenvolvimento econômico e social (GÓMEZ, 2002, p. 173).

Vislumbra-se, nesse fenômeno, a perspectiva de uma política de mundialização na base, que será a única com força suficiente para pressionar governos a efetivar as normas de caráter universal, a promover as reformas e implantar as instituições públicas indispensáveis, no plano regional e no global, para que se estabeleça um relacionamento mais democrático e responsável entre os Estados e de maior integração dos cidadãos, assim como de associações cívicas. Trata-se de uma política que reflete "um novo internacionalismo de solidariedade e de cidadania ampliada, para além das fronteiras regionais". Tal política é viável, em face das contradições e dilemas dos processos de globalização, posto que favorecida pelo presente momento histórico, em que se revela em declínio a hegemonia liberal e se multiplicam, em ambos os hemisférios, as resistências sociais e as dissidências intelectuais contra o sistema de globalização de mercado sem regulação (GÓMEZ, 2002, p. 173 e 174).

A realidade tem mostrado que as instituições presentes são incapazes de estabelecer uma governança global suficiente, diante do processo de globalização econômica, pois, para que esta funcione de forma adequada, seriam necessárias instituições globais que a regulassem. A evolução das instituições internacionais não acompanha o desenvolvimento dos mercados financeiros mundiais; por outro lado, os mecanismos políticos foram ultrapassados pelo referido processo. Assim, "o desenvolvimento da sociedade global ficou atrasado em relação ao crescimento da economia global" (MATIAS, 2005, p. 464).

As comunidades regionais de países já constituídas, como o Tratado de Livre Comércio da América do Norte — NAFTA e a Comunidade Europeia — UNIÃO EUROPEIA, ou ainda em fase de estruturação, como o Mercado Comum do Sul — MERCOSUL, não têm dispensado aos direitos sociais o devido enfoque. Procura-se, primordialmente, criar área de livre comércio sem a devida consideração para a integração social. É o caso típico do NAFTA, em que se revela certa preocupação com a sorte dos trabalhadores, adotando-se um protocolo adicional sobre os direitos sociais que, no entanto, remete às legislações internas dos respectivos países (Estados Unidos, Canadá e México) a competência para aplicá-los, o que implica manter-se a disparidade de tratamento sobre a matéria. O Mercosul encontra-se em fase de organização e ainda se discute a institucionalização, em seu sistema, de normas que garantam os direitos trabalhistas fundamentais. Alguns passos significativos já foram dados nessa direção, com a criação do Foro Econômico e Social e a proposta de adoção de uma Carta social, a exemplo da que foi estabelecida para a Comunidade Europeia.

Na Comunidade Europeia — que é a organização regional mais desenvolvida — há uma atenção incomparavelmente maior para os direitos sociais que nos outros blocos regionais; porém, bem inferior à que é dispensada às outras matérias tratadas, especialmente a economia. No Tratado de Amsterdam se contempla "um reforço dos direitos sociais", uma maior "coordenação das políticas nacionais de emprego" e uma "reunificação do direito social comunitário", produzida com a integração do Acordo de Política Social anexado ao Tratado de Maastricht, no Tratado da Comunidade Europeia.

Inobstante faltar um firme propósito de seguir na busca da coesão social, "abriram-se espaços para uma maior responsabilização no seio da Comunidade quanto ao desenvolvimento e respeito aos direitos sociais" (PÉREZ, 1999, p. 27); e, malgrado a predominância dos objetivos econômicos sobre os sociais, há alguns anos vêm sendo dados passos "no sentido da inclusão do Direito do Trabalho num projeto geral para a União Europeia". Sciarra *apud* Pérez (1999, p. 27). O Tribunal de Justiça das Comunidades vem trabalhando para a adoção, como princípios gerais do direito comunitário, dos direitos fundamentais consagrados pelas "tradições constitucionais" dos Estados-membros, assim como os reconhecidos na Convenção Europeia de Direitos Humanos, na Carta Social Europeia de 1961 e na Carta Comunitária dos Direitos Sociais Fundamentais dos Trabalhadores de 1989.

No quadro das organizações internacionais, destaca-se a atuação da Organização Internacional do Trabalho — OIT. Algumas dificuldades apresentam-se, para a plena eficácia de sua atividade, que visa à regulação dos direitos sociais em nível mundial, com vistas à efetivação da justiça social. É pouco provável que as empresas transnacionais, por exemplo, se submetam às normas emanadas da OIT, pois compete aos Estados promover o cumprimento delas; ademais, tais empresas atuam num mercado que extrapola o âmbito da jurisdição de cada Estado. No tocante à Comunidade Europeia, ela desfruta de competência em matéria social, o que de certo modo impede que os Estados assumam diretamente compromissos dessa natureza no seio da OIT. Esse problema só terá uma solução adequada quando a Comunidade como tal estabelecer relações como membro de pleno direito da OIT, o que pressupõe reforma na constituição desse Organismo Internacional. Isso, todavia, não significa que os Estados-membros não tenham margem alguma para desenvolver projetos unilaterais, no âmbito social, em conformidade com os objetivos da integração econômica europeia (PÉREZ, 1999, p. 28).

Outros organismos internacionais, em especial os que cuidam da economia, das finanças e do comércio mundial — *v. g.*, o Fundo Monetário Internacional, o Banco Mundial e a Organização Mundial do Comércio (OMC) —, mostram-se pouco sensíveis aos interesses sociais. A coordenação de ações entre eles será de grande importância para lograr, ao menos, o respeito aos direitos reconhecidos nas normas internacionais contidas em instrumentos tais como a Declaração Universal dos Direitos Humanos, o Pacto Internacional de Direitos Civis e Políticos, o Pacto Internacional de Direitos Econômicos, Sociais e Culturais, bem assim os convênios da OIT ratificados por quase todos os países que fazem parte dela. Já houve tentativa de coordenação entre a OIT e a OMC, com o objetivo de, nos contratos internacionais de comércio, se estabelecer cláusula que impusesse a observância, pelos parceiros comerciais, dos direitos sociais mínimos. Entretanto, a proposta nesse sentido resultou frustrada.

A OIT pode continuar oferecendo "um marco adequado para conseguir um respeito internacional aos direitos sociais, já que tanto os objetivos, quanto os meios reconhecidos em sua Constituição e na Declaração de Filadélfia de 1944, permitem sua adaptação à nova situação internacional" (PÉREZ, 1999, p. 29).

A construção do novo paradigma global, em sua vertente política, desenha-se com iniciativas dessa ordem cujos objetivos transcendem os marcos nacional e regional. A esse respeito, são dignos de registro os seguintes fatos.

Os Chefes de Estado e de Governo das Américas, reunidos na Terceira Cúpula das Américas, realizada em Québec de 20 a 22 de abril de 2001, para renovar seu compromisso em favor da integração hemisférica e reiterar sua responsabilidade, coletiva e nacional, de aprimorar o bem-estar econômico e a segurança de seus povos, adotaram um Plano de Ação "com vistas a fortalecer a democracia representativa, promover a boa governança, proteger os direitos humanos e as liberdades fundamentais". Manifestaram, então, o propósito de "criar maior prosperidade e expandir as oportunidades econômicas", bem assim, ao mesmo tempo, fomentar "a justiça social e a realização do potencial humano" (CHIARELLI, 2004, p. 173).

Os mandatários dos Estados americanos à Terceira Cúpula das Américas expressaram, naquele encontro, sua determinação de trabalhar, em conjunto com todos os setores da sociedade civil e organizações internacionais, "para assegurar que as atividades econômicas contribuam para o desenvolvimento sustentável de nossas sociedades", promovendo a prosperidade regional, ensejando o aumento do padrão de vida, a melhoria das condições de trabalho dos povos das Américas e melhor proteção do meio ambiente. Para isso se dispõem a promover o cumprimento das normas trabalhistas fundamentais reconhecidas em âmbito internacional e incorporadas na Declaração relativa aos Princípios e Direitos Fundamentais do Trabalho e seu Seguimento, adotada, em 1998, pela OIT. Nesse sentido admitem, se necessário, efetuar a ratificação ou adesão às convenções fundamentais daquela Organização Internacional. E reconhecem a necessidade de levar em conta, nos foros hemisférico e internacional competentes, as questões da globalização relacionadas com o emprego e o trabalho. Asseveram que não pouparão esforços "para libertar nossos cidadãos das condições degradantes da pobreza extrema". Enfim, proclamam que não receiam a globalização, nem estão seduzidos por seu fascínio (CHIARELLI, 2004, p. 176 e 179).

O processo da globalização é irreversível. É intrinsecamente ligado à evolução histórica do homem e, portanto, positivo no que tange aos seus objetivos naturais. Questionável é o modelo excludente de globalização, pertinente à economia, porquanto propicia uma enorme concentração da riqueza, não apenas dentro de cada país, mas também, no plano internacional, em determinadas regiões do mundo. Em face disso, atende em grande escala aos interesses de um pequeno número de países ricos, desfavorecendo os países pobres, e aos de uma minoria de empresários e investidores, relegando à marginalidade grande parcela dos habitantes da Terra. Por isso, surgem e multiplicam-se movimentos contrários à globalização.

Uma reação eficaz à globalização requer que se desenvolva uma noção de povo global, acima de qualquer conceito nacional ou ético, que seja capaz de unir toda a humanidade, o que representa um desafio que ultrapassa o âmbito de toda a teorização liberal sobre democracia, em que o povo é entendido como aglomerado humano circunscrito à esfera nacional. Na era da globalização (denominada "era imperial") é, de fato, irrealizável a democracia segundo a concepção liberal.[135] As instituições internacionais, especialmente o Banco Mundial, o FMI e a OMC, não adotam em suas deliberações, propriamente, uma representação popular, senão no sentido mais remoto e abstrato, à medida que os Estados-partes, que em tese representam seus povos, se fazem representar nelas. Contra esse sistema se levantam as vozes de grupos sociais, em movimentos de protesto, exigindo maior inclusão e representação, no processo de tomada de decisões, de organizações de trabalhadores, representação de ONGs ou similares, por exemplo. Pleitos dessa ordem podem alcançar alguns resultados positivos, mas, em última análise, esbarram em obstáculos intransponíveis (HARDT; NEGRI, 2002b, p. 19, 20 e 21).

Nesse contexto, "temos de deslocar o nosso enfoque conceitual do povo para a multidão". O conceito de multidão, ao contrário do de povo, é "uma multiplicidade singular, um universal concreto". A multidão não se confunde com o povo, nem com a massa ou a plebe. Enquanto estas são usadas para designar uma força irracional e passiva, perigosa e violenta, por ser facilmente manipulada, a multidão "é um agente social ativo — a multiplicidade que age", auto-organizador. (HARDT; NEGRI, 2002b, p. 23).

---

(135) Hardt e Negri (2002b, p. 24) consideram totalmente fora da teoria (e da prática mistificadora) das formas clássicas de governo a democracia absoluta. Por conseguinte, "qualquer tentativa de concretizar a democracia através da reforma das instituições imperiais será vã e inútil", posto que "o único caminho para concretizar a democracia da multidão é o caminho da revolução".

Admite-se como democracia absoluta a da multidão, inserida no conceito de contrapoder. Este reduz-se à insurreição, ou guerra civil. Todavia, a insurreição moderna, que parecia vitoriosa — como, por exemplo, a comunista —, resultou em fracasso, frustração, posto que era imediatamente confinada numa alternação entre guerra nacional e guerra internacional. Assim, restou finalmente claro ser, na realidade, uma ilusão a insurreição nacional. Hoje, com o declínio da soberania nacional e a passagem para o império sequer se pode cogitar de insurreição, visto que desapareceram as condições para concebê-la e praticá-la nos moldes da insurreição moderna (HARDT; NEGRI, 2002b, p. 25 e 27)

Diante do declínio, em nossa época, da soberania do Estado-nação, resta, como recurso alternativo para enfrentamento do império (globalização), o contrapoder, que deve atuar não contra a soberania limitada do Estado-nação, mas contra a soberania ilimitada do império. Assim, "contrapoder deve ser reconsiderado de uma forma ilimitada e não vinculada". Ele é um novo poder, de que está impregnada a multidão; "uma coisa viva que é contra o Império". Como verdadeiro ato de invenção, que não reproduz as normas, monstruoso; portanto, "uma força excessiva, transbordante", que um dia será não vinculada e imensurável (HARDT; NEGRI, 2002b, p. 27 e 30).

Concluem esses autores seu raciocínio argumentando que, uma vez frustrado o modelo de democracia legado pela modernidade e a história europeia — democracia popular, representativa —, que não apenas não se realizou mas, de fato, é irrealizável, não parece ilusória sua proposta de uma democracia da multidão alternativa. E sentenciam:

> A única invenção que agora permanece para nós é a invenção de uma nova democracia, uma democracia absoluta, não vinculada, imensurável. Uma democracia de multidões poderosas, não apenas de indivíduos iguais, mas de poderes abertos uniformemente à cooperação, à comunicação, à criação (...) Além da nossa democracia não realizada, há um desejo de uma vida comum que deve ser realizado. Talvez possamos misturar a carne e o intelecto da multidão, gerar uma nova juventude da humanidade através de um imenso empreendimento de amor. (HARDT; NEGRI, 2002, p. 31)

A globalização corporativa e financeira, que atende aos interesses econômicos e políticos de uma minoria, está suscitando o espírito de união entre as pessoas vítimas de sua opressão; e gerando um interesse de classe único, planetário, diante da ameaça ao bem-estar dos povos de todo o mundo que as forças e instituições desse processo acarretam. Ela está colocando à nossa disposição "as armas de que necessitamos para derrubar aqueles que a conceberam e para afirmar nossos interesses comuns" (...) "a ditadura global dos interesses adquiridos criou os meios de sua própria destruição"[136] e, dando-nos a consciência da dimensão planetária das questões objeto de nossas preocupações provincianas, leva-nos a agir com base nesse reconhecimento. Assim, "a globalização nos proporcionou o poder de mudar o rumo da história" (MONBIOT 2004, p. 18 e 19).

Essas precondições não são suficientes para a mudança. Esta precisa ser catalisada, requerendo-se, para isso, "o forte envolvimento de uma rede de revoltosos que estejam dispostos a arriscar a vida para mudar o mundo" (MONBIOT, 2004, p. 20). Essa rede já existe e integra o maior movimento global da história, que conta com dezenas de milhões de membros, em sua maioria habitantes de países pobres. Ademais, as alternativas propostas nesse sentido, para serem eficazes, deverão assumir uma dimensão global [137], pelo que o movimento tem uma visão que parte da "esfera nacional, na qual existe democracia mas não o direito de escolher, para a esfera global, na qual existe escolha, mas não democracia".

Faz-se necessário, para a pretendida mudança, que seja implementada a governança em bases globais. Para isso, é preciso derrubar as atuais instituições internacionais, visto que elas se acham sob o controle da ditadura dos interesses adquiridos, e substituí-las por outras criadas por nós. "É um motivo para que formemos um sistema político global que fiscalize o exercício do poder" (...) "Com isso, faremos surgir uma nova era" — denominada a Era do Consenso, caracterizada por "uma ordem mundial receptiva à vontade dos povos do mundo"—, "uma era em que a humanidade deixará de ficar restrita pela lealdade irracional à ideia de nacionalidade" (MONBIOT, 2004, p. 22 e 25).

Numa visão realista, de manutenção das instituições já existentes, compreende-se que, para atender à necessidade de melhorar a efetividade da governança global, é indispensável fortalecê-las e, ao mesmo tempo, construir "novos arranjos institucionais capazes de administrar o mundo globalizado" (MATIAS, 2005, p. 464).

---

(136) " Esmagando as grandes ideologias que dividiram o mundo, a globalização tem aberto espaço político para o surgimento de uma política nova e global. Forçando os governos a funcionar a serviço do capital, ela tem estimulado o descontentamento do qual qualquer nova política deve se alimentar. Graças a uma dívida interminável, ela deu aos pobres, que talvez ainda não o tenham percebido, o controle efetivo dos sistemas financeiros mundiais. Ao expandir o seu domínio sobre as novas redes de comunicação e transporte, ela forneceu aos povos do mundo os meios pelos quais poderão coordenar e concentrar seu ataque" (MONBIOT, 2004, p. 19).

(137) "Questões tais como mudança climática, dívida internacional, proliferação nuclear, guerra, paz e equilíbrio comercial entre as nações só podem ser abordadas nos planos internacional e global. Sem a adoção de medidas globais e instituições, é impossível imaginar como poderíamos transferir recursos das nações ricas para as pobres, cobrar impostos dos milionários voláteis e seu dinheiro ainda mais volátil, controlar o transporte do lixo tóxico, fazer vigorar a proibição das minas terrestres, prevenir o uso de armas nucleares, promover a paz entre as nações, ou impedir que os Estados poderosos obriguem os mais fracos a vender seus produtos como os primeiros bem entendem. Se operarmos unicamente no nível regional, estaremos deixando essas questões a cargo dos outros" (MONBIOT, 2004, p. 21).

O novo sistema de controle e direção que se impõe, como necessário, no mundo globalizado deverá voltar-se para a comunidade internacional. De fato, o conjunto de normas e instituições vigentes no planeta indica a existência de uma sociedade internacional. Resta, porém, saber se a evolução das relações internacionais alcançou um estágio condizente com uma comunidade internacional.

O quadro da organização política mundial é dominado por organizações internacionais e entes supraestatais, instituídos e integrados pelos Estados como seus membros. Tal fenômeno sugere que os Estados formam uma comunidade, o que representa diluição da soberania entre eles e os referidos órgãos. Essa transformação traz a ideia de que a legitimidade da governança passa a ser conferida pela comunidade internacional.

Em uma concepção que envolve a questão de valores, essencial à ideia de comunidade, entende-se por comunidade internacional a própria humanidade; "e a afirmação de valores comuns a todos os Estados — como os direitos humanos — é o que permitiria defender a existência de uma verdadeira comunidade internacional" (MATIAS, 2005, p. 504).

Na sociedade global o Estado não é a única forma de organização política capaz de proteger a liberdade individual. Instituições supranacionais e organizações não governamentais muitas vezes conseguem, direta ou indiretamente, dispensar essa proteção de forma mais eficiente que os próprios Estados, mesmo porque atuam num âmbito que transcende as fronteiras estatais. Além disso, a proteção dos direitos humanos não é um valor estatal, nem se restringe aos indivíduos compreendidos na jurisdição de um Estado. Valores dessa natureza pertencem ao conjunto de todos os grupos de indivíduos que compõem a família humana e podem constituir uma comunidade global.

Se, por um lado, a globalização jurídica e o fortalecimento das organizações internacionais concorrem para a formação de uma sociedade global, por outro "seria possível cogitar que uma comunidade global — ainda embrionária — estaria surgindo", como "resultado espontâneo da globalização e da revolução tecnológica — que, aos poucos, iriam consolidando valores e criando uma identidade comum para todos os seres humanos" (MATIAS, 2005, p. 506). A referida comunidade corresponderia ao conjunto dos habitantes do planeta, seja por ultrapassar os limites territoriais estatais, seja por se basear em valores comuns a todos aqueles indivíduos.

No novo paradigma global os direitos humanos devem estar na base da política macroeconômica, compreendendo a política fiscal, a monetária e a cambial. [138]

(138) "As instituições econômicas internacionais devem levar em grande consideração a dimensão humana de suas atividades e o forte impacto que as políticas econômicas podem ter nas economias locais, especialmente em um mundo cada vez mais globalizado. Ao imperativo da eficácia econômica deve ser conjugada a exigência ética de justiça social, inspirada em uma ordem democrática que

Como estratégias econômicas que poderão ser adotadas em prol da causa dos direitos humanos, considerando a relevância do setor privado, indicam-se: "a) condicionar empréstimo internacional a compromissos em direitos humanos; b) usar sanções comerciais; c) encorajar empresas a adotarem códigos de direitos humanos relativos à atividade de comércio ou à atividade de investimento" (STEPHEN LIVINGSTONE *apud* PIOVESAN, 2002, p. 69). Acentua-se, aí, a responsabilidade do setor privado em relação aos direitos humanos. Tal sugestão assemelha-se à proposta, feita pela OIT à OMC, de inclusão nos contratos comerciais concluídos perante essa última organização internacional, de "cláusula social" que obrigue os contratantes a fazer respeitar, no âmbito de suas atividades, os direitos humanos fundamentais. (139)

É paradoxal o fato de uma economia mundializada, operando com as regras do livre comércio, sendo teoricamente capaz de gerar um aumento da riqueza, possa acarretar, em contrapartida, um empobrecimento generalizado dos direitos sociais (PÉREZ, 1999, p. 30). Como se reconhece no Preâmbulo da Constituição da OIT, condições injustas de trabalho são uma ameaça à paz. Por outro lado, a manutenção de uns padrões internacionais de respeito aos direitos sociais exerce "um papel crucial para assegurar a integração do mercado e o desenvolvimento econômico de tal modo que garantam a competitividade dinâmica das economias" (DEAKIN; WILKINSON *apud* PÉREZ, 1999, p. 30).

A assimetria entre Estados quanto à proteção social conduz ao *dumping* social, o que atenta contra o propósito de se estabelecer um equilíbrio e a justiça nas relações comerciais no plano internacional. É inevitável que haja certa desigualdade em níveis de desenvolvimento econômico entre os países, dadas suas diferenças culturais, econômicas e sociais, dentre outras. Porém, é viável e deve ser incondicional a aplicação, a todas as nações, de direitos fundamentais, que dizem respeito à dignidade humana e representam um patamar mínimo de garantia desta. Tais são, por exemplo, os pertinentes à liberdade de sindicalização e negociação coletiva, à proibição do trabalho forçado, à vedação do trabalho infantil e de discriminação relativa às oportunidades e condições de trabalho, já constantes de Declaração formulada pela OIT.

---

garanta o pleno exercício dos direitos civis, políticos, sociais, econômicos e culturais. [...] Desse modo, uma nova estratégia de desenvolvimento deve ser adotada, com o objetivo de alcançar não apenas o crescimento do PIB, mas uma profunda transformação social. [...] Em um contexto cada vez mais caracterizado pela relação entre Estados, regiões e instituições internacionais, marcado pelos processos de integração regional e globalização econômica, o terceiro milênio reserva como maior débito e desafio a incorporação dos direitos humanos, como paradigma central de uma ordem mais democrática e igualitária, nos planos local, regional e global. Se o mundo não está em ordem, já que a ordenação é sempre um problema central e aberto, a criação de uma nova ordem há de celebrar o encontro dos valores da democracia e do desenvolvimento, inspirado na crença da absoluta prevalência da dignidade humana" (PIOVESAN, 2002, p. 73).

(139) Essa medida ainda não foi adotada.

A abrangência e complexidade dos problemas que a globalização acarreta, seja para o próprio mercado, seja para a democracia e para a existência mesma de direitos sociais, reclamam uma nova instância de poder que coordene esse processo, de tal modo que se cumpram as funções até então cominadas às nações-Estado, eis que tais direitos "estão ligados à ideia de democracia e constituem um modo de entender em nossa civilização a cidadania" (PÉREZ, 1999, p. 25). Há, pois, a necessidade de uma intervenção supranacional, que até o presente não se fez a contento.

Para o controle da nova ordem internacional, que seja mais eficaz e compatível com as estruturas da sociedade contemporânea, são necessárias instâncias globais de resolução de conflitos e reordenação da sociedade, fundadas em um novo direito internacional, capaz de exercer um controle efetivo sobre o capitalismo global, coibindo seu poder destrutivo e enfrentando eficazmente a crise por ele gerada e que assume dimensão planetária.

As formas tradicionais de poder mostram-se insuficientes para fazer face aos megassistemas globais, com suas alternativas macroeconômicas descentralizadas e coordenadas por uma nova oligarquia que se estabelece no espaço global (ANDRADE, 2005, p. 208). Confirmam essa realidade as experiências da atuação das organizações internacionais (*v. g.*, a OIT) e das Comunidades Regionais de países (*v. g.*, a União Europeia).

As novas instituições internacionais deverão ser criadas e geridas, tanto em relação aos métodos de produção normativa, quanto aos mecanismos de resolução de conflitos, com a participação efetiva dos agentes sociais, o que possibilitará sua adequação à realidade presente.

As mencionadas circunstâncias geram a convicção de que o equacionamento e a solução das questões sociais em nossa época, assinalada pela globalização em todos os aspectos da vida humana, resultarão de reformulação das estruturas e promoção de medidas do mais amplo alcance, assumindo dimensão planetária. Essa visão prospectiva descortina o futuro da humanidade — uma humanidade sem fronteiras.

CAPÍTULO 5

O DIREITO DO TRABALHO NO MERCOSUL

5.1. Um enfoque de direito comparado

As Constituições dos países latino-americanos, especialmente os componentes do Mercosul, têm pontos comuns e, logicamente, pontos divergentes, resultantes de suas origens e sua evolução histórica.

A par dos traços culturais e ideário comuns a esses países, que se traduzem em simetrias em seus sistemas jurídicos, existem entre eles diferenças resultantes da identidade nacional, que se convertem em assimetrias nos referidos ordenamentos. É o que se passa a analisar, com enfoque maior dos dispositivos das Constituições dos Estados componentes do Mercosul pertinentes aos direitos sociais, objeto medular deste trabalho.

Como traços comuns dos regimes jurídicos daqueles países, sobre a matéria ora *sub examine*, registrem-se os seguintes, assinalados por Osvaldo Mantero de San Vicente (1996, p. 58):

a) Os quatro foram elaborados e em parte funcionam como regimes protetores dos trabalhadores;

b) O Direito do Trabalho é considerado nos quatro países, como um ramo autônomo do Direito, sujeito a seus próprios princípios e a critérios especiais de interpretação e integração;

c) Como consequência de sua finalidade protetora, o Direito do Trabalho assume caráter imperativo e irrenunciável e em sua aplicação se altera a ordem hierárquica das distintas fontes normativas e os critérios de vigência no tempo;

d) A principal fonte formal foi nos quatro países, a legislação. Conquanto haja sob esse aspecto, diferenças substanciais, tanto em relação à utilização de outras fontes, quanto ao caráter da legislação.

Cássio Mesquita Barros (1993, p. 199) e San Vicente (1996, p. 40 s) apontam, como importante fator de similitude entre os ordenamentos jurídicos dos países integrantes do Mercosul — e o sistema jurídico latino-americano em geral, —, o fato de terem se baseado na tradição e na técnica jurídica do Direito Romano e do Direito Canônico, bem assim, a partir do século XIX, haverem recebido a influência do processo de codificação do Código Civil francês (o denominado Código de Napoleão). Além disso, segundo Barros (1993, p. 199), os traços de semelhança, sob o ponto de vista econômico, são acentuados pela dependência e o modo de inserção deles nas relações econômicas mundiais.

Além disso, "a constitucionalização do Direito do Trabalho e da seguridade social, na atualidade, é uma das pedras angulares da ordem constitucional dos países do Mercosul", dada a circunstância de que, desde as primeiras décadas do século XX, o constitucionalismo incorpora, com os direitos civis, os direitos sociais, nos quais se inserem o direito do trabalho e o da seguridade social (BARROS, 1993, p. 166).

Característica marcante, no aspecto das similitudes, é que, à exceção do Uruguai, os países do Mercosul têm o direito do trabalho como um conjunto de preceitos uniformes para todo o país, preponderantemente de ordem pública, sob forte intervencionismo estatal, formado, em nível infraconstitucional, por uma legislação muito ampla e minuciosa.

No tocante à negociação coletiva, da comparação dos sistemas jurídicos dos quatro países que integram o Mercosul, observa-se que, à exceção do Uruguai, a matéria é regulada em nível constitucional; porém, todos reconhecem o direito à negociação coletiva.

Veja-se, a seguir, como os direitos sociais são tratados, naqueles países, pelas respectivas Constituições.

5.2. Brasil

Nossas Cartas Políticas, desde 1934, incluem em seus textos disposições acerca da ordem econômica e social.

A atual, de 1988, valoriza sumamente os direitos sociais, pois:

a) já no seu Preâmbulo [140] indica, como objetivo do Estado Democrático por ela instituído, dentre outros, assegurar o exercício dos direitos sociais e individuais;

b) entre os Princípios Fundamentais inclui os valores sociais do trabalho e da livre-iniciativa (art. 1º, IV);

c) os objetivos fundamentais da República compreendem, direta ou indiretamente, direitos sociais, especialmente o de "erradicar a pobreza e a marginalização e reduzir as desigualdades sociais e regionais" (art. 3º, III);

(140) Segundo Carlos Maximiliano (1989, p. 119), "embora o Preâmbulo não seja parte integrante da lei básica, serve para determinar os fins para os quais foi elaborada, e, por eles, indica a verdadeira interpretação dos pontos duvidosos". E Ivo Dantas (2001, p. 325), perfilhando esse entendimento, afirma que "o texto preambular, além de ter uma profunda importância política, delineia, de logo, o conteúdo da ideologia constitucional a ser expressa no corpo da Constituição, sobretudo em seus Princípios Fundamentais".

d) todo o Capítulo II do Título II é dedicado aos direitos sociais, com resenha vasta e detalhada de direitos trabalhistas que, na melhor técnica constitucional, poderia ser deferida à legislação infraconstitucional.

Em princípio, como nota Gislene Aparecida Sanches (1998, p. 38), as normas de proteção ao trabalho, em nosso país, não podem ser derrogadas por negociação individual ou coletiva, exceto nas hipóteses que a própria Constituição menciona: redução do salário e da jornada de trabalho, mediante negociação coletiva (art. 7º, VI e XIII, respectivamente).

A Carta Magna brasileira, pois, confere validade restrita a esse procedimento, sob o prisma de alteração do arcabouço legal. Todavia, reconhece-o (convenções e acordos coletivos de trabalho, art. 7º, XXVI) como legítimo para a normatização das relações laborais e solução dos conflitos nessa área, bem assim atribui aos atores sociais, por esse meio, a faculdade de flexibilizar o direito do trabalho.

Atribui à Justiça do Trabalho poder normativo, dando-lhe a competência para, em caso de recusa das partes à negociação ou à arbitragem, estabelecer, em dissídio coletivo, normas e condições de trabalho, respeitadas as disposições convencionais e legais mínimas de proteção ao trabalho (art. 114, § 2º). Ressalve-se, a esse respeito, a limitação do poder normativo da Justiça do Trabalho para dirimir conflitos coletivos de natureza econômica, o que é condicionado a ajuizamento do dissídio de comum acordo pelas partes (inovação trazida, com a alteração desse dispsitivo, pela Emenda Constitucional n. 45/2004).

5.3. Argentina

A Constituição Federal, com a Reforma de 1994, regula os direitos sociais, estabelecendo as garantias básicas do trabalhador.

Num único artigo, o 14, declara, como direito de todos os habitantes da Nação, entre outros, o de trabalhar e exercer qualquer profissão lícita. Na parte nova (*artículo nuevo*) garante ao trabalho, em suas diversas formas, a proteção das leis e enuncia os direitos básicos que ao trabalhador deverão ser assegurados por elas: condições dignas e equitativas de trabalho; jornada limitada; repouso e férias remunerados; justa retribuição; salário mínimo vital móvel; igual remuneração por trabalho igual; participação nos lucros das empresas, com controle da produção e colaboração na direção; proteção contra a despedida arbitrária, estabilidade do empregado público; organização sindical livre e democrática, reconhecida pela simples inscrição em um registro especial.

No tocante aos direitos coletivos, garante aos sindicatos: celebrar convenções coletivas de trabalho; recorrer à conciliação e à arbitragem; o direito de greve; o gozo, pelos representantes sindicais, das garantias necessárias ao cumprimento de sua gestão sindical e as relacionadas com a estabilidade de seu emprego.

A Justiça do Trabalho não tem poder normativo; porém, ao Ministério do Trabalho compete estender, por decisão administrativa, a uma categoria de trabalhadores, convenção coletiva firmada com outra categoria.

Declara aquele artigo, outrossim, que o Estado outorgará os benefícios da seguridade social, de caráter integral e irrenunciável, a serem estabelecidos por lei, em especial: o seguro social obrigatório, a cargo de entidades nacionais ou provinciais com autonomia financeira e econômica, administradas pelos interessados com participação do Estado, inadmitida acumulação de cotas; aposentadorias e pensões móveis; a proteção integral da família; a defesa do bem de família; a compensação econômica familiar e o acesso a uma habitação digna.

Os tratados internacionais — dentre os quais, as convenções da Organização Internacional do Trabalho (OIT) — têm *status* constitucional; por conseguinte, superior às leis. Essa posição hierárquica é estabelecida, especialmente, para os tratados que dizem respeito aos direitos humanos (art. 75, inciso 22, da Reforma de 1994) e os tratados de integração que especifiquem formalmente a criação de organismos supraestatais ou interestatais (*vide* o novo art. 124), a outorga de atribuições delegadas e o reconhecimento de princípios de reciprocidade, igualdade e humanidade.

Antes da Reforma, a Corte Suprema de Justiça da Nação firmou o entendimento da igualdade hierárquica entre as leis nacionais e os tratados internacionais, o que implicava que uma lei modificasse um tratado, se posterior a ele.

Porém, já em 1992, ao decidir sobre a causa "Ekmekdjian c/Sofovich", a referida Corte expressou que os tratados são superiores às leis (EKMEKDJIAN *apud* LOPRESTI, 1997, p. 9), fundamentando sua interpretação nos seguintes termos: "O Congresso Nacional não pode derrogar um ato complexo como é a assinatura, aprovação e ratificação de um tratado, um Estado não pode invocar uma lei para desobedecer a um tratado e não cumprir obrigações internacionais provoca a responsabilidade estatal". [141]

Dois anos após, essa doutrina foi incorporada à Constituição Nacional, com a Reforma de 1994.

A Argentina, desde 1957, incorporou à Constituição Nacional norma programática que obriga o Congresso a editar os códigos do trabalho e previdência social. A rigor, tal mandamento não foi cumprido, pois o que houve, a respeito, foi a sanção, em 1976, da lei de Contrato de Trabalho, que se pode considerar, na concepção de San Vicente (1996, p. 59), uma codificação do direito individual do trabalho, porquanto unificou várias disposições legais sobre a matéria, dispersas.[142] Apesar de importantes modificações introduzidas em seu texto, mantém-se

(141) Fallos SCJN *apud* LOPRESTI, 1997, p. 9.

(142) Por esse prisma, mais propriamente corresponde a uma consolidação, semelhante à que tem o Brasil (CLT).

sua estrutura formal original. O direito coletivo, ao contrário, não foi alterado. Algumas leis fundamentais sobre a matéria — a de convenções coletivas, as de conciliação e arbitragem e a de associações sindicais — resistiram às vicissitudes políticas por que passou o país e que lhe impuseram profundas e sucessivas modificações, mantendo sua estrutura formal.

5.4. Uruguai

A Constituição uruguaia, de 1967, com incorporação de dispositivos através das reformas havidas em 1989 e 1994, regula de forma bastante sucinta as relações de trabalho.

A matéria é tratada nos arts. 53 a 57.

No art. 53 se assegura a proteção especial da lei para o trabalho.

No art. 54 se estabelece, para quem se encontre em uma relação de trabalho ou serviço, como obreiro ou empregado, direito à justa remuneração, a limitação da jornada, o descanso semanal e condições de higiene física e moral. Dispõe-se, outrossim, que o trabalho das mulheres e dos menores de dezoito anos será especialmente regulamentado e limitado.

O art. 55 encerra norma de política social, mandando que a lei regulamente a distribuição imparcial e equitativa do trabalho.

O art. 56 impõe às empresas cujas características requeiram a permanência de pessoal em seu estabelecimento, que lhe proporcione alimentação e alojamento adequados, nas condições a serem estabelecidas por lei.

A proteção social por meio da seguridade social é garantia fundamental consagrada na Carta Política do Uruguai.

A organização de sindicatos gremiais, estabelecendo-lhes franquias e normas para o reconhecimento de sua personalidade jurídica, deverá ser promovida pelo Estado, assim como a criação de tribunais de conciliação e arbitragem, é norma insculpida no art. 57 que, ademais, declara a greve como um direito sindical, cujo exercício e efetividade serão objeto de regulamentação.

Em nível infraconstitucional, o Uruguai não dispõe de um código de leis trabalhistas, sendo, pois, assistemática naquele país a regulamentação dos direitos individuais, que compreende aspectos pontuais (despedida, descanso semanal, salário etc.), cujas leis foram sancionadas em diferentes épocas e com distintos critérios técnicos, como informa San Vicente (1996, p. 60), acrescentando que alguns aspectos fundamentais das relações de trabalho, tais como os próprios conceitos de trabalhador, de empregador, ou de contrato de trabalho, não são definidos por lei, mas pela jurisprudência e a doutrina.

Os direitos fundamentais trabalhistas estabelecidos decorrem da adoção, no âmbito interno do país, de convenções da OIT (GARCIA JÚNIOR, 1997, p. 74).

No tocante às relações coletivas, é marcante a ausência de regulamentação estatal (143); a negociação coletiva supre o regramento legal, o que distingue o Uruguai dos demais Estados integrantes do Mercosul.

O sistema jurídico do Uruguai, por conseguinte, é o da desregulamentação legal do Direito do Trabalho. Em matéria de direito sindical, a tônica é a abstenção legislativa, a autonomia sindical, a negociação coletiva. Isso se explica, segundo San Vicente (1996, p. 60), pelo fato de o Uruguai, diversamente de seus vizinhos, ter vivido, durante quase todo o século XX, em regime de democracia formal.

Por oportuno, registre-se que em 1943 surgiram no Uruguai os "*Consejos de Salários*", de composição tripartida, compreendendo ramos de atividade, com o objetivo precípuo de fixar salários mínimos. Concomitantemente, realizavam-se negociações coletivas em âmbito menor. (144) Superada a crise provocada pelo regime militar no período de 1968 a l985, que lhe impôs severas restrições, o sistema revigorou-se com a redemocratização do país e, a partir de 1990, sofreu alteração, segundo a qual os órgãos de conciliação passaram a ter composição bipartida, com o afastamento do governo.

O sindicalismo uruguaio é, como expressa Lima (1999, p. 70 a 72), atípico em relação à América Latina. No Plenário Intersindical de Trabalhadores — Convenção Nacional de Trabalhadores (PIT-CNT), foi o pioneiro no enfrentamento do Mercosul. Desde 1991, tem-se pronunciado publicamente sobre a respectiva integração. Possui uma única central, a PIT-CNT, que se caracteriza pela autonomia e a dispensa de registro para que seja reconhecida como interlocutora dos trabalhadores e sempre se manteve unida graças à autonomia de seus sindicatos e à ausência de centralização. É fortemente influenciado pela OIT e tem uma cultura laboral que reflete o sistema de relações industriais do Uruguai — "*autônomo, independente e com baixo regramento [...] que propiciou o desenvolvimento de formulações próprias de direito laboral*, semelhante à italiana e espanhola" (CASTRO *apud* LIMA, 1999, p. 70 e 71). O pioneirismo do sindicalismo uruguaio influenciou as centrais sindicais do Cone Sul, por exemplo, suscitando a consciência da obrigatoriedade

---

(143) A esse respeito, afirma taxativamente Rodríguez (1999, p. 19): "O Uruguai nunca regulamentou o direito coletivo".

(144) Explica Plá Rodríguez (1998, p. 602) que, nos termos da Lei n. 9.675, de 4.8.37, há no Uruguai dois tipos de convênios: a) os comuns; b) os celebrados pela Liga da Construção. Os primeiros constituem a maioria, são obrigatórios e aplicam-se a todos os integrantes das entidades que os subscrevem. Os segundos são mais regulamentados no tocante aos sujeitos, à forma, à inscrição e à publicidade: devem ser subscritos pela maioria dos componentes da Liga da Construção ou entidades afiliadas; a forma deve ser escrita; impõe-se sua apresentação ao Instituto Nacional do Trabalho, ou repartição que o substitua; deve ser publicado no Diário Oficial, para que obrigue terceiros que não participaram em sua celebração; obriga os patrões, filiados ou não à Liga ou Entidades.

de cumprimento de uma lista de convenções da OIT, da aprovação de uma Carta Social, da necessidade de estabelecer uma agenda de temas fundamentais sobre os objetivos da integração, sobre a participação do Estado no processo, o papel dos empresários e suas estratégias para o Mercosul.

5.5. Paraguai

A Constituição do Paraguai ora em vigor foi promulgada em 20.6.92. Contém 311 artigos, incluídas as disposições finais e transitórias.

O Direito do Trabalho acha-se consagrado em muitos dispositivos (arts. 86 a 100), que regulam a matéria de forma analítica e quantificando-a; ou seja, legisla-se sobre direitos trabalhistas concretamente. De certa forma, a Constituição substitui a lei ordinária. Por essa abrangência e essa metodologia, a Constituição paraguaia assemelha-se à brasileira, enquadrando-se no modelo do constitucionalismo social.

Isso faz perceber que ela foi elaborada sob inspiração de nossa Carta Magna, como, aliás, entende Cláudio Oliveira Mattos (1998, p. 144). Todavia, enseja maior flexibilização de direitos trabalhistas que a nossa, estando, pois, mais apta às mudanças que deverão ocorrer nessa área, nos diversos sistemas jurídicos, para adequá-los à realidade do mundo globalizado e, especialmente, à do Mercosul, adaptando as normas de caráter social às circunstâncias atuais.

A matéria sobre trabalho está compreendida no Capítulo VIII, Seções I e II, da Constituição. A Seção I trata dos direitos dos trabalhadores (individuais e coletivos) e da previdência social, em quatorze artigos (86 a 100), e a Seção II, dos funcionários públicos, em seis artigos (101 a 106).

No art. 86, assegura-se a todos os habitantes do país trabalho lícito, livremente escolhido e em condições dignas e justas. Garante-se a proteção da lei ao trabalho em todas as suas formas e declaram-se irrenunciáveis os direitos reconhecidos ao trabalhador.

Pelo art. 87, o Estado assume o compromisso de promover políticas tendentes ao pleno emprego e à formação profissional de recursos humanos, com preferência para o trabalhador nacional.

O art. 88 proíbe discriminação entre os trabalhadores por motivos étnicos, de sexo, idade, religião, condição social, preferências políticas ou sindicais. Garante apoio especial ao trabalho das pessoas com limitações ou incapacidades físicas ou mentais.

O art. 89 proclama a igualdade de direitos e obrigações trabalhistas entre homens e mulheres, dispensando, no entanto, proteção especial à maternidade, no tocante aos serviços assistenciais e aos descansos correspondentes, estes não inferiores a doze semanas. Outrossim, outorga estabilidade no emprego às mulheres durante a gravidez, bem como nos períodos de descanso pela maternidade.

Segundo o art. 90, têm prioridade os direitos do menor trabalhador, tendo em vista a garantia de seu normal desenvolvimento físico, intelectual e moral.

O art. 91 fixa em oito horas diárias e quarenta e oito semanais a duração máxima da jornada ordinária de trabalho, excetuadas as estabelecidas legalmente por motivos especiais. E prevê a fixação, por lei, de jornadas mais favoráveis para os trabalhos insalubres, perigosos, penosos, noturnos, bem assim os que se realizam em turnos ininterruptos de revezamento. Quanto aos descansos e às férias anuais, defere à lei a fixação das respectivas remunerações.

O art. 92 trata da retribuição pelo trabalho, garantindo ao trabalhador o direito a uma remuneração que assegure a ele e a sua família uma existência livre e digna. Consagra o salário vital mínimo e móvel, a gratificação natalina, o salário-família, o reconhecimento de um salário superior ao básico por horas de trabalho insalubre ou perigoso, pelas horas extraordinárias, noturnas e em dias feriados. Proclama a isonomia salarial, dispondo que a igual trabalho corresponde, basicamente, igual salário.

O art. 93 manda que o Estado estabeleça um regime de estímulo às empresas que incentivem seus trabalhadores com benefícios adicionais, os quais se distinguem dos respectivos salários e de outros benefícios legais.

O art. 94 garante o direito do trabalhador à estabilidade, nos limites que a lei fixar, com indenização em caso de despedida sem justa causa.

O art. 95 institui o sistema de previdência social para o trabalhador dependente e sua família, obrigatório e integral, e determina sua extensão a todos os setores da população.

Dispõe, ademais, que os serviços do sistema de previdência social poderão ser públicos, privados ou mistos e em todos os casos deverão ser supervisionados pelo Estado; e ordena que os recursos financeiros dos seguros sociais sejam aplicados e fiquem disponíveis exclusivamente para seus fins específicos, sem prejuízo dos investimentos lucrativos que possam aumentar seu patrimônio.

O art. 96 consagra a liberdade sindical para os trabalhadores públicos e privados, assim como para os empregadores, expressa no direito de organizar-se em sindicatos, independentemente de autorização prévia. Excetua os membros das Forças Armadas e das policiais. Reconhece, especificamente, liberdade de desfiliação sindical. Facilita o reconhecimento de sindicato, exigindo para isso, apenas, sua inscrição no órgão administrativo competente. Exige a observância das práticas democráticas estabelecidas na lei, na eleição das autoridades e no funcionamento dos sindicatos; e concede estabilidade ao dirigente sindical, a ser garantida pela lei.

O art. 97 trata das convenções coletivas, declarando o direito dos sindicatos de realizá-las, e comina ao Estado o dever de criar condições favoráveis à solução conciliatória dos conflitos de trabalho e à harmonia social. Declara facultativa a arbitragem.

No art. 98 é reconhecida a greve como direito dos trabalhadores dos setores público e privado, e o *lockout* como direito dos empregadores, nas mesmas condições. São excluídos do alcance desses direitos os membros das Forças Armadas e os das policiais. Defere-se à lei a regulação de seu exercício, de modo que sejam preservados os serviços públicos imprescindíveis para a comunidade.

O art. 99 submete o cumprimento das normas trabalhistas e das de segurança e higiene no trabalho à fiscalização das autoridades criadas pela lei, devendo estas estabelecer as sanções aplicáveis nos casos de sua violação.

O art. 100 consagra o direito a uma moradia digna para todos os habitantes do país, cabendo ao Estado criar as condições para torná-lo efetivo e promover planos de habitação de interesse social que atenda, especialmente, as famílias de escassos recursos, mediante sistemas de financiamento adequados.

O ordenamento jurídico do Paraguai é o único dentre os quatro do Mercosul, inteiramente codificado. Naquele país existe um só código trabalhista, sancionado em 1961, a partir de uma missão técnica da OIT, orientada pelo Prof. Eugenio Pérez Botija, o qual regula as relações de trabalho tanto no aspecto individual, quanto no coletivo. O Código de Trabalho sofreu algumas modificações substanciais e imprescindíveis na evolução para a democracia; porém, manteve sua estrutura geral. O novo código foi publicado como Lei n. 213, em 29.10.93, tendo seu texto sido objeto de uma importante reforma parcial através da Lei n. 496, de 1994.

O movimento sindical do Paraguai é, na opinião de Lima (1999, p. 72), o menos estruturado e combativo, o que decorre de sua estrutura econômica, social e política, a qual praticamente impediu a criação de sindicatos. A organização sindical daquele país é em nível de empresas, inexistindo o direito de representação no interior delas. O direito de greve é limitado pela conciliação compulsória.

5.6. Análise comparativa dos sistemas jurídicos dos países do Mercosul sobre pontos específicos

No tocante à negociação coletiva — tema central deste trabalho —, da comparação dos sistemas jurídicos dos quatro países que integram o Mercosul, observam-se os seguintes traços característicos.

A matéria é tratada em nível constitucional por todos, à exceção do Uruguai, reconhecendo o direito à negociação coletiva. A Carta Magna brasileira, além disso, dá ênfase a esse procedimento considerando-o importante para a normatização das relações laborais e solução dos conflitos nessa área, bem assim atribui aos atores sociais a faculdade de, por esse meio, flexibilizar o direito do trabalho.

Quanto às modalidades de negociação, o quadro é o seguinte:

a) a legislação paraguaia é omissa;

b) na Argentina, a lei previu três formas de convenções: as de empresa, as de ofício ou *profesión* e as de ramos de atividade, deixando ao critério das partes a opção por uma ou outra. Posteriormente, através do Decreto n. 470, de 1993, foram criados os módulos, gerais ou particulares, que propiciam a descentralização e a flexibilização da negociação coletiva;

c) no Brasil são adotados dois instrumentos como fruto da negociação coletiva: a convenção, celebrada entre sindicatos representantes da categoria profissional e sindicatos representantes da categoria econômica, alcançando interesses gerais dos respectivos grupos; o acordo coletivo, que se opera com a participação, de um lado, de sindicato da classe obreira e, de outro, uma ou mais empresas, em relação aos trabalhadores da respectiva unidade ou segmento econômico, cuidando de interesses setorizados, a eles pertinentes;

d) com relação ao Uruguai, em 1943 surgiram os "Consejos de Salários", de composição tripartida, pertinentes a ramos de atividade, voltados prioritariamente à fixação de salários mínimos. Ao mesmo tempo se realizavam negociações coletivas de menor abrangência. Superadas as severas restrições impostas pelo regime militar que vigorou no período de 1968 a 1985, com a redemocratização do país, o sistema de negociação revigorou-se, vindo, a partir de 1990, a sofrer alteração, pela qual os órgãos de conciliação passaram a ter composição bipartida, sem a participação do governo.

Quanto aos procedimentos da negociação, varia de um para outro país o tratamento. Ora não são estabelecidos (caso do Paraguai), ora são restritos (caso do Uruguai, que os adota apenas para os *Consejos de Salários*), ora são instituídos com caráter de regulamentação, como na Argentina, sobretudo a partir da reforma legislativa de 1988, e no Brasil, malgrado a abertura introduzida na organização sindical pela Constituição de 1988. [145]

No que tange à eficácia dos convênios, em todos os referidos países já houve (ou há), para tanto, algum tipo de formalidade administrativa. Em nosso país, requer-se o registro e arquivo no Ministério do Trabalho; no Paraguai, há necessidade de homologação, que é uma forma de controle pertinente à legalidade;

---

(145) *Vide* os arts. 612 a 615 da Consolidação das Leis do Trabalho.

também na Argentina se exige a homologação [146], como condição para que o instrumento tenha efeito *erga omnes*, e por meio dela o Ministério do Trabalho exerce controle de legalidade e oportunidade; no Uruguai, o registro é obrigatório [147], ou se adota, para o efeito *erga omnes*, a homologação, a qual corresponde a um decreto de extensão baixado pelo Poder Executivo.

Considerando a eficácia dos convênios no que diz respeito à sua vigência temporal, na Argentina aplicava-se o princípio da ultra-atividade, segundo o qual as cláusulas de um convênio permaneciam válidas após o vencimento deste e até a celebração de novo, a menos que se viesse a pactuar o contrário. Recentemente, em relação às pequenas empresas foi alterado esse critério, a fim de facilitar a renegociação, estabelecendo-se que, na falta de normas convencionais em contrário, os convênios perderão seus efeitos, de pleno direito, após três meses de seu vencimento. Informa Ruprecht (1998, p. 579) que se cogita a reforma da lei vigente, objetivando, inclusive, suprimir a ultra-atividade, salvo para os convênios em vigor, no tocante às cláusulas salariais, cuja eficácia se prolongará por três anos.

No Brasil, a questão atinente à ultra-atividade de cláusulas de convenções e acordos coletivos de trabalho vencidos, que não tenham sido renovadas, é polêmica. Entende uma corrente doutrinária e jurisprudencial que elas valem, tão somente, no período previsto para a vigência do respectivo instrumento, ao passo que outra corrente admite a persistência dos efeitos de tais normas após a extinção do prazo de validade do ato negocial e por tempo indeterminado, passando elas, por conseguinte, a integrar definitivamente os contratos de trabalho no âmbito das categorias nele representadas.

No Uruguai, a legislação não trata da matéria. Perante a doutrina reina a respeito grande divergência: uma parte entende ser automática a incorporação dos convênios aos contratos de trabalho, enquanto outra advoga a ideia de que a ultra-atividade de um convênio vencido só é possível por disposição legal ou acordo entre as partes, nesse sentido.

No Paraguai, aplica-se a teoria da incorporação, ou ultra-atividade.

Tais discrepâncias poderiam ser resolvidas pela ratificação conjunta das principais convenções internacionais do trabalho, medida essa, aliás, proposta pela Coordenadora das Centrais Sindicais do Cone Sul — CCSCS no projeto de Carta Social ou de Direitos Fundamentais do Mercosul apresentado aos governos dos Estados-membros do referido bloco.

---

(146) Cf., a respeito, Alfredo J. Ruprecht (1998, p. 581)

(147) Cf. Plá Rodríguez (1998, p. 608).

HARMONIZAÇÃO DOS SISTEMAS NORMATIVOS NACIONAIS

CAPÍTULO 6

A harmonização legislativa constitui uma etapa indispensável no processo de integração regional. A ela faz referência o Tratado de Assunção em seu art. 1º, último parágrafo, ao estabelecer "o compromisso dos Estados-Partes de harmonizar suas legislações nas áreas pertinentes, para atingir o fortalecimento do processo de integração". Semelhante fenômeno ocorreu em relação à Comunidade Europeia, cujo Tratado instituidor inclui, entre os princípios que enumera (art. 3º, h), a aproximação legislativa de cada um dos países que a compõem.

Importa dar o conceito de harmonização da legislação social. Na opinião de João de Lima Teixeira Filho (1993, p. 16), a harmonização não significa uniformidade de condições de trabalho, "o que seria impossível de alcançar até mesmo em razão da soberania interna de cada país-membro, das razões históricas de cada povo, da atuação dos sindicatos na fonte de produção do Direito do Trabalho etc". Tem o sentido de "redução, até onde possível for, das diferenças de tratamento que as legislações nacionais dispensam aos mais diversos assuntos". Procura-se, através dessa medida, afastar dos sistemas jurídicos nacionais os fatores de incompatibilidade entre eles, de tal modo que se aproximem os princípios e regras básicos em que se apoiam e, assim, produzam efeitos similares em sua aplicação.

Esse também é entendimento de Georgenor de Sousa Franco Filho (1996, p. 162), o qual pondera, referindo-se à legislação trabalhista, que a uniformização normativa é praticamente impossível, dadas as peculiaridades de cada Estado e cada região, resultantes de sua cultura, que compreende múltiplos dados (*v. g.*, formação histórica, constituição social, desenvolvimento econômico). Por isso, "devemos ter como razoável a tentativa de harmonizar, o que importa em abrandamento da soberania". Aliás, essa harmonização é um imperativo do próprio Tratado de Assunção (1991), que instituiu o Mercosul, o qual, em seu art. 1º, a define como meta, a fim de lograr o fortalecimento do processo de integração.

Nesse diapasão, Alice Monteiro de Barros (1997, p. 32), invocando o magistério de Gérard e Antoine Lyon-Caen, observa ser inviável a uniformização das leis desses países, mas sua harmonização é necessária e expressa-se pela equivalência de resultados econômicos, dos rendimentos salariais e prestações sociais para os trabalhadores, assim como pela equivalência de encargos sociais para as empresas.

No que tange às relações de trabalho, as diferenças substanciais no nível de proteção nos Estados componentes de um Mercado Comum podem prejudicar o processo de integração respectivo, ensejando o *dumping* social pela procura de mão de obra mais barata. Por isso, devem ser suprimidas ou, quando menos, reduzidas. A esse respeito, o Tratado de Assunção indica, como requisito para a estruturação do Mercosul,

> a coordenação de políticas macroeconômicas e setoriais entre os Estados-Partes: de comércio exterior, agrícola, industrial, fiscal, monetária, cambial e de capitais, de serviços, alfandegária, de transportes e comunicações e outras que sejam ajustadas, a fim de assegurar condições adequadas de competição entre os Estados-Partes (art. 1º, penúltimo parágrafo).

Apesar de as relações no Mercado Comum terem um enfoque eminentemente mercantilista, pode-se afirmar que a problemática trabalhista se insere no contexto desses dispositivos. Isso porque "o fator trabalho é, sem dúvida, um dos componentes do custo do produto", que, por seu lado, "é o elemento objetivo que balizará as condições de competitividade do produto no mercado comum frente a um similar fabricado em qualquer dos Estados-Partes" (TEIXEIRA FILHO, 1996, p. 457).

A harmonização a que se refere o Tratado de Assunção objetiva a máxima redução das diferenças entre os sistemas jurídicos nacionais (autônomos ou heterônimos) quanto aos diversos temas pertinentes à estrutura social. No tocante às relações laborais, essas correções devem fazer-se de forma tal que, no conjunto, as condições de trabalho sejam aproximadas *in mellius*. O contrário representaria a negação do princípio de justiça social e do propósito de melhoria das condições de vida declarados no preâmbulo do referido Tratado.

Tal desiderato vislumbra-se viável, em face dos traços comuns da cultura entre os países sul-americanos, especialmente os do Cone Sul, a qual compreende, inclusive, os princípios que embasam o Direito do Trabalho, que são, por exemplo: o de proteção, expresso através dos enunciados da norma mais favorável, da condição mais benéfica e do brocardo *in dubio pro operario*; o da irrenunciabilidade em relação aos direitos trabalhistas; o da primazia da realidade. No campo do direito sindical, avultam os princípios proclamados e defendidos pela OIT: liberdade sindical, livre negociação coletiva e o direito de greve.

Apesar desses fatores favoráveis, observa-se a existência, entre aqueles países, na área da legislação trabalhista, de normas dissonantes relativamente, *v. g.*, à organização sindical, aos meios de solução de conflitos, aos critérios de apuração das férias e da reparação pela despedida sem justa causa. Segundo Franco Filho (1998, p. 304), a diversidade legislativa dificulta a harmonização das normas trabalhistas no referido bloco. Eis que as legislações do Brasil, da Argentina e do Paraguai se caracterizam pelo excesso de normas heterônimas, enquanto a do Uruguai, pelo abstencionismo da parte do Estado e, em contrapartida, a autonomia privada coletiva. Como para superar esse obstáculo, aquele jurista indica a ratificação do maior número possível de convenções internacionais do trabalho, ou a adoção de uma Carta Social regional, semelhante à instituída para a Comunidade Europeia — Carta

Comunitária dos Direitos Sociais Fundamentais dos Trabalhadores (*Estrasburgo*, 9.12.1989), conforme Teixeira Filho (1996, p. 457).

A ratificação conjunta das principais convenções internacionais do trabalho, como medida hábil para resolver tais discrepâncias, já foi proposta pela Coordenadoria das Centrais Sindicais do Cone Sul — CCSCS no projeto de Carta Social apresentado aos governos dos Estados integrantes do Mercosul, objetivando "a construção de um sistema de regras laborais e sociais que garantisse iguais direitos e condições de trabalho a todos os trabalhadores dos quatro países" (SCHUTTE; CASTRO; JACOBSEN, 2000, p. 112), tendo em vista a livre circulação dos trabalhadores a ser implementada no mercado integrado.

Ademais, a harmonização dos direitos trabalhistas — exigência do fenômeno da integração — pode ser feita através de negociação coletiva entre organizações sindicais e empresas transnacionais, com efeito em mais de um país. Para que esse objetivo se concretize, impõe-se alteração no sistema jurídico nacional, para que a lei admita contratos coletivos com essa amplitude, reconhecendo sua validade no plano interno nas relações que envolvam as empresas transnacionais e seus empregados. A propósito, constata-se uma tendência geral de redução do caráter intervencionista do Estado nas relações socioeconômicas. Em consequência, os parceiros sociais serão os maiores responsáveis pela condução das relações coletivas. Por conseguinte, "É para o sindicato que levam todos os caminhos da negociação coletiva transnacional"; por isso, "há que ser estimulada a criação de organizações internacionais de sindicatos para obter contratos coletivos internacionais, [...]" (FRANCO FILHO, 1998, p. 305).

CAPÍTULO 7

O DIREITO À LIVRE CIRCULAÇÃO DE TRABALHADORES NO MERCOSUL

É condição de uma comunidade de países a livre circulação, no território de qualquer um deles, dos cidadãos de nacionalidade dos demais, especialmente os trabalhadores, observadas exigências mínimas relativas ao controle do processo migratório. A liberdade de circulação é, segundo Aquino (1998, p. 248), requisito de todo processo de integração, posto que se requer, além de uma integração econômica, uma integração social. Essa é uma realidade na União Europeia e acha-se institucionalizada também no Mercosul.

No tocante aos trabalhadores, tal faculdade opera-se pelo deslocamento das pessoas que exercem uma atividade produtiva, às quais são reconhecidos direitos e obrigações atinentes a essa condição, onde quer que se encontrem dentro do espaço territorial comunitário. São direitos a elas pertinentes, por exemplo: deixar seu país no intuito de exercer um emprego em outro Estado da mesma Comunidade; residir no país do destino, enquanto realizar um trabalho.

O direito à livre circulação de trabalhadores significa, nas palavras de Jaeger Júnior (2000, p. 132), "a eliminação de todos os tipos de restrições a sua mobilidade, igual tratamento e garantias de não discriminação em razão da nacionalidade, [...]". Tal fenômeno, segundo ele, enseja a discussão da política social entre os Estados-partes, ampla e de difícil resultado em termos de entendimento, em face dos múltiplos aspectos de que ela se reveste e o surgimento, no espaço do Mercado Comum, de uma nova categoria de trabalhadores, ou seja, a dos comunitários.

A permanência no país, em caso de emprego, de pessoas provenientes de Estados-membros, assim como de suas famílias, é assegurada mesmo após a cessação da atividade profissional, não lhes sendo exigido provar que dispõem de recursos suficientes para sua manutenção e que, portanto, não necessitam de assistência por parte do Estado que os acolheu. É o que decorre do art. 48, § 3º, *d*, do Tratado da Comunidade Europeia e do Regulamento n. 1.271/70, de 29.6.70, assim como do art. 7º do Regulamento n. 1.612/68, de 16.10.68, relativo à livre circulação de trabalhadores no interior da referida Comunidade.

Importante, a esse respeito, é a igualdade de tratamento que deve ser dispensada, em determinado país, em relação aos seus nacionais, ao trabalhador oriundo de outro membro da Comunidade, no tocante ao acesso ao emprego e a todas as demais condições de trabalho, aí compreendidos, dentre outros, os direitos coletivos e as vantagens sociais (art. 48, § 2º, do Tratado da Comunidade Econômica Europeia). A igualdade de tratamento funda-se no princípio geral de igualdade proclamado no art. 6º do referido Tratado, que proíbe qualquer discriminação em razão da nacionalidade.

O conceito de trabalhador, a que alude o art. 48 do Tratado da Comunidade Europeia, para efeito de aplicação do princípio de tratamento isonômico, segundo decisão da Corte de Justiça da Comunidade, deveria ser interpretado em conformidade com o sistema jurídico de cada país. Ocorre que as legislações dos Estados-membros ensejavam a exclusão de certas categorias de trabalhadores, dos benefícios daquele Tratado, colocando em risco a unidade do direito comunitário. Destarte, a Corte, revendo sua posição a respeito, passou a considerar como trabalhador a pessoa que exercesse uma atividade profissional nos moldes da relação de emprego, isto é, a execução de um serviço, por certo tempo, em favor de outrem, com subordinação jurídica e mediante salário. Não importa, para descaracterizar essa relação, o fato de o trabalho ser realizado a tempo parcial; e sim, que a atividade seja real e efetiva e não marginal ou acessória. Não importa também que o tomador seja uma entidade sem fins lucrativos, como, por exemplo, uma comunidade religiosa.

Segundo o Tribunal de Justiça da Comunidade Europeia, a liberdade de circulação estende-se também a pessoas ligadas ao setor público, ainda que se trate de organizações internacionais, excetuados os servidores nas atividades da administração pública consideradas relevantes (art. 48, § 4º, do Tratado), como tais consideradas as funções que envolvam uma participação, direta ou indireta, no exercício do poder público. Outrossim, a Corte firmou jurisprudência no sentido de que os Estados-membros podem estender os efeitos das convenções coletivas de trabalho concluídas pelos interlocutores sociais, às pessoas que efetuarem trabalho assalariado, ainda que de caráter temporário, qualquer que seja a nacionalidade do respectivo empregador (BARROS, 2000, p. 32).

Essa diretriz consta de normas internacionais do trabalho, adotadas pela OIT, em termos de convenções [148] e recomendações. [149] Aliás, o tratamento isonômico

(148) A Convenção n. 97, de 1949, trata do trabalhador migrante, definindo-o como "toda pessoa que emigra de um país para outro com o fim de ocupar um emprego que não será exercido por sua própria conta, e compreende qualquer pessoa normalmente admitida como trabalhador migrante" (art. 11). Do exposto se depreende que o conceito de trabalhador migrante, para a OIT, prende-se à condição de empregado, ou seja, pessoa que presta serviço a outrem, como subordinado, por conta e risco daquele. O referido tratado internacional reza que se deve aplicar aos imigrantes que se encontrem legalmente no território de um Estado-membro, sem discriminação de nacionalidade, raça, religião ou sexo, um tratamento que não seja inferior ao aplicado aos seus próprios nacionais (art. 6º, § 1º). A Convenção n. 143, de 1975, dispõe sobre migrações em condições abusivas e promoção de igualdade de oportunidade e de tratamento dos trabalhadores migrantes.

(149) A Recomendação n. 86, de 1949, aborda o tema trabalhadores migrantes.
A Recomendação n. 151, de 1975, também versa sobre os trabalhadores migrantes e expressa, em seu art. 2º, que: "Os trabalhadores migrantes e os membros de suas famílias que se encontrem legalmente no território de um Membro deverão desfrutar de igualdade de oportunidades e de tratamento com os trabalhadores nacionais com relação a: a) acesso aos serviços de orientação

ao trabalhador migrante já fora consagrado como direito na própria Constituição daquele organismo, em seu Preâmbulo, que estabelece, dentre os objetivos tendentes a prevenir certas situações que poderiam comprometer a paz e a harmonia universais, "a proteção dos interesses dos trabalhadores ocupados no estrangeiro". Ademais, o art. 427 do Tratado de Versalhes, de 1919, que relacionou os direitos fundamentais do Direito do Trabalho, inclui entre eles o de que "as regras promulgadas em cada país, a respeito das condições de trabalho, haverão de assegurar um tratamento econômico equitativo a todos os trabalhadores que residam legalmente no país".

No quadro da América Latina, os diversos tratados tendentes à integração entre os países da região ignoravam a questão relativa à circulação de trabalhadores, porquanto nesses acordos se dava preferência às medidas de caráter meramente comercial. Por essa razão, o processo migratório nesse continente se caracterizava pela movimentação interna em cada país, bem assim entre um e outro nas regiões de fronteira.

No quadro do Mercosul as preocupações se restringiam, quase exclusivamente, ao aspecto econômico da integração, e somente por força de pressão dos segmentos interessados é que se cuidou das questões sociais, criando-se um grupo para tratar delas. Assim, a melhoria das condições de trabalho, bem assim da situação geral de vida dos trabalhadores, deverá surgir como consectária do mercado comum. Ora, tais questões não poderiam ser ignoradas pelos países integrantes do Mercosul, especialmente a pertinente à liberdade de circulação de trabalhadores em seu espaço geográfico, mesmo porque se trata de uma liberdade fundamental prevista em seu tratado constitutivo [150] (o Tratado de Assunção, Preâmbulo, art. 1º e Anexo IV).

---

profissional e de colocação; b) acesso à formação profissional e ao emprego de sua própria escolha de acordo com suas aptidões pessoais para tal formação ou emprego, tendo em conta as qualificações adquiridas no estrangeiro e no país em que esteja empregado; c) promoção, de acordo com suas qualidades pessoais, aptidões e aplicação no trabalho; d) segurança do emprego, obtenção de outro emprego, obras para absorver o desemprego e readaptação profissional; e) remuneração por trabalho de igual valor; f) condições de trabalho, incluindo a duração do trabalho, os períodos de descanso, as férias anuais remuneradas, as medidas de seguridade e de higiene do trabalho, assim como as medidas de seguridade social e os serviços e prestações sociais relacionados com o emprego".

(150) Passos e Silva (2001, p. 135) lamentam que, decorridos oito anos da aprovação do Tratado de Assunção, pouco se havia feito no sentido de efetivar a livre circulação de serviços e de trabalhadores, assim como no âmbito da legislação do trabalho. Isso, porque a prioridade da ação governamental, no processo do Mercosul, foi a livre circulação de bens. "Esse desequilíbrio pode ser atribuído ao fato de que o MERCOSUL se tornou, basicamente, um instrumento de ajuste comercial e industrial entre os quatro países e priorizou as metas de natureza econômica, em particular visando ao sistema de exportação interno no bloco regional e com os demais blocos econômicos e países. Basta atentar-se que a formação do subgrupo 11 para o estudo das relações de trabalho somente foi admitida depois de muita pressão das entidades sindicais de trabalhadores, [...]".

Considerando esse princípio e procurando efetivar o direito que ele consagra, os ministros do Trabalho dos quatro países componentes do Mercado Comum emitiram, em 9.5.91, Declaração Conjunta, em que enfatizaram: a necessidade de atender aos aspectos trabalhistas e sociais do Mercosul, para que o processo de integração se faça acompanhar de uma efetiva melhora das condições de trabalho dos países signatários do respectivo Tratado; seu propósito de subscrever instrumentos que contemplem questões trabalhistas e sociais; o compromisso recíproco de cooperação necessária para o conhecimento mútuo dos regimes próprios atinentes ao trabalho, à seguridade social, à formação profissional e às relações individuais e coletivas de trabalho. No final daquele ano (dezembro de 1991), foi celebrado o Protocolo de Brasília, que criou o Subgrupo de Trabalho (SGT) n. 11 (atualmente SGT n. 10), para cuidar das relações laborais, de emprego e seguridade social, compreendendo os seguintes temas: relações individuais e coletivas de trabalho, migrações de trabalhadores, formação profissional, certificado de aptidão profissional, segurança e higiene no trabalho, seguridade social, setores específicos e princípios.

A inexistência, no Mercosul, de órgãos supranacionais decisórios desvinculados das administrações dos países que o integram, bem assim o sistema estabelecido para adoção de normas e critérios de natureza decisória — o de consenso —, dificulta bastante a apreciação de algumas matérias de caráter social, considerando-se as diferenças existentes a esse respeito entre um e outro Estado. Para se alcançar a igualdade de tratamento dos trabalhadores migrantes, em relação com os nacionais, no âmbito do Mercosul, dever-se-á promover a convergência das legislações sociais, dentre elas a pertinente à seguridade social, no sentido de garantir o cômputo de todo o tempo de serviço dos trabalhadores e salvaguardar os direitos adquiridos por eles nos diversos países do referido bloco (NORRIS, 1998, p. 49 e 50).

Essa meta não parece irrealizável, haja vista o estudo efetuado pela Comissão Temática n. 1, com base no qual ela conclui que no presente momento as estruturas jurídicas entre os quatro países do Mercosul são muito semelhantes e irrelevantes as assimetrias, convindo, para que se efetive a garantia dos direitos sociais, promover medidas para fortalecer a fiscalização do trabalho internamente (BARROS, 2000, p. 54). Essa também é a expectativa de Mello (1998, p. 266), segundo o qual, "tanto em relação aos princípios básicos formadores dos quatro sistemas jurídicos, quanto em relação às estruturas legais de custos trabalhistas, as legislações apresentam-se bastante semelhantes, limitando-se as assimetrias a aspectos de menor importância". As iniciativas nesse sentido "poderão demarcar uma nova etapa do Direito do Trabalho do Brasil: a de sua flexibilização e internacionalização, em convergência com as instituições trabalhistas dos povos irmãos do Mercosul".

CAPÍTULO
8

A AÇÃO SINDICAL NO PROCESSO DE INTEGRAÇÃO REGIONAL NO MERCOSUL

O fenômeno da globalização acarreta mudanças econômicas, tecnológicas e sociais que geram obstáculos para os sindicatos e representam para eles um sério desafio, exigindo deles uma revisão de seu posicionamento e de suas técnicas de atuação.

Entre outros efeitos palpáveis no mundo do trabalho, a globalização provoca a reestruturação da atividade econômica. E essa leva à redução da mão de obra do setor industrial. Surge, daí, uma séria crise no movimento sindical, que acarreta sua ineficiência e, numa visão apressada, traz o risco de seu desaparecimento.

A crise do sindicalismo resulta, em larga medida, de fenômenos coligados à globalização (151) – diz Ricciardi (2001, p. 216), mencionando-os.

Um, de natureza política, proveniente do fato de os governos tentarem criar, frente à globalização, "condições otimizadas de competitividade para as empresas nacionais", situação em que chamam, em muitos casos, os sindicatos para colaborarem com o Estado e os empresários, "naquela que já é universalmente definida como 'concertação social'".

> [...] a concertação torna-se nada mais que o premente pedido de ajuda, direcionado pelos governos aos sindicatos para que apoiem [...] políticas de estabilização econômica que implicam vastas privatizações, redimensionamentos consistentes dos salários e das tutelas oferecidas pelo Estado Social, sem nenhum visível e concreto conteúdo reformador. (RICCIARDI, 2001, p. 217)

Nesse processo, "o sindicato desempenha um papel subalterno colocando em risco sua autonomia, sua identidade e o próprio liame com os trabalhadores"; quer dizer, fica desacreditado.

---

(151) Assevera Ricciardi (2001, p. 218) que "a globalização e seus efeitos sociais representam senão um perigo mortal da própria sobrevivência do sindicato (pelo menos nas formas que dele conhecemos), pelo menos um desafio que põe o sindicato diante das interrogações sobre sua própria identidade, quase um 'novo começo' que possui muitas semelhanças com os problemas com os quais o sindicato teve de se deparar nos tempos de sua origem [...] Um singular destino parece reservado ao sindicato: exatamente no momento que se lhe pede que dê o 'salto' rumo a uma dimensão supranacional e, com isso, se transforme potencializando suas atividades e competências, a própria identidade do sindicato está em crise e o risco concreto é que o sindicato supranacional nasça, não como valor agregado de organizações no ápice do vigor, antes como somatória de exaustas burocracias. Para sobreviver na era da globalização deve ser capaz em última análise de não perder sua dimensão 'política' e sua dimensão concertativa há tempos adquirida e, ao mesmo tempo, de recuperar a capacidade representativa do mundo do trabalho, que parece ter perdido".

O outro motivo da crise do sindicalismo referido por Ricciardi (2001, p. 217) é de natureza social e concerne à "perda de representatividade determinada pelas profundas mudanças na organização do trabalho e no mercado de trabalho que são induzidos pela competição global". Nessas circunstâncias, a relação de trabalho tradicional (trabalho subordinado a tempo indeterminado integral) diminui. As tradicionais modalidades de emprego são substituídas por uma grande quantidade de formas de emprego flexível a tempo determinado.

> [...] quando as grandes concentrações de trabalho subordinado são substituídas pela pulverização de mil atividades dispersas no território; quando o próprio trabalhador subordinado é submetido à eterna chantagem da instabilidade e da incerteza no futuro, o papel do sindicato torna-se extremamente difícil e diminui de modo malditamente veloz. (RICCIARDI, 2001, p. 218)

Assinala Ricciardi (2001, p. 214; 216) que a globalização coloca em crise, em todos os países, o "pacto social" [152]; e que a reconstrução do pacto social depende, em larga medida, do futuro do sindicato — futuro esse seriamente ameaçado pela perda de sua autonomia e a crise de sua representatividade (RICCIARDI, 2001, p. 218).

Essa crise caracteriza-se, especialmente, pelo déficit de representatividade do sindicato decorrente da redução do número de associados, que ocorre diante do fenômeno do crescimento do setor informal do mercado de trabalho, situado fora do controle sindical (VENEZIANI, 1997, p. 575).

Plá Rodríguez (1997, p. 387) observa a perda de vigor do movimento sindical como um dos efeitos do desemprego. Esse é fenômeno universal, que sobrepaira às circunstâncias políticas ou às vicissitudes históricas de cada país.

A preocupação predominante do trabalhador é a obtenção ou conservação de um emprego, por se tratar, obviamente, de meio da subsistência própria e de sua família. Tal ansiedade leva-o a descuidar-se de qualquer outro interesse que não se ligue a esse objetivo central. Além disso, há o temor de que a militância sindical lhe acarrete a perda do posto de trabalho. Diante desse risco, a tendência natural é o alheamento da atividade sindical. E o desocupado sequer cogita de sua participação no movimento sindical.

Segundo Russomano (1997, p. 447), o desemprego, cujo aumento se dá de modo alarmante, concorre para que o sindicalismo perca o ímpeto e o vigor que

---

(152) Isso "porque um dos três contraentes, o capital, cresceu imensamente de força e hoje possui dimensões globais, enquanto os outros dois sujeitos, o Estado-nação e o trabalho organizado ficaram presos em uma dimensão muito mais limitada [...] Por esse motivo, um ponto fundamental da ordem do dia da comunidade internacional é hoje o de reconstruir sobre novas bases, e em contextos adequados ao porte do desafio do pacto social" (RICCIARDI, 2001, p. 214).

tradicionalmente ostentava. Ora, "não se pode reivindicar mais direitos ou negociar boas condições de trabalho quando se corre o risco iminente de não encontrar emprego ou de perder o emprego obtido com dificuldade". Além disso, "a classe operária, comprimida pela recessão e pelo desemprego, não tem o poder de negociação e pressão que tinha há trinta anos".

O debilitamento do movimento sindical "acalma ou reduz um dos fatores dinâmicos que tradicionalmente fizeram progredir o direito do trabalho" (RODRÍGUEZ, 1997, p. 388).

A fim de se tornarem aptos a enfrentar, com probabilidade de sucesso, esse tremendo desafio, os sindicatos precisam reciclar-se, com programas e técnicas de ação adaptados às contingências geradas pela nova realidade socioeconômica mundial. A transformação deve fazer-se primeiramente em sua estrutura interna, de modo a torná-la democrática e em condições de organização e desempenho das atividades sindicais com liberdade e autonomia.

Para não sucumbirem e não perderem a oportunidade de cumprir sua relevante função social, os sindicatos — especialmente no Brasil e em outros países da América Latina — não ficam inertes diante do processo de globalização e buscam alternativas para a situação gerada por este. Segundo Lima (1999, p. 64 e 65), o movimento sindical adota, como diretriz para sua participação no processo de integração regional, a via realista, em que haja presença mais forte do Estado-nação perante as forças desagregadoras da globalização, cujos efeitos se fazem sentir, especialmente, em relação ao emprego e à capacitação profissional. Em dois encontros regionais promovidos por setores sindicais dos metalúrgicos e dos bancários em Buenos Aires, em setembro e outubro de 1992 — de que participaram representantes sindicais dos quatro países componentes do bloco e do Chile —, foram reivindicadas uma dimensão social para o Mercosul e a definição de uma política institucional que considerasse não apenas os governos, mas também o Legislativo e a sociedade. A CUT brasileira, através de seu Grupo de Trabalho relativo ao Mercosul, propôs estratégias de ação, que de certa forma incorporavam as deliberações apresentadas naqueles encontros. No Brasil, o movimento sindical apresentou algumas alternativas às medidas resultantes da globalização, tais como: as câmaras setoriais do setor automotivo, a reestruturação negociada, a participação nos lucros e resultados das empresas, o banco de horas.

No plano político os sindicatos têm, nas últimas décadas, exercido importante papel na luta contra regimes ditatoriais e pela redemocratização; no campo da economia,[153] vêm se empenhando contra a acumulação da riqueza e por uma

(153) Todeschini (2001, p. 210) registra alternativa apresentada pelo movimento sindical brasileiro no campo da economia: discute-se, no seio da Central Única dos Trabalhadores (CUT), a formação de uma Agência de Desenvolvimento Solidário, com o objetivo de promover empreendimentos solidários para geração de emprego e renda. "Isso possibilita a diminuição dos efeitos da exclusão e organizar os excluídos de fato para a cidadania, possibilitando a eles renda e oportunidade de trabalho".

melhor distribuição de renda, o que significa "democracia econômica com a participação real dos trabalhadores nos resultados de seu trabalho" (TODESCHINI, 2001, p. 209).

Verifica-se uma maior disposição dos sindicatos, em sua nova pauta de ação, na busca de alternativas para a crise nas relações de trabalho, consistentes, dentre outras, na qualificação profissional, na melhoria da formação de mão de obra.

Há um intenso movimento em nível mundial, com o patrocínio da OIT, pela instituição da chamada "cláusula social" nos contratos comerciais internacionais, mediante a qual os contratantes se comprometerão a respeitar os direitos sociais e trabalhistas fundamentais, consagrados em normas (convenções e recomendações) daquele organismo internacional. Além disso, insiste-se pelo controle e sanção do capital, máxime em relação às empresas multinacionais, sobre o que, aliás, também se manifesta o empenho da OIT.[154]

Desde o início do processo de integração relativa ao Mercosul, as organizações sindicais compreendidas no bloco se preocuparam com o que poderia ocorrer em relação ao emprego e aos direitos trabalhistas. Essa apreensão justificava-se pelo simples fato de que a formação de blocos econômicos gera "um clima que encoraja os empregadores a ameaçar os trabalhadores com o fechamento de fábricas" (SOUSA, 1998, p. 307). Além disso, já se vislumbravam os efeitos negativos, para a mão de obra, do deslocamento de setores produtivos no espaço do Mercado Comum, com a redução dos postos de trabalho decorrente de reestruturação tecnológica das empresas em suas novas instalações. Outrossim, no debate acerca da harmonização da legislação trabalhista dos respectivos países, percebia-se a tendência de nivelá-la por baixo. Por isso, as centrais sindicais resolveram enfrentar o desafio que o Mercosul representa e, a partir de uma análise crítica,[155] vêm procurando interferir no processo (JAKOBSEN, 1998, p. 107). Passaram, pois, a atuar conjuntamente (SCHUTTE; CASTRO; JACOBSEN, 2000, p. 111).

Com efeito, elas compreenderam a necessidade de estabelecer novos tipos de relações entre si, por meio de ações solidárias. Assim, começaram a dialogar, malgrado suas diferenças político-ideológicas. No final da década de 1980, ocorreram as primeiras reuniões sindicais, incluindo centrais e algumas categorias profissionais, entre as quais as de alimentação e metalurgia, com o propósito de analisar o processo em curso e de preparar as respostas sindicais a ele. O sindicalismo uruguaio foi quem tomou a iniciativa do debate da questão e quem mais

(154) A esse respeito, afirma, com propriedade, Todeschini (2001, p. 210): "Se há globalização do capital, cada vez mais concentrando-se, deve haver uma articulação mundial constante do movimento sindical para a defesa dos direitos sociais. É necessário que o trabalho se defenda contra o ataque neoliberal, pois tal projeto é prejudicial à democracia e à universalização dos direitos".

(155) Desde muito cedo, os sindicatos dos países do Cone Sul assumem posição crítica em relação ao processo de integração (LIMA, 1999, p. 59).

avançou na formulação doutrinária trabalhista, consciente da necessidade, para sua sobrevivência, de união das entidades sindicais dos países integrantes do Cone Sul.

Essa desafiadora tarefa exigia que as organizações sindicais passassem a atuar de forma articulada na região. Por essa razão é que, em dezembro de 1991, as centrais sindicais da Argentina, Brasil e Uruguai, integrantes da Coordenadora de Centrais Sindicais do Cone Sul — CCSCS [156], firmaram conjuntamente um documento, entregue aos ministros do Trabalho dos respectivos países, em que reivindicavam participação nos processos institucionais do Mercosul, bem assim a criação de um subgrupo específico para as questões trabalhistas.[157]

Sob o impulso da Organização Regional Interamericana de Trabalhadores — ORIT, em 1986, a CCSCS contribuiu com um trabalho sistemático e a união das centrais nos encontros oficiais de negociação. Em 1991, ao fazerem seu primeiro pronunciamento público acerca do recém-criado Mercosul, as centrais sindicais formularam duas reivindicações básicas: a democratização do processo e a adoção de uma Carta Social. Como resultado dessa demanda, foi criado o Subgrupo de Relações Trabalhistas — SGT 11 e incluída na agenda oficial a adoção de uma Carta de Direitos Fundamentais.

Em 1992, por iniciativa da Coordenadora de Centrais Sindicais do Cone Sul — CCSCS, foi criada a Comissão Sindical do Mercosul.

Dando prioridade à atuação no SGT 11, pouco tempo depois a CCSCS apresentou aos governos um projeto de Carta Social ou de Direitos Fundamentais do Mercosul,[158] que corresponderia a um sistema de normas sociais e trabalhistas assecuratórias de iguais direitos e condições laborais a todos os trabalhadores dos quatro países, tendo em vista a livre circulação de trabalhadores no âmbito do Mercado Comum, a ser implementada[159]. Essa proposta tomou como piso para

---

(156) Criada em 1987, com o apoio da Confederação Internacional de Organizações Sindicais Livres e da Organização Regional Interamericana de Trabalhadores (CIOSL/ORIT), e integrada pelas centrais sindicais brasileiras (CUT, CGT, FS), pela CGT argentina, pelo PIT/CNT uruguaio, pela CUT chilena e pela COB boliviana.

(157) A participação do sindicalismo brasileiro no processo de integração regional, segundo Lima (1999, p. 61), realizou-se com destaque pela Central Única dos Trabalhadores (CUT). A CUT, já em 1989, criou um Grupo de Trabalho sobre integração econômica no Mercosul e, a partir de 1992, teve uma atuação mais ativa e articulada em termos de participação nos fóruns do Mercosul. Tomou parte em fóruns sindicais em nível regional, defendendo a proposta de que o movimento sindical deveria de imediato intervir no processo e exigir sua participação nos organismos de decisão e gestão dele.

(158) A proposta de formulação de uma Carta Social, feita pelas centrais sindicais do Mercosul através da CCSCS, segundo Lima (1999, p. 73), surgiu diante da ausência, no processo de integração, de uma agenda social e da necessidade de enfrentar um processo de desregulamentação e flexibilização das relações sociais.

(159) Posteriormente, o Governo brasileiro declarou-se favorável à adoção de uma Carta de Direitos Fundamentais desse teor, para o Mercosul, contanto que não houvesse nela vinculação de questões comerciais com as trabalhistas (Cf. ALMEIDA, 1998, p. 90).

tais direitos um conjunto de convenções da OIT, com o objetivo de estabelecer um mínimo inderrogável a partir do qual se promovesse a equiparação com base nas melhores condições e os mais avançados direitos sociais em vigor, ou seja, homogeneizar as condições mínimas de proteção ao trabalhador nos quatro países, no mais elevado patamar. Pleiteava-se ainda que esse instrumento jurídico contemplasse também direitos sociais e políticos, a exemplo do que ocorrera na Comunidade Europeia. Enfim, as organizações sindicais intentavam participar da própria negociação do modelo de integração.

Posteriormente (1996), foram retomadas no seio do Subgrupo de Relações Trabalhistas — SGT 10 (160) as discussões, sendo então intensificada a articulação sindical, não apenas no plano institucional, mas também no da mobilização política, com ênfase para a participação do sindicalismo nas negociações oficiais. Para tanto, considerava-se importante não só sua capacidade de pressão política, mas também a de articulação com outros segmentos da sociedade. Como exemplos dessa reanimação do movimento sindical, Schutte, Castro e Jacobsen (2000, p. 113) citam as manifestações realizadas em Fortaleza, em 17 de dezembro de 1996, ao ensejo da reunião dos presidentes dos países integrantes do Mercosul, e em Belo Horizonte, durante a reunião dos ministros de Economia e Comércio sobre a ALCA — Área de Livre Comércio das Américas.

Ainda naquele ano, a CCSCS dirigiu seus esforços para a constituição do Fórum Consultivo Econômico e Social do Mercosul — FCES, que, no final, foi criado, em Buenos Aires, em junho de 1997, e cuja participação, na opinião de Schutte, Castro e Jacobsen (2000, p. 113), concorreria para "o estabelecimento de uma dimensão social ao processo de integração e a democratização de suas instâncias de decisão". Esse órgão tem sido um fator de importante aprendizado para as centrais sindicais e poderá constituir um valioso instrumento de articulação delas com outros movimentos e organizações sociais (SCHUTTE; CASTRO; JACOBSEN, 2000, p. 133). Segundo avaliação feita pelos sindicatos, após dois anos de funcionamento da FCES, esse órgão "amplia a presença da sociedade nos espaços de negociação governamental, democratiza mais o processo de negociação do Mercosul e tem permitido aos sindicatos o estabelecimento de uma negociação mais qualificada com os segmentos empresariais" (SCHUTTE; CASTRO; JACOBSEN, 2000, p. 132).

As entidades sindicais vieram a apresentar, na ocasião do Encontro dos Presidentes dos Países das Américas ("*Cumbre de los Pueblos de América*"), realizado em Santiago do Chile nos dias 16 e 17 de abril de 1998, documento intitulado "Da Aliança Social à Ação Continental", afirmando seu compromisso de "desenvolver

---

(160) Órgão integrante da estrutura do Grupo Mercado Comum — GMC, do Mercosul, foi criado em 1992, por reivindicação das representações sindicais, e até 1995 se denominava SGT 11. Inicialmente era intitulado de "Assuntos Laborais" e, posteriormente, passou a ser indicado como "Relações Laborais, Emprego e Seguridade Social".

trabalho permanente com as organizações populares no sentido de impulsionar a globalização dos direitos sociais e econômicos frente ao processo de globalização de capitais e mercados em marcha" (PASSOS; SILVA, 2001, p. 139).

Além da Carta dos Direitos Sociais para o Mercosul, por proposta das entidades sindicais foi introduzida nas discussões do Subgrupo 10, sob o título "dimensão social do processo de integração, diversas alternativas para sua formulação institucional", a Declaração Sociolaboral, ou Protocolo Laboral. Ela destaca diversos pontos sobre direitos individuais e direitos coletivos, incluindo, quanto a estes, procedimento de negociação coletiva internacional, com a garantia de constituição e funcionamento de representação sindical nas empresas que atuam em mais de um país do Mercado Comum.

Houve, ademais, no marco do Mercosul, a criação, pela Resolução n. 15/99 do Grupo Mercado Comum — GMC, da Comissão Sociolaboral, de composição tripartite, a qual, com o respaldo da aludida Declaração, propiciou à representação sindical um espaço de negociação que, apesar de limitado e sem poder político, poderá, segundo Schutte, Castro e Jacobsen (2000, p. 121), ser ampliado por uma correlação de forças mais favorável aos trabalhadores.

O perfil da atuação sindical no âmbito do Mercosul é assinalado por uma unidade de ação e de intervenção nos fóruns intergovernamentais regionais, nas áreas trabalhista, de políticas produtivas e de aprofundamento da estrutura institucional (SCHUTTE; CASTRO; JACOBSEN, 2000, p. 134). Paradoxalmente, esse avanço da prática sindical em temas de macroestrutura não corresponde ao nível de intervenção no plano interno, que se apresenta ainda baixo. Todavia, a atuação das centrais sindicais no Mercosul tem sido importante para seu reconhecimento como interlocutoras e para alcançar resultados que propiciem a negociação de políticas e medidas setoriais de promoção do emprego, permitindo a elevação dos padrões sociais em cada país. Para tanto concorrerá a aprovação da Declaração Sociolaboral, se o movimento sindical conseguir utilizá-la para compensar a perda de direitos, ampliando a pressão e a ação política de que é capaz.

A ação conjunta das entidades sindicais, quer nos países do Cone Sul, quer nos demais países das Américas, é fundamental em face da atuação das empresas multinacionais e grupos econômicos em vários países. Esse posicionamento, que configura organização e ação globalizada dos trabalhadores, pretende ser uma resposta do movimento sindical à globalização geral e, especialmente, à econômico-financeira. [161] (PASSOS; SILVA, 2001, p. 141).

(161) Passos e Silva (2001, p. 141 s) descrevem a situação dos trabalhadores e de suas organizações sindicais, resultante da globalização da economia, nesses termos: "Em cada país, a classe trabalhadora enfrenta o processo de flexibilização e desregulamentação dos seus direitos básicos, conquistas históricas decorrentes de muitas lutas e sacrifícios. Além disso, sofre o processo de perda contínua de postos de trabalho, sem que os governos neoliberais adotem medidas para estancar essa sangria

A sobrevivência do sindicalismo e a eficácia de sua atuação, seja em nível internacional, seja em relação ao MERCOSUL e à ALCA, no enfrentamento desses fatores adversos, depende do fortalecimento das entidades sindicais e da adoção, por elas, de linha tática e estratégica que lhes propicie novas formas de organização e de ação capazes de manter direitos adquiridos e obter novas conquistas laborais. Responder às reivindicações mais prementes dos trabalhadores — a principal, a efetivação do direito ao trabalho — constitui o principal desafio em todos os países, a ser enfrentado, em ação coordenada, mediante lutas locais e gerais (PASSOS; SILVA, 2001, p. 142).

Por conseguinte, o movimento sindical deve ligar-se com os dos setores marginalizados e mais carentes da sociedade, "em uma interação indispensável para resistir à fragmentação da sociedade atual", pois, isoladamente, "não possui forças suficientes para combater a onda neoliberal". "A conjugação de esforços em várias frentes e com diversos atores e segmentos sociais permitirá que essa resistência evolua para o processo transformador, com base no ideal de liberdade e igualdade" (PASSOS; SILVA, 2001, p. 142).

De um modo geral, pode-se afirmar que a atuação do movimento sindical no Mercosul "rendeu-lhe credibilidade política, tornando-se mesmo uma referência importante para os outros atores sociopolíticos envolvidos com o bloco regional". Além do mais, ao longo de sua participação as centrais sindicais acumularam uma capacidade técnica considerável, atingindo níveis de coordenação e articulação inéditos na história dos movimentos sindicais dos países componentes do bloco, como registrou a Coordenadora das Centrais Sindicais do Cone Sul — CCSCS. Esse fato é particularmente relevante, se considerarmos que centrais e confederações sindicais muito diferentes, quer do ponto de vista dos setores que representam, quer da história e das posições políticas que defendem, foram capazes de agir conjuntamente, assumindo, dessa forma, uma postura propositiva e não meramente reativa (VIGEVANI, 1998, p. 136).

---

que atinge milhões de famílias de trabalhadores. Enquanto o trabalhador é atingido pela perda de direitos e postos de trabalho, o movimento sindical se debilita diante de fatores como o ajuste estrutural da economia e consequente desemprego e trabalho informal afetando a sindicalização, privatizações, reformas administrativas do poder estatal, reestruturação produtiva, terceirização de serviços, intermediação de mão de obra. Portanto, ao mesmo tempo que as entidades sindicais administram crises internas, são chamadas a responder aos novos desafios diante das realidades das transformações da atual fase do capitalismo".

CAPÍTULO 9

A NEGOCIAÇÃO COLETIVA DE TRABALHO NO QUADRO DO MERCOSUL

9.1. Viabilidade

As relações trabalhistas na América Latina foram, tradicionalmente, marcadas pela intervenção do Poder Público, que atingia desde a organização dos sindicatos — impondo aos trabalhadores e aos empregadores critérios e condições para a constituição dessas entidades —, até as diretrizes e formas de sua atuação, compreendendo, especialmente, a negociação coletiva.

No plano das relações coletivas, especificamente, as políticas sociais latino-americanas caracterizam-se pela regulação estatal, na preocupação de controlar a luta de classes. Isso porque "o Estado exerce, assim, as funções básicas de dispensador de direitos, regulador, mediador e árbitro" (ROMITA, 1991, p. 204).

Essa postura tutelar foi detectada pela OIT, em 1978, mediante estudos efetivados sobre tal realidade nessa região (NASCIMENTO, 2000, p. 288).

Em época posterior (1981), segundo estudo promovido por aquela organização internacional, constatou-se uma evolução positiva no tocante à autonomia das partes. Em 1986, dirigindo-se à Conferência de Estados da América, a OIT indicou significativas mudanças por ela constatadas nos contextos político e econômico dos sistemas de relações de trabalho no continente, a partir da década de 1960, que se aprofundaram nas décadas seguintes, em consequência dos regimes políticos militares implantados em vários países (Brasil, Argentina, Uruguai), ao quais provocaram a quase paralisação da vida sindical. Observou, outrossim, a reversão desse quadro na fase seguinte, diante da restauração democrática naqueles países e no Paraguai. Em 1993, no relatório final da pesquisa que coordenou, sobre intervenção e autonomia nas relações coletivas de trabalho na região, Oscar Ermida Uriarte registrou acentuada intervenção do Estado na negociação coletiva, quanto ao procedimento, ao conteúdo e à estrutura, mediante resoluções administrativas ou decisões judiciais (URIARTE *apud* NASCIMENTO, 2000, p. 289).

Na mesma ocasião, em outro estudo de direito comparado, coordenado por Antonio Ojeda Avilés e Oscar Ermida Uriarte, sobre o mesmo tema, notou-se, dentre as mudanças por que passava o continente nos planos político e econômico, a adaptação da contratação coletiva às novas fórmulas de proteção dos trabalhadores, de caráter flexível, como meio, consoante Arturo Hoyos, de "assegurar a sobrevivência de instituições básicas do Direito do Trabalho na América Latina, frente ao embate dos grandes problemas do desemprego e de uma nova ordem econômica internacional" (NASCIMENTO, 2000, p. 289).

Apesar da tradição intervencionista, percebe-se "uma tendência à maior democratização das relações de trabalho, com a ampliação e revalorização da negociação coletiva, inclusive por empresa" (ROBORTELLA, 1994, p. 90).

No quadro de dificuldades e incertezas quanto ao futuro das relações de trabalho, resta a expectativa e razoável confiança de que "a integração sindical na região e a definição de uma estratégia sindical ofensiva e propositiva fornecerão elementos que poderão minimizar os custos sociais trazidos pela globalização" (NORRIS, 1998, p. 174).

Desde o início do processo de integração relativa ao Mercosul, as organizações sindicais compreendidas no bloco passaram a atuar conjuntamente. Essa participação deve-se à Coordenadora de Centrais Sindicais de Trabalhadores, que exerceu um trabalho sistemático nesse sentido, vindo a concorrer, posteriormente (1996), para a constituição do Fórum Consultivo Econômico e Social do Mercosul — FCES, criado em *Buenos Aires* em junho de 1997, e cujo desempenho se tem constituído um importante aprendizado para as centrais sindicais, podendo tornar-se um valioso instrumento de articulação delas com outros movimentos e organizações sociais (SCHUTTE; CASTRO; JACOBSEN, 2000, p. 111 e 133).

Por iniciativa da Coordenação Brasileira do Subgrupo de Trabalho 10 (Ministério do Trabalho) foi discutida, no seio daquele órgão, a proposta das entidades sindicais pertinente à Declaração Sociolaboral que, após longos debates e controvérsias, foi aprovada. A Declaração, com validade no âmbito do Mercosul, contém um elenco de direitos fundamentais, tais como: proibição de trabalho infantil e forçado, igualdade de oportunidade e de trato (proibição de distinção por motivo de sexo, raça e nacionalidade), respeito ao direito de greve, o direito dos empregadores de gerirem suas empresas, a liberdade de associação (com base na Convenção n. 87 da OIT e em conformidade com as legislações nacionais vigentes). Sobre a negociação coletiva, a Declaração reconhece o direito de negociar e celebrar convenções e acordos coletivos para regular as condições de trabalho, conforme as legislações e práticas nacionais. Seu art. 13 lança as bases para uma futura negociação em âmbito comunitário, ao dispor que:

> os Estados-Partes comprometem-se a fomentar o diálogo social nos âmbitos nacional e regional, instituindo mecanismos efetivos de consulta permanente entre representantes dos governos, dos empregadores e dos trabalhadores, a fim de garantir, mediante o consenso social, condições favoráveis ao crescimento econômico sustentável e com justiça da região e a melhoria das condições de vida de seus povos.

A referida Declaração, ou Protocolo Laboral, intitulada "dimensão social do processo de integração, diversas alternativas para sua formulação institucional," destaca, dentre os vários pontos mencionados, sobre os direitos coletivos, o procedimento de negociação coletiva internacional, com a garantia de constituição e funcionamento de representação sindical nas empresas que atuam em mais de um país do Mercado Comum.

A Carta Social ou de Direitos Fundamentais do Mercosul, cujo projeto foi apresentado pelas entidades sindicais por ocasião do Encontro dos Presidentes dos Países das Américas ("Cumbre de los Pueblos de América"), realizado em Santiago do Chile nos dias 16 e 17 de abril de 1998, em seu art. 46, reconheceria o direito de negociação coletiva em todos os níveis, inclusive o internacional, podendo o âmbito territorial da convenção coletiva de trabalho ser nacional, regional ou internacional, compreendendo o direito em foco tanto o setor privado da economia, quanto o setor público.

Por outro lado, a Comissão Sociolaboral, criada, em 1999, no seio do Mercosul, fundada na aludida Declaração, propiciou à representação sindical um espaço de negociação com perspectiva de ser ampliado por uma correlação de forças mais favorável aos trabalhadores (SCHUTTE; CASTRO; JACOBSEN, 2000, p. 121).

9.2. A importância da aplicação da negociação coletiva de trabalho, sua experiência e perspectivas, no âmbito do Mercosul

Constitui um dos desafios para a integração regional pertinente ao Mercosul criar condições para a realização de negociações entre os empregadores e suas organizações e as organizações de trabalhadores, a fim de regulamentar as relações laborais.

É de suma importância a aplicação da negociação coletiva, notadamente em termos de convenção coletiva, nas relações de trabalho no plano do Mercosul, ou seja, em nível supranacional. Isso porque o Mercado Comum assenta em condições homogêneas, seja de natureza econômica, seja de natureza social e trabalhista, dentre outras, as quais recomendam um tratamento tanto quanto possível uniforme; e a negociação coletiva é apta a promovê-las nesse último aspecto.

A negociação coletiva nesse plano, efetivada por entidades sindicais de porte supranacional, pode concorrer para a regulamentação do direito internacional do trabalho, por exemplo, no que tange à circulação de trabalhadores de uma mesma empresa que exerça atividades nos territórios de vários países. E contribuir como meio para que os atores sociais interfiram no processo de integração regional, fazendo que ele contemple os direitos sociais e, desse modo, se complete a integração, como, aliás, vem ocorrendo em relação ao Mercosul graças à participação firme e decidida das centrais sindicais.

O incremento da negociação coletiva nessa escala pressupõe a formação de uma consciência de integração, tanto no setor empresarial, quanto no obreiro, bem como o fortalecimento do espírito de solidariedade, que leve cada um a assumir sua latino-americanidade, de tal modo que os nacionais dos outros países membros da Comunidade sejam considerados amigos e parceiros, companheiros da jornada pelo desenvolvimento socioeconômico da região.

Busca-se, por esse meio, a globalização dos direitos sociais e trabalhistas, em contraposição à globalização do capital.(162) Algumas dificuldades se apresentam para a consecução desse objetivo, relacionadas: à falta de conscientização dos trabalhadores da região, da necessidade de intensificar a solidariedade com seus vizinhos e de dissipar as desconfianças e hostilidades em face deles, as quais representam um fenômeno histórico que marca a convivência dos povos latino-americanos; à fragilidade da organização sindical, que reduz o poder de luta e de barganha dos sindicatos; à assimetria das legislações dos países componentes do Mercosul; à resistência oposta pelos empregadores à estratégia coletiva nascida da ação conjunta dos trabalhadores visando à melhoria de seu padrão de vida, por seus reflexos desfavoráveis aos interesses econômicos, que o Mercado Comum agasalha (FELKER, 2004, p. 61-65).

Todavia, inexiste, nos regimes jurídicos vigentes nos quatro países que compõem o Mercosul, assim como na Bolívia e no Chile,(163) impedimento para a negociação coletiva de trabalho em nível supranacional, no referido bloco, "desde que a proposta seja validada do ponto de vista lógico-formal" (FILAS, 1993, p. 372). A discussão que esse tema poderá suscitar diz respeito a alguns aspectos, quais sejam: relação entre forças sociais, sujeitos da negociação, conteúdo normativo, gradualismo necessário.

Esse procedimento é viável e compatível com a paridade de situações no bloco de países, contanto que se promova, previamente, a aproximação das legislações nacionais(164), de molde a afastar os óbices existentes quanto à adoção e aplicação uniforme de normas negociadas às relações individuais de trabalho em todos os Estados parceiros. Outrossim, para dirimir litígios emergentes de sua

(162) Urge promover a globalização dos direitos sociais, *pari passu* com a globalização econômica, assegurando-se o equilíbrio entre os interesses do capital e os do trabalho, indispensável para o progresso em bases sustentáveis, que tem como pressuposto a justiça social. E essa resulta de uma equitativa distribuição de renda entre os agentes da produção, segundo a máxima de Ulpiano "*suum cuique tribuere*".

(163) Estados associados do Mercosul e que pretendem integrá-lo como partes.

(164) Estudo com esse intuito vem sendo realizado, haja vista recomendação do Grupo Mercado Comum — GMC feita ao Subgrupo de Trabalho 10 através da Resolução n. 115/96, na qual aprovou a pauta de negociações prioritária deste, de que consta como tarefa "atualização do estudo comparativo das legislações trabalhistas dos países do Mercosul, com vistas à identificação dos traços comuns e singulares de tais legislações que podem afetar positiva ou negativamente o processo de integração regional"; e, como ação a ser implementada, dentre outras, "elaboração de propostas de harmonização referentes às assimetrias mais relevantes em matéria de relações e condições de trabalho, levando-se em conta as características próprias dos países e com o objetivo de melhorar as condições de vida e de trabalho na região".

execução, que possam caracterizar problemas ligados à área do Direito Internacional Privado, requer-se a criação de um Tribunal de Justiça da Comunidade, com jurisdição sobre todos os membros desta e preferencial às das Cortes estaduais, a exemplo do instituído para a Comunidade (atual União) Europeia.

A fim de operacionalizar a normatização privada nesses termos — através da convenção coletiva supranacional [165] —, é necessária a atuação de organizações sindicais que representem trabalhadores e empregadores estabelecidos em mais de um daqueles países e que, por conseguinte, tenham competência para defender os respectivos interesses.

A propósito, as entidades sindicais nacionais dos Estados componentes do Mercosul compreenderam, desde cedo, a necessidade de unir-se para, conjuntamente, influírem na formação do Mercado Comum de modo que neste fossem contemplados os legítimos interesses dos atores sociais. A ação integrada por atuação delas foi impulsionada, sobretudo, pela abertura, à sua participação, de estruturas temáticas de negociação, que instituíram as bases para ela. A existência de uma agenda oficial contemplando temas de natureza trabalhista acarretou uma nova dinâmica nas relações sindicais, obrigando os sindicalistas a promover uma ação de consenso sobre determinadas questões.

Essa composição sindical ocorreu, com relativa presteza, logo no início do processo de integração econômica regional, pela criação, em 1987, da Coordenadora de Centrais Sindicais do Cone Sul — CCSCS, que reunia as três centrais sindicais brasileiras (CUT, CGT, FS), a CGT argentina, a CUT paraguaia, o PIT/CNT do Uruguai, a CUT do Chile, a COB boliviana. Está, assim, formada a estrutura organizacional, da parte dos trabalhadores, para negociação supranacional.

Nesse sentido foram dados os primeiros passos, com a articulação de alguns setores da economia no quadro do Mercosul, tais como o siderúrgico, o bancário, o automobilístico. Exemplo significativo desse fato, relatado por Schutte, Castro e Jacobsen (2000, p. 128), vê-se em iniciativa dos sindicatos dos bancários dos quatro países, que realizaram, no período de 1993/1994, pelo menos cinco encontros, conquanto dando prioridade, nos debates, a questões político-estruturais em relação às propriamente sindicais.

Em seguida surge a primeira convenção coletiva, no marco de empresa, no Mercosul, ou seja, transnacional. Trata-se da convenção firmada, de um lado, pela Volkswagen da Argentina e do Brasil e, de outro, pelos Sindicatos Metalúrgicos

(165) A futura negociação no âmbito do Mercosul tem respaldo no art. 13 da Declaração Sociolaboral, que estabelece deverem os Estados "fomentar o diálogo social nos âmbitos nacional e regional, instituindo mecanismos efetivos de consulta permanente entre representantes dos governos, dos empregadores e dos trabalhadores, a fim de garantir, mediante o consenso social, condições favoráveis ao crescimento econômico sustentável e com justiça social da região e a melhoria das condições de vida de seus povos".

filiados à CUT, do Brasil, e o Sindicato de Mecânicos de Automotores da Argentina. Informa Mansueti (2004, p. 137) que o referido acordo foi concebido como uma convenção coletiva "mercosulista", tendo como motivação (segundo um de seus considerandos) a "necessidade de estender acordos das relações entre capital e trabalho ao âmbito do Mercosul". Suas disposições estabelecem: o intercâmbio de informação; a realização de uma reunião anual conjunta entre as empresas e os sindicatos e as comissões internas de fábrica; o compromisso de prevenir conflitos por meio do diálogo permanente e de solucionar as divergências por meio da negociação, na medida do possível; o reconhecimento, por parte das empresas, da representatividade dos sindicatos celebrantes e das comissões internas como interlocutoras para o trato dos assuntos trabalhistas, bem assim do direito dos trabalhadores de organizarem-se em sindicatos e constituir as referidas comissões; formação profissional, prevendo a homogeneização dos programas de capacitação, a cooperação dos sindicatos e comissões internas na elaboração dos programas e o reconhecimento automático dos cursos realizados em qualquer dos estabelecimentos da empresa no Mercosul. Com essa experiência, vislumbra-se a perspectiva de consolidação do processo negocial nessa esfera.

Ainda há um longo caminho a percorrer para atingir satisfatoriamente esse objetivo, o que depende da incrementação dos entendimentos entre as organizações sindicais dos Estados-partes do Mercosul, do fortalecimento de sua estrutura, bem assim da correção das diferenças jurídicas entre os sistemas de negociação coletiva.

Com esse objetivo, o Grupo Mercado Comum — GMC, através da Resolução n. 115/96, aprovou a pauta negociadora prioritária para o Subgrupo de Trabalho 10, da qual consta a "realização de estudos comparativos sobre os institutos de natureza jurídica e prática de relações coletivas de trabalho adotados pelos países do Mercosul, com vistas a possibilitar sua progressiva incorporação ao sistema de composição de interesses conflitivos entre capital e trabalho, em ritmo e forma compatíveis com as exigências das sucessivas etapas do processo de integração regional".

O referido Subgrupo de Trabalho, segundo Teixeira Filho (1996, p. 463), vem cumprindo com a maior eficiência seu papel, haja vista o resultado positivo de sua atuação nas várias Comissões Temáticas, especialmente em relação à negociação coletiva de trabalho (de que trata a Comissão n. 2), o qual se traduz pela conclusão do levantamento da realidade fática e jurídica sobre aspectos da negociação coletiva de trabalho, quais sejam: sujeitos; conflitos de representatividade; obrigação de negociar; níveis de negociação; conflito de normas coletivas; homologação ou registro de convenções coletivas; extensibilidade; conteúdo da negociação; eficácia e efeitos das convenções; prazo de vigência; renovação; ultra-atividade das convenções pactuadas; direito de informação; procedimentos de solução dos conflitos e negociação *in pejus*.

A evolução do processo de negociação supranacional no Mercosul registra avanços e recuos, na marcha das experiências sindicais nesse campo.

Malgrado as naturais dificuldades, afigura-se, diante dos mecanismos institucionais e das ações conjunturais que se processam, a possibilidade de consolidação da negociação coletiva supranacional, mais como ato voluntário das partes, resultado de fatores econômicos e do poder de barganha dos sindicatos, do que de disposição legal. Não obstam ao alcance desse objetivo as diferenças entre os sistemas de negociação coletiva, nem o fato de a Declaração Sociolaboral não haver instituído negociação coletiva com essa margem de abrangência. Mister se faz, contudo, encontrar fórmulas que ensejem, oportunamente, sua eficácia em nível de cada país.

Andrade (1993, p. 30) acredita no desenvolvimento de estudos no sentido de harmonizar o processo negocial interno e externo (ou transnacional), "rumo às contratações coletivas envolvendo os países-partes". Esses estudos, baseados em análises e levantamentos, já se realizam e se encontram em fase adiantada — constando dos Nomencladores elaborados pela Comissão n. 1 do Subgrupo de Trabalho n. 10 —, pelo que a negociação coletiva de trabalho na esfera do Mercosul será, num futuro não remoto, uma realidade e contribuirá, eficazmente, para completar a integração regional, com a almejada globalização dos direitos sociais, a par da globalização econômica nesse âmbito.

CONCLUSÕES

1. A INTEGRAÇÃO LATINO-AMERICANA

A integração regional é um interessante fenômeno da modernidade, que dá uma conotação especial ao direito internacional público. Expressa-se pela reunião de países limítrofes, ligados entre si por laços decorrentes de suas origens, da formação social e cultural de seus povos e, notadamente, por interesses comuns de natureza econômica. Forma-se, então, um bloco de Estados, com o objetivo de proteger suas economias através de medidas que favoreçam seu desenvolvimento, diante da dominação exercida pelo capital externo no processo de mundialização.

No subcontinente americano constituiu-se o Mercado Comum do Cone Sul (MERCOSUL), pelo Tratado de Assunção, de 26 de março de 1991, e, com espectro mais amplo, integrada pelos 12 países da América do Sul, recentemente, a União das Nações Sul-americanas (UNASUL), em 23 de maio de 2008, em Brasília, mediante tratado subscrito pelos respectivos presidentes.

A UNASUL será uma zona de livre comércio continental que unirá as duas organizações de livre comércio, Mercosul e Comunidade Andina de Nações, além do Chile, Guiana e Suriname, nos moldes da União Europeia.

O surgimento da UNASUL suscita discussão em torno da permanência do MERCOSUL, tendo em vista que ela é mais abrangente, porquanto compreende todos os países do continente, no qual este se inclui. O mais razoável, nessa situação, será manter ambos os blocos — o regional e o sub-regional —, que, em vez de excluírem-se, se completam e podem realizar a importante tarefa de integração mais ampla dos países componentes da América do Sul.

2. AS COMUNIDADES REGIONAIS DE PAÍSES E O TRATAMENTO NELAS DISPENSADO AOS DIREITOS SOCIAIS

A globalização efetiva-se em escala menor pela instituição de comunidades regionais de países, integradas por órgãos próprios com autonomia em relação aos Estados-partes, cujas deliberações se sobrepõem às que são tomadas pelos Estados em seu âmbito interno; e, ainda, pela atuação peculiar das empresas transnacionais, que representa uma ordem de poder não só econômico, mas também político, concorrente com o dos Estados.

As referidas comunidades configuram um processo de integração regional. Em suas etapas iniciais, em especial a referente ao Mercado Comum, cuida-se, quase exclusivamente, do interesse econômico, embora os respectivos tratados constitutivos contemplem também os interesses sociais. Esses instrumentos jurídicos incluem entre seus objetivos a harmonização dos sistemas jurídicos, com a aproximação das legislações nacionais dos países componentes do bloco, bem como medidas que garantam e promovam os direitos sociais, mesmo porque se trata de uma integração que não prescinde do fator humano.

Cumpre não esquecer, nesse contexto, a importância do homem como principal sujeito da relação, eis que ele não deve ser nela simplesmente o objeto, mas o destinatário mais importante das conquistas a serem obtidas.

Nesse contexto, impõe-se o direito à livre circulação de trabalhadores no espaço da Comunidade, com a garantia, ao imigrante, de seus direitos trabalhistas e previdenciários adquiridos no país de origem, bem como seu tratamento, pelo país de acolhida, em condições iguais às dispensadas aos seus nacionais.

3. A PARTICIPAÇÃO DOS SINDICATOS NO PROCESSO DE INTEGRAÇÃO REFERENTE AO MERCOSUL

É importante e indispensável, para a proteção dos trabalhadores, a ação dos sindicatos não apenas no contexto interno dos países, mas também no processo de integração regional, a fim de que o referido processo se desenvolva de forma equilibrada, considerando também os direitos sociais. Essa atuação faz-se presente no Mercosul, pois cedo as organizações sindicais dos países componentes do bloco se preocuparam com o que poderia ocorrer nele em relação ao emprego e aos direitos trabalhistas. Diante da perspectiva de prejuízo aos obreiros, aquelas entidades cuidaram de participar do processo de integração e influir nele, visando à proteção dos interesses de seus representados. Compreenderam a necessidade de estabelecer novos tipos de relações entre si, por meio de ações solidárias; assim, começaram a dialogar, inobstante suas diferenças político-ideológicas. Por outro lado, procuraram organizar-se conjuntamente no plano regional, a fim de poderem cumprir seu relevante papel social.

4. A QUESTÃO DA NEGOCIAÇÃO COLETIVA TRANSNACIONAL NO SEIO DO MERCOSUL: VIABILIDADE E OBSTÁCULOS

A negociação coletiva transnacional, no seio de uma Comunidade Regional de países, é viável e extremamente conveniente. Isso porque o processo de integração assenta em condições homogêneas, seja de natureza econômica, seja de natureza social e trabalhista, dentre outras, as quais resultam num tratamento tanto quanto possível uniforme, que pode ser alcançado através da negociação coletiva. Ademais, essa será meio eficaz para promover a globalização dos direitos sociais, contrabalançando a globalização econômica, e, desse modo, assegurando o equilíbrio entre os interesses do capital e os do trabalho, indispensável ao progresso em bases sustentáveis e pressuposto da justiça social.

Sua experiência é feita, embora timidamente, no seio da Comunidade (União) Europeia e precisa ser realizada no âmbito do Mercosul. Esse tipo de concertação social, para o Mercosul, tem respaldo num importante instrumento institucional, a Declaração Sociolaboral (art. 13), que estabelece como dever dos Estados-membros fomentar o diálogo nas esferas nacional e regional, com o fim de garantir, por meio do consenso social, condições favoráveis ao crescimento econômico da região com justiça social e a melhoria das condições de vida de seus povos.

Ademais, o projeto de Carta Social ou de Direitos Sociais Fundamentais do Mercosul, em seu art. 46, consagra o direito de negociação coletiva em todos os níveis, inclusive o internacional, podendo o âmbito territorial da convenção coletiva de trabalho ser nacional, regional ou internacional, compreendendo o direito em foco tanto o setor privado da economia, quanto o setor público.

O alcance desse objetivo encontra óbices nos próprios sistemas jurídicos dos países que compõem o Mercosul, os quais, à exceção do Uruguai, regulam a atividade sindical e, desse modo, restringem a autonomia privada coletiva. Por isso, tem como pré-requisito a alteração desses sistemas, bem como sua harmonização, de tal modo que se reconheça a legitimidade de entidades sindicais com competência transnacional e se admita a aplicabilidade, no espaço do Mercado Comum, das normas por elas estabelecidas. Ora, para que se operacionalize a normatização privada nesse plano, na área trabalhista, mediante a convenção coletiva supranacional, é necessária a atuação de organizações sindicais que representem trabalhadores e empregadores situados em mais de um daqueles países e que, por conseguinte, tenham competência para defender os respectivos interesses.

Acresce à dificuldade ora exposta o fato de que os sindicatos, em virtude do sistema corporativo em que se inserem, em três dos países componentes do Mercosul (Argentina, Brasil e Paraguai), carecem de estrutura sólida e de experiência nesse tipo de atividade, que consubstancia sua mais importante função. Não há, por conseguinte, nesses Estados a cultura da negociação coletiva.

Diante da necessidade de proteger seus representados no processo de integração, vêm as organizações sindicais superando esses empecilhos crônicos e ensaiando as primeiras experiências, no plano estrutural, para que se concretize a negociação coletiva supranacional no Mercosul, através da qual se estabeleçam normas reguladoras das relações de trabalho aplicáveis aos membros das respectivas categorias em todos os Estados integrantes do bloco regional.

5. PERSPECTIVA DE CONSOLIDAÇÃO DO PROCESSO DE INTEGRAÇÃO DO MERCOSUL COM A NEGOCIAÇÃO COLETIVA DE TRABALHO SUPRANACIONAL

Da análise do conjunto dos elementos informativos colhidos na pesquisa para este trabalho, resulta a convicção de que, malgrado a crise que envolve as relações comerciais entre os parceiros e as pressões americanas para o ingresso deles na Área de Livre Comércio das Américas (ALCA), será efetivada a integração do Mercosul, com previsíveis avanços e recuos em sua trajetória. Trata-se de um objetivo condizente com as aspirações de desenvolvimento socioeconômico dos povos da América Latina, cuja realização representará um marco nesse processo.

A negociação coletiva supranacional no âmbito do Mercosul tem dado os primeiros passos no sentido de sua consolidação, diante da articulação de alguns setores da economia no quadro do bloco regional, tais como o siderúrgico, o bancário e o automobilístico.

A fim de que se complete e se consolide o processo de integração regional em apreço, a negociação coletiva de trabalho será desenvolvida para alcançar as relações laborais em todo o bloco, preservando os legítimos interesses dos trabalhadores e, assim, contribuindo eficazmente para que o progresso econômico se realize com justiça social.

REFERÊNCIAS

ALMEIDA, Paulo Roberto de. *MERCOSUL*: Fundamentos e Perspectivas. São Paulo: LTr, 1998.

ÁLVAREZ, Oscar Hernández. El sistema de las fuentes como medio de obtener una visión general del Derecho del Trabajo en América Latina. Especial referencia a las fuentes internacionales, constitucionales y legislativas. *In:* SILVA, Diana de Lima e; PASSOS, Edésio. *Impactos da Globalização* — Relações de Trabalho e Sindicalismo na América Latina e Europa. São Paulo: LTr, 2001. p. 143-189.

ANDRADE, Everaldo Gaspar Lopes de. *O mercosul e as relações de trabalho*. São Paulo: LTr, 1993.

________. *Direito do trabalho e pós-modernidade* — Fundamentos para uma teoria geral. São Paulo: LTr, 2005.

ARBUET-VIGNALI, Heber. *Claves jurídicas de la Integración* (En los sistemas del Mercosur y la Unión Europea). Buenos Aires: Rubinzal-Culzoni, 2004.

BARBOSA, Alexandre de Freitas; VEIGA, João Paulo Candia. A Integração das Américas — Impactos sobre o mercado de trabalho e o movimento sindical no Nafta e no Mercosur. In: ALMEIDA, José Antônio (Org.). *MERCOSUL* — Integração e impacto socioeconômico. Petrópolis: Vozes, 1997. p. 61-106.

BARROS, Alice Monteiro de. As Comunidades Econômicas e o Direito do Trabalho no Mercosul. *Revista do TRT — 9*, Salvador, ano 42, v. 42, ago./set. 1997.

________. Direito Comunitário do Trabalho. In: LEWANDOWSKI, Enrique Ricardo (Coord.). *Direito comunitário e jurisdição supranacional*. São Paulo: Juarez de Oliveira, 2000. p. 29-54.

BARROS, Cássio Mesquita. *Perspectivas do direito do trabalho no mercosul*. 1993. Dissertação (Concurso de professor titular) — Faculdade de Direito de São Paulo, Departamento de Direito do Trabalho, São Paulo, 1993.

BIOCCA, Stella Maris. *Claves político-jurídicas para la integración latinoamericana*. Buenos Aires: Zavalia, 2001.

BLANPAIN, Roger. A influência dos trabalhadores nas decisões das empresas europeias. In: *Tendências do Direito do Trabalho Contemporâneo*. v. 2. São Paulo: LTr, 1980. p. 7-20.

________. Europa: políticas laborales y de empleo. In: *Evolución del Pensamiento Juslaboralista* — Estudios en homenaje al Prof. Héctor-Hugo Barbagelata. Montevideo: Fundación de Cultura Universitaria, 1997. p. 61-73.

BLANPAIN, Roger; JAVILLIER, Jean-Claude. *Droit du travail communautaire*. Paris: EJA-LGDJ, 1995.

BOGGIANO, Antonio. Hacia el Desarrollo Comunitário del MERCOSUR desde la Experiencia de la Union Europea. In: *O MERCOSUL e a União Europeia*. Coimbra: Gráfica de Coimbra, 1994. p. 49-102.

BORJA, Sérgio. *MERCOSUL* — Direito Constitucional: os Tratados, Convênios e Acordos Celebrados. 2002. Disponível em: <http://www.unidavi.rct-sc.Br~cex/doc/Borja.html>. Acesso em: 17. nov. 2002.

BRANCO, Luizella Giardino B. *Sistema de solução de controvérsia no MERCOSUL* — Perspectivas para a criação de um modelo institucional permanente. São Paulo: LTr, 1997.

CAEN, Gérard Lyon; CAEN, Antoine Lyon. *Droit social international et européen*. Paris: Dalloz, 1980.

CAEN, Gérard Lyon. Derecho del trabajo ou derecho del empleo? In: *Evolución del Pensamiento Juslaboralista* — Estudios en homenaje al Prof. Héctor-Hugo Barbagelata. Montevideo: Fundación de Cultura Universitaria, 1997. p. 265-284.

CALDAS, Simone. Mercosul terá uma cesta básica de direitos trabalhistas em 1998. *Revista Anamatra*, Brasília, ano 10, n. 33, p. 26-28, abr. 1998.

CALMON, Eliana. O Poder Judiciário no novo milênio e as questões do MERCOSUL. *I Revista Jurídica dos Formandos em Direito da UCSal — Universidade Católica de Salvador*, Salvador, ano I, n. 1, sem. 2, p. 67-74, 2000.

CAROZZI, María Julia (Org.) *A nova era no MERCOSUL*. Petrópolis: Vozes, 1999.

CASALLA, Mario. *América latina em Perspectiva* — Dramas del pasado, huellas del presente. Buenos Aires: Altamira, 2003.

CASELLA, Paulo Borba. *Comunidade europeia e seu ordenamento jurídico*. São Paulo: LTr, 1994.

CASELLA, Paulo Borba; ARAÚJO, Nadia de (Coord.). *Integração jurídica Interamericana* — as Convenções Interamericanas de Direito Internacional Privado (CIDIPs) e o direito brasileiro. São Paulo: LTr, 1998.

CASTILLO, Santiago Pérez del. *O direito de greve*. São Paulo: LTr, 1994.

________. Situação do mundo do trabalho nos países do Mercosul, Chile e Bolívia. *Revista Legislação do Trabalho*, São Paulo, ano 67, n. 11, p.1.287-1.289, nov. 2003.

CASTRO, Josué de. *Geografia da Fome* (O dilema brasileiro: pão ou aço). São Paulo: Brasiliense, 1965.

CAVERO, Iñigo; ZAMORA, Tomás. *Los sistemas políticos*. Madrid: Universitas, 1996.

CHIARELLI, Carlos Alberto Gomes. Temas de integração. In: CHIARELLI, Carlos Alberto Gomes et al (Coord.). *Temas de integração com enfoque no MERCOSUL*. v. 1. São Paulo: LTr, 1997. p. 15-83.

________ (Coord.). *Temas de integração com enfoque no MERCOSUL*. São Paulo: LTr, 1997. v. 1.

________. *A Encruzilhada da Integração* — Brasil-Estados Unidos, MERCOSUL-ALCA. São Paulo: LTr, 2004.

CHIARELLI, Carlos Alberto Gomes; CHIARELLI, Matteo Rota. *Integração*: Direito e Dever — Mercosul e Mercado Comum Europeu. São Paulo: LTr, 1992.

CONGRESO del Cone Sur sobre Derecho Laboral en la Integración Regional, 10., 2000, Buenos Aires. *Anais*... Buenos Aires: Sociedad Argentina de Derecho Laboral, 2000.

CONGRESO Mundial de Derecho del Trabajo y de la Seguridad Social, 9, 2003, Montevideo. *Libro de informes generales*. Montevideo: Asociación Uruguaya de Derecho del Trabajo y de la Seguridad Social, 2003. p. 37-160.

CORRADETTI, Susana. Impacto de la globalización en el MERCOSUR. In: SILVA, Diana de Lima e; PASSOS, Edésio. *Impactos da globalização* — Relações de trabalho e sindicalismo na América Latina e Europa. São Paulo: LTr, 2001. p. 41-43.

CORRÊA, Felipe. *O NAFTA como embrião da ALCA*. 2002. Disponível em: <http://www.ainfos,ca/supe/sinfros00253.htlm>. Acesso em: 6 mar. 2003.

CORRÊA, Luís Fernando Nigro. *O Mercosul e a OMC*: Regionalismo e Multilateralismo. São Paulo: LTr, 2001.

DANTAS, Ivo. *Instituições de direito constitucional brasileiro*. Curitiba: Juruá, 2001.

DROMI, Roberto (Org.). *MERCOSUR y Empresas* — "Los límites de la Globalización". Buenos Aires-Madrid: Ciudad Argentina, 2002.

ESPIELL, Héctor Gross. Naturaleza jurídica del Tratado de Asunción y de sus protocolos. In: CHIARELLI, Carlos Alberto Gomes (Coord.). *Temas de Integração com enfoques no MERCOSUL*. São Paulo: LTr, 1997. p. 240-267.

ESPINOSA, Malva. América Latina y la globalización: reflexiones desde los márgenes. In: SILVA, Diana de Lima e; PASSOS, Edésio. *Impactos da globalização* — Relações de Trabalho e Sindicalismo na América Latina e Europa. São Paulo: LTr, 2001. p. 109-121.

FELKER, Reginald Delmar Hintz. MERCOSUL — Parte II — Documento Elaborado pelas Centrais Sindicais. *Jornal Trabalhista*, Brasília, ano 12, n. 551, p. 363-364, 1995.

________. *Algumas reflexões sobre Mercosul, Advocacia e Relações do Trabalho*. Brasília: OAB Editora, 2004.

FERNANDES, Luciana de Medeiros. *Soberania & processo de integração*. Curitiba: Juruá, 2002.

FILAS, Rodolfo Capón. *O novo direito sindical argentino*. 2. ed. [S.l]: La Plata, 1993.

FRANCO FILHO, Georgenor de Sousa. Harmonização da legislação trabalhista e conflito espacial de leis no Mercosul. *Repertório IOB trabalhista e previdenciário*, n. 10, maio 1996a.

________. Negociação coletiva transnacional. In: FRANCO FILHO, Georgenor de Sousa (Coord.). *Curso de direito coletivo do trabalho*. São Paulo: LTr, 1998. p. 291-307.

________. *Curso de direito coletivo do trabalho.* Estudos em homenagem ao ministro Orlando Teixeira da Costa. São Paulo: LTr, 1998.

FREIRE, Gilberto. *Casa grande & senzala*. Formação da família brasileira sob o regime de economia patriarcal. 2. ed. Rio de Janeiro: J. Olympio, 1961.

FREITAS Jr., Antônio Rodrigues de. *Globalização, mercosul e crise do estado-nação* — Perspectivas para o Direito numa sociedade em mudança. São Paulo: LTr, 1997.

FURTADO, Celso. *Formação econômica da América Latina*. Rio de Janeiro: Lia, 1970.

GARCIA JÚNIOR, Armando Álvares. *O direito do trabalho no MERCOSUL*. São Paulo: LTr, 1997.

________. *Conflito entre normas do Mercosul e direito interno*. São Paulo: LTr, 1997.

________. *Mercosul Hoje* — Novos e difíceis caminhos. São Paulo: LTr, 1998.

________. *Mercosul no Brasil* — Quais são as Normas que estão em vigor em nosso País. São Paulo: LTr, 1998.

GARCÍA, Jorge H. Sarmiento; FARRANDO, Ismael. *Procesos de integración y Mercosur*. Buenos Aires: Ediciones Depalma, 1994.

GHIONE, Hugo Barretto. Consecuencias de la declaración sociolaboral del Mercosur en la interpretación y aplicación de las normas laborales en los ordenamientos nacionales. *Revista derecho laboral*, Montevideo, tomo XLVI, n. 210, p. 187, 2003.

GÓMEZ, José María. Globalização da política — Mitos, realidades e dilemas. In: GENTILI, Pablo (Org.). *Globalização excludente*. Petrópolis: Vozes, 2002. p. 128-179.

GONZALEZ-OLDEKOP, Florência. *La Integración y sus Instituciones*. Buenos Aires: Ciudad Argentina, 1997.

HARDT, Michael; NEGRI, Antonio. Globalização e Democracia. In: PACHECO, Anelise; VAZ, Paulo (Org.). *Vozes no Milênio* — Para pensar a globalização. Rio de Janeiro: Gryphus, 2000b. p. 15-31.

HENDERSON, Hazel. *Além da globalização* — Modelando uma Economia Global Sustentável. Tradução de Maria José Scarpa. São Paulo: Cultrix, 2003. Título do original: Beyond Globalization: Shaping a Sustainable Global Economy.

JAEGER JÚNIOR, Augusto. *MERCOSUL e a livre circulação de pessoas*. São Paulo: LTr, 2000.

JAKOBSEN, Kjeld Aagaard. Movimento sindical, integração econômica e acordos de comércio. In: VIGEVANI, Tullo; LORENZETTI, Jorge (Coord.). *Globalização e integração regional*: Atitudes Sindicais e Impactos Sociais. São Paulo: LTr, 1998. p. 101-111.

JUCÁ, Francisco Pedro. *Parlamento do Mercosul* — Alterações Necessárias à Constituição Brasileira de 1988. São Paulo: LTr, 2002.

KERBER, Gilberto. *Mercosul e a supranacionalidade*. São Paulo: LTr, 2001.

KUCINSKI, Bernardo. *O que são multinacionais*. São Paulo: Brasiliense, 1984.

KÜMMEL, Marcelo Barroso. *As convenções da OIT e o mercosul*. São Paulo: LTr, 2001.

LATAILLADE, Iñigo Cavero; RODRÍGUEZ, Tomás Zamora. *Los sistemas políticos*. Madrid: Universitas, 1996.

LEWANDOWSKI, Enrique Ricardo (Coord.). *Direito Comunitário e Jurisdição Supranacional* — O Papel do Juiz no Processo de Integração Regional. São Paulo: Juarez de Oliveira, 2000.

LIMA, Jorge de Souza (2003). Livre circulação de trabalhadores no âmbito do Mercosul. *Revista Legislação do Trabalho*, São Paulo, ano 67, n. 3, p. 303-306, mar. 2003.

LIMA, Marcos Costa. Os trabalhadores no Mercosul. Política hoje. *Revista semestral do Mestrado em Ciência Política da UFPE*, Recife, ano 6, n. 10, p. 49-80, jan./jun. 1999.

LOPRESTI, Roberto Pedro. *Constituciones del Mercosur*. Buenos Aires: Ediciones UNILAT, 1997.

MAGALHÃES, Fernando. O capitalismo em época de globalização. Política hoje. *Revista semestral do Mestrado em Ciência Política da UFPE*, Recife, ano 6, n. 10, p. 83-106, jan./jun. 1999.

MANSUETI, Hugo Roberto. *Armonización legislativa del trabajo en la integración MERCOSUR*. 1998. Disponível em: <http://webmaster@aw.com.ar>. Acesso em: 10 maio 1999.

________. *Direito sindical no mercosul*. Tradução de Yone Frediani. São Paulo: LTr, 2004.

MATIAS, Eduardo Felipe P. *A humanidade e suas fronteiras* — do Estado soberano à sociedade global. São Paulo: Paz e Terra, 2005.

MATTOS, Claudio Oliveira. A Constituição paraguaia. In: SANTOS, Hermelino de Oliveira. *Constitucionalização do direito do trabalho no MERCOSUL*. São Paulo: LTr, 1998. p. 122-145.

MAXIMILIANO, Carlos. *Anotações à Constituição de 1988* — Aspectos Fundamentais. Rio de Janeiro: Forense, 1989.

MELLO, Celso D. de Albuquerque. *Curso de direito internacional público*. Rio de Janeiro: Renovar, 2000. v. 1.

MELLO, Laís Corrêa de. Harmonização da legislação social e previdenciária. In: BAPTISTA, Luiz Olavo; MERCADANTE, Araminta de Azevedo; CASELLA, Paulo Borba. *Mercosul das Negociações à Implantação*. São Paulo: LTr, 1998. p. 251-267.

MICHELON, Regina Maria Coelho. Solução de controvérsias no âmbito do Mercosul — alguns aspectos relevantes sobre matéria judiciária, mediação e arbitragem. In: CHIARELLI, Carlos Alberto Gomes (Coord.). *Temas de Integração com enfoques no MERCOSUL*. São Paulo: LTr, 1997. p. 163-175.

MONBIOT, George. *A era do consenso*. Tradução de Renato Bittencourt. Rio de Janeiro: Record, 2004. Tradução de: The age of consent.

MOOG, Vianna. *Bandeirantes e Pioneiros* — paralelo entre duas culturas. Rio de Janeiro: Civilização Brasileira, 1969.

MOURÃO, F. Albuquerque; CANOTILHO, J. J. Gomes; BOGGIANO, António *et al. O Mercosul e a União Europeia*. Coimbra: Faculdade de Direito — Curso de Estudos Europeus, 1994.

NASCIMENTO, Amauri Mascaro. As primeiras iniciativas no Mercosul e a Declaração Sociolaboral do Mercosul. In: SILVA, Diana de Lima e; PASSOS, Edésio. *Impactos da Globalização* — Relações de trabalho e sindicalismo na América Latina e Europa. São Paulo: LTr, 1998. p. 17-20.

________. *Compêndio de direito sindical*. 2. ed. São Paulo: LTr, 2000.

________. *Curso de direito do trabalho*. São Paulo: Saraiva, 2001.

NORRIS, Roberto. *Contratos Coletivos Supranacionais de Trabalho e a Internacionalização das Relações Laborais no MERCOSUL*. São Paulo: LTr, 1998.

PASSOS, Edésio; SILVA, Diana de Lima e. Sindicalismo, relações de trabalho na América Latina e crise neoliberal. In: SILVA, Diana de Lima e; PASSOS, Edésio. *Impactos da Globalização* — Relações de Trabalho e Sindicalismo na América Latina e Europa. São Paulo: LTr, 2001. p. 134-142.

PAULO II, João. *Carta encíclica laborem exercens*. São Paulo: Loyola, 1996.

PÉREZ, José Luís Monereo. La crítica del contrato de trabajo en los orígenes del Derecho del Trabajo. *Revista Española de Derecho del Trabajo*, Madrid, p. 489-51, jul./ago. 1999.

PIOVESAN, Flávia. Globalização econômica, integração regional e direitos humanos. In: PIOVESAN, Flávia (Coord.). *Direitos humanos, globalização econômica e integração regional:* desafios do Direito Constitucional Internacional. São Paulo: Max Limonad, 2002. p. 39-75.

PIZZOLO, Calogero. *Globalización e integración* — Ensayo de una Teoría General. Buenos Aires: Ediar, 2002.

PODETTI, Humberto A. Un destino para el derecho del trabajo. In: *Evolución del Pensamiento Juslaborista* — Estudios en Homenaje ao Prof. Héctor-Hugo Barbagelata. Montevideo: Fundación de Cultura Universitaria, 1997. p. 395-418.

POLANYI, Karl. *A grande transformação* — As origens da nossa época. Tradução de Fanny Wrobel. Rio de Janeiro: Campus, 2002. Tradução de: The Great Transformation.

RANDS, Maurício. O Direito do Trabalho continua viável no novo ambiente da globalização? *Revista Legislação do Trabalho*, São Paulo, v. 60, n. 2, p. 180-181, fev. 1996.

________. Implicações dos Sistemas Regionais de Integração na Proteção ao Trabalho: O Mercosul. *Anuário dos cursos de pós-graduação em direito*, Recife, n. 10, p. 189-201, 2000.

REIS, Márcio Monteiro. *Mercosul, União Europeia e Constituição* — A integração dos Estados e os Ordenamentos Jurídicos nacionais. Rio de Janeiro: Renovar, 2001.

RIBEIRO, Eloywaldo Lartelli. O Direito do Trabalho frente à Globalização e à Integração Econômica no Mercosul. In: RUDIGER, Dorothee S. A. *Tendências do direito do trabalho para o século XXI*. São Paulo: LTr, 1999. p. 111-120.

RIBEIRO, Gabriela Campos. A Constituição uruguaia. In: SANTOS, Hermelino de Oliveira. *Constitucionalização do Direito do Trabalho no MERCOSUL*. São Paulo: LTr, 1998. p. 146-170.

RICCIARDI, Mario. Globalização e sindicatos. In: SILVA, Diana de Lima e; PASSOS, Edésio. *Impactos da Globalização* — Relações de trabalho e sindicalismo na América Latina e Europa. São Paulo: LTr, 2001. p. 211-218.

RIFKIN, Jeremy. *O Fim dos Empregos* — O Declínio Inevitável dos Níveis dos Empregos e a Redução da Força Global de Trabalho. Tradução de Ruth Gabriela Bahr. São Paulo: Makron Books, 1995. Tradução de: The End of Work: The Decline of the Global Labor Force and the Dawn of the Post-MARKET Era.

RODRÍGUEZ, Américo Plá. La actual coyuntura del derecho laboral. In: *Evolución del Pensamiento Juslaborista* — Estudios en Homenaje ao Prof. Héctor-Hugo Barbagelata. Montevideo: Fundación de Cultura Universitaria, 1997. p. 381-394.

________. *Curso de derecho laboral* — Derecho Colectivo. Tomo 4, v. 1. Montevideo: Idea, 1999.

________. Derecho Colectivo del Trabajo en el Uruguay. In: FRANCO FILHO, Georgenor de Sousa (Coord.). *Curso de direito coletivo de trabalho* — estudos em homenagem ao ministro Orlando Teixeira de Costa. São Paulo: LTr, 1998. p. 586-618.

ROMITA, Arion Sayão. A cidadania dos trabalhadores na empresa. In: *Os direitos sociais na Constituição e outros estudos*. São Paulo: LTr, 1991. p. 204.

RULLI NETO, Antonio. *MERCOSUL* — Espaços de Integração, Soberania, Jurisdição, Harmonização, Cidadania, Tribunal de Justiça Supranacional do Mercosul, Parlamento do Mercosul. São Paulo: Juarez de Oliveira, 2001.

RUPRECHT, Alfredo J. Derecho Colectivo del Trabajo en la Argentina. In: FRANCO FILHO, Georgenor de Sousa (Coord.). *Curso de direito coletivo de trabalho* — estudos em homenagem ao ministro Orlando Teixeira de Costa. São Paulo: LTr, 1998. p. 571-585.

RUSSOMANO, Mozart Victor. Consideraciones sobre la evolución del pensamiento jurídico-laborista. In: *Evolución del Pensamiento Juslaborista* — Estudios en Homenaje ao Prof. Héctor-Hugo Barbagelata. Montevideo: Fundación de Cultura Universitaria, 1997. p. 443-451.

SAN VICENTE, Osvaldo Mantero de. *Derecho del trabajo de los países del mercosur* — un estudio de derecho comparado. Montevideo: Fundação de Cultura Universitária, 1996.

SANCHES, Gislene Aparecida. Os sistemas jurídicos dos Estados-Partes do Mercosul. In: SANTOS, Hermelino de Oliveira. *Constitucionalização do direito do trabalho no MERCOSUL*. São Paulo: LTr, 1998. p. 19-54.

SÁNCHEZ, Alberto M. *Derecho de la integración* — Um recorrido múltiple por las experiencias de la Union Europea y del Mercosur. Buenos Aires: RAP, 2004.

SÁNCHEZ, Concepción. El impacto de la globalización en el Mercosur. In: SILVA, Diana de Lima e; PASSOS, Edésio: *Impactos da globalização* — Relações de trabalho e sindicalismo na América Latina e Europa. São Paulo: LTr, 2001. p. 35-40.

SANT'ANA, Marcílio Ribeiro de. Livre circulação de trabalhadores no Mercosul. In: CASTRO, Mary Garcia (Coord.). *Migrações internacionais*: Contribuições para Políticas. Brasília: CNPD, 2001. p.73-93.

SANTOS, Antônio Carlos Viana; RILLI JÚNIOR, Antônio. *MERCOSUL — Espaços de Integração*. São Paulo: Juarez de Oliveira, 2001.

SANTOS, Boaventura de Sousa (Org.). *Trabalhar o mundo — Os caminhos do novo internacionalismo operário*. Rio de Janeiro: Civilização Brasileira, 2005.

SANTOS, Boaventura de Sousa; COSTA, Hermes Augusto. Para ampliar o cânone do internacionalismo operário (Introdução). In: SANTOS, Boaventura de Sousa (Org.). *Trabalhar o mundo — Os caminhos do novo internacionalismo operário*. Rio de Janeiro: Civilização Brasileira, 2005. p. 21-75.

SANTOS, Hermelino de Oliveira. *Constitucionalização do direito do trabalho no MERCOSUL*. São Paulo: LTr, 1998.

SANTOS, Milton. *Por uma outra globalização — do pensamento único à consciência universal*. Rio de Janeiro: Record, 2001.

SARDEGNA, Miguel A. *Las relaciones laborales en el MERCOSUR*. Buenos Aires: La Rocca, 1995.

SCHNEIDER, Fábio Böckmann. *Acesso à Jurisdição no Mercosul — Cooperação Judiciária, Entraves e Perspectivas*. Porto Alegre: Síntese, 2000.

SCHUTTE, Giorgio Romano; CASTRO, Maria Sílvia Portella de; JACOBSEN, Kjeld Aagaard. *O sindicalismo na Europa, Mercosul e Nafta*. São Paulo: LTr, 2000.

SCHWARZER, Helmut (2005). Disponível em: <http//by107fd.bay107.hotmail.msn.com/cgi-bin/getmsg?msg=230D991D-AD4B-4F66-9AEE>. Acesso em: 3 jun. 2005.

SELLA, Adriano. *Globalização neoliberal e exclusão social*. São Paulo: Paulus, 2002.

SILVA, Antônio Álvares da. *Direito coletivo do trabalho*. Rio de Janeiro: Forense, 1979.

________. *Convenção coletiva de trabalho perante o direito alemão*. Rio de Janeiro: Forense, 1981.

________. *Comentários à lei de greve*. São Paulo: LTr, 1989a.

________. *Compêndio de direito sindical*. São Paulo: LTr, 2000.

________. *Flexibilização das relações de trabalho*. São Paulo: LTr, 2002.

SILVA, Leonardo Mello e. "Trabalhadores do Mercosul: uni-vos!". A construção de uma voz coletiva contra-hegemônica: quando o dissenso é "pôr-se de acordo com, a propósito de". In: SANTOS, Boaventura de Sousa (Org.). *Trabalhar o mundo — Os caminhos do novo internacionalismo operário*. Rio de Janeiro: Civilização Brasileira, 2005. p. 171-205.

SILVA, Otávio Pinto e. *A contratação coletiva como fonte do direito do trabalho*. São Paulo: LTr, 1998.

SILVA, Roberto Luiz. *Direito comunitário e da integração*. Porto Alegre: Síntese, 1998.

SIMONSEN Associados. *Mercosul, o desafio do marketing de integração*. São Paulo: McGraw-Hill, 1992. 110 p.

________. *Mercosul de fato!* Fatores de Competitividade para o Sucesso Empresarial em um Novo e Forte Mercado Emergente. São Paulo: Makron Books, 1998.

SOARES FILHO, José. A crise do Direito do Trabalho em face da globalização. *Revista Legislação do Trabalho*, São Paulo, v. 66, n. 10, p. 1.168-1.183, out. 2002.

________. *A proteção da relação de emprego* — Análise crítica em face de normas da OIT e da legislação nacional. São Paulo: LTr, 2002.

________. *Elementos da ordem jurídica internacional e comunitária* — Enfoque dos direitos sociais e trabalhistas no plano supranacional e em face da globalização da economia. Curitiba: Juruá, 2003.

________. O Direito Internacional do Trabalho, a OIT e sua contribuição para a justiça social. In: BARROSO, Fábio Túlio (Coord.). *Elementos doutrinários do novo direito do trabalho* — Estudos em homenagem ao Prof. Francisco Solano de Godoy Magalhães. Recife: Nossa Livraria, 2004. p. 199-227.

SOUSA, Fernando Ponte de. O balanço da ação sindical nos processos de integração regional. In: VIGEVANI, Tullo; LORENZETTI, Jorge (Coord.). *Globalização e integração regional*: Atitudes Sindicais e Impactos Sociais. São Paulo: LTr, 1998. p. 303-310.

STRAUS, Flávio Augusto Saraiva. *Soberania e integração latino-americana* — Uma Perspectiva Constitucional do Mercosul. Rio de Janeiro: Forense, 2002.

SÜSSEKIND, Arnaldo; MARANHÃO, Délio; VIANNA, Segadas; TEIXEIRA, Lima. *Instituições de direito do trabalho*. São Paulo: LTr, 2000.

SÜSSEKIND, Arnaldo. La armonización del Derecho del Trabajo en el MERCOSUR. In: 1º Congreso del Cono Sur sobre Derecho Laboral en la integración regional, 2000, Buenos Aires. *Derecho laboral en la integración regional*, Buenos Aires, Depalma, 2000. p. 129-137.

TEIXEIRA FILHO, João de Lima. O fator trabalho no Mercado Comum do Sul. In: MALLET, Estevão; ROBORTELLA, Luiz Carlos Amorim (Coord.). *Direito e processo do trabalho*. Estudos em homenagem a Octávio Bueno Magano. São Paulo: LTr, 1996. p. 441-469.

TODESCHINI, Remígio. Os efeitos da globalização e regionalização no trabalho. In: SILVA, Diana de Lima e; PASSOS, Edésio. *Impactos da globalização* — Relações de trabalho e sindicalismo na América Latina e Europa. São Paulo: LTr, 2001. p. 408-410.

URIARTE, Oscar Ermida; AVILES, Antonio Ojeda (Coord.). *El derecho sindical en América Latina*. Montevideo: Fundación de Cultura Universitaria, 1995.

URIARTE, Oscar Ermida. La ciudadania laboral en el MERCOSUR. In: SILVA, Diana de Lima e; PASSOS, Edésio (Coord.). *Impactos da globalização* — Relações de trabalho e sindicalismo na América Latina e Europa. São Paulo: LTr, 2001. p. 44-69.

UZAL, María Elsa. *El mercosur en el camino de la integración*. Buenos Aires: Depalma, 1998.

VALDEZ, Luis Aparício. Integración, comercio internacional y derecho del trabajo en América. In: *Evolución del pensamiento juslaborista* — Estudios en Homenaje ao Prof. Héctor-Hugo Barbagelata. Montevideo: Fundación de Cultura Universitaria, 1997. p. 43-60.

VALENZUELA, Emilio Morgado. La nueva cuestión social en latinoamérica. In: *Evolución del pensamiento juslaborista* — Estudios en Homenaje ao Prof. Héctor-Hugo Barbagelata. Montevideo: Fundación de Cultura Universitaria, 1997. p. 329-337.

VALTICOS, Nicolas. *Droit international du travail*. Paris: Dalloz, 1983.

VEIGA, Gláucio. *Integração econômica* — Problemática Histórica e Atual. Recife: Mousinho Artefatos de Papel, 1961.

VENEZIANI, Bruno. El derecho del trabajo en Italia entre tradición y renovación. In: *Evolución del pensamiento juslaborista* — Estudios en Homenaje ao Prof. Héctor-Hugo Barbagelata. Montevideo: Fundación de Cultura Universitaria, 1997. p. 553-576.

VENTURA, Luciano Carvalho. *O empresário e o mercosul*. São Paulo: Maltese, 1994.

VERGE, Pierre. La evolución del pensamiento laborista, particularmente en el contexto canadiense. In: *Evolución del pensamiento juslaborista* — Estudios en Homenaje ao Prof. Héctor-Hugo Barbagelata. Montevideo: Fundación de Cultura Universitaria, 1997. p. 537-552.

VIALARD, Antonio Vázquez. Cambios en la empresa y su incidencia en las relacionas laborales. In: *Evolución del pensamiento juslaborista* — Estudios en Homenaje ao Prof. Héctor-Hugo Barbagelata. Montevideo: Fundación de Cultura Universitaria, 1997. p. 513-536.

VIGEVANI, Tullo. *MERCOSUL* — Impactos para Trabalhadores e Sindicatos. São Paulo: LTr, 1998.

VILAÇA, José Luís da Cruz. A proteção dos Particulares e a Evolução do Sistema Jurisdicional Comunitário. In: *A UNIÃO Europeia*. Coimbra: G.C., 1994. p. 131-145.

WALLERSTEIN, Immanuel. *Após o liberalismo* — em busca da reconstrução do mundo. Tradução de Ricardo Aníbal Rosenbusch. Petrópolis: Vozes, 2002. Tradução de: After Liberalism.

WATERMAN, Peter. Emancipar o internacionalismo operário. In: SANTOS, Boaventura de Sousa (Org.). *Trabalhar o mundo* — Os caminhos do novo internacionalismo operário. Rio de Janeiro: Civilização Brasileira, 2005. p. 405-456.

WEBSTER, Edward; LAMBERT, Rob. Transnacionalização da Solidariedade Operária. In: SANTOS, Boaventura de Sousa (Org.). *Trabalhar o mundo* — Os caminhos do novo internacionalismo operário. Rio de Janeiro: Civilização Brasileira, 2005. p. 77-133.

ZEA, Leopoldo; MAGALLÓN, Mario. *Latinoamérica encrucijada de culturas*. México: Fondo de Cultura Económico, 1999.

________. *Latinoamérica cultura de culturas*. México: Fondo de Cultura Económico, 1999.

ZYLBERSTAJN, Hélio; RODRÍGUEZ, Iram Jácome; CASTRO, Maria Sílvia Portella de; VIGEVANI, Tullo (Org.). *Processos de integração regional e a sociedade* — sindicalismo na Argentina, Brasil, México e Venezuela. São Paulo: Paz e Terra, 1996.

ANEXO

CONFIRMAÇÃO TEÓRICO-DOUTRINÁRIA

I — Pautas das reuniões ordinárias do Subgrupo de Trabalho 10 (SGT 10) do MERCOSUL, realizadas no período de maio de 1996 a novembro de 2003

O SGT 10 realizou, a partir de maio de 1996 até novembro de 2003, 18 Reuniões Ordinárias, de cujas pautas constavam os seguintes assuntos:

— 1ª Reunião Ordinária — Buenos Aires, 9-10/5/96 — Ata n. 1/96: criação das Comissões *Ad Hoc* para elaboração da pauta negociadora do SGT 10.

— 2ª Reunião Ordinária — Brasília, 9-11/9/96 — Ata n. 2/96: elaboração da proposta de nova pauta negociadora do SGT 10 — Tarefas e ações prioritárias e cronograma de trabalho; proposta de criação de três Comissões Temáticas.

— 3ª Reunião Ordinária — Brasília, 1-3/12/96 — Ata n. 3/96: aprovação do projeto do Acordo Multilateral de Seguridade Social do MERCOSUL e de seu Regulamento Administrativo; proposta de inclusão na pauta negociadora da elaboração de instrumento sobre a dimensão social do processo de integração.

— 4ª Reunião Ordinária — Assunção, 24-25/4/97 — Ata n. 1/97: discussão do desenho institucional do Observatório do Mercado de Trabalho do MERCOSUL.

— 5ª Reunião Ordinária — Montevidéu, 19-22/8/97 — Ata n. 2/97: criação da Comissão *Ad Hoc* da Dimensão Sociolaboral do MERCOSUL; aprovação do desenho institucional do Observatório do Mercado de Trabalho do MERCOSUL.

— 6ª Reunião Ordinária — Montevidéu, 24-25/11/97 — Ata n. 3/97: aprovação do Plano Experimental de Trabalho do Observatório do Mercado de Trabalho do MERCOSUL.

— 7ª Reunião Ordinária — Buenos Aires, 20-21/5/98 — Ata n. 1/98: reformulação do projeto de cooperação Dimensão Sociolaboral do MERCOSUL (UE-MERCOSUL).

— 8ª Reunião Ordinária — Brasília, 17-19/11/98 — Ata n. 2/98: aprovação do projeto da Declaração Sociolaboral do MERCOSUL, a ser elevado ao Grupo Mercado Comum.

— 9ª Reunião Ordinária — Assunção, 10-13/5/99 — Ata n. 1/99: seminário sobre o Trabalho Infantil; aprovação de novo desenho do projeto de cooperação Dimensão Sociolaboral do MERCOSUL (UE-MERCOSUL).

— 10ª Reunião Ordinária — Montevidéu, 29-30/9 e 1/10/99 — Ata n. 2/99: seminário sobre Competências Laborais; aprovação do Plano de Trabalho do Observatório do Mercado de Trabalho do MERCOSUL — 2000.

— 11ª Reunião Ordinária — Buenos Aires, 23-24/5/00 — Ata n. 1/00: pesquisa sobre trabalhadores fronteiriços a cargo da Comissão *Ad Hoc* de Migrações Laborais.

— 12ª Reunião Ordinária — Rio de Janeiro, 18-20/10/00 — Ata n. 2/00: reinstalação da Comissão Temática I "Relações de Trabalho" e definição de sua agenda de trabalho; prorrogação do mandato da coordenação brasileira da Secretaria Técnico-Executiva do Observatório do Mercado de Trabalho do MERCOSUL; seminário sobre Experiências Nacionais em Formação Profissional.

— 13ª Reunião Ordinária — Assunção, 9-11/5/01 — Ata n. 1/01: aprovação do Programa Anual de Trabalho 2001.

— 14ª Reunião Ordinária — Montevidéu, 14-16/11/01 — Ata n. 2/01: estudo comparado das legislações trabalhistas (Nomencladores Nacionais) — Metodologia e institutos prioritários; designação do Paraguai para exercer a coordenação rotativa da Secretaria Técnico-Executiva do Observatório do Mercado de Trabalho do MERCOSUL em 2002; ratificação do Acordo Multilateral de Seguridade Social do Mercosul pelo Brasil.

— 15ª Reunião Ordinária — Buenos Aires, 8-10/5/02 — Ata n. 1/02: proposta de prioridades de ratificação das convenções da OIT pelos Estados-Partes; aprovação do Repertório de Recomendações Práticas sobre Formação Profissional; aprovação do Documento Mercosul de Saúde e Segurança no Trabalho; aprovação dos termos de referência do projeto Dimensão Sociolaboral do Mercosul (Mercosul — União Europeia).

— 16ª Reunião Ordinária — Brasília, 27-29/11/02 — Ata n. 2/02: desenho da nova página *web* do Observatório; relatório consolidado da pesquisa sobre as condições de trabalho no transporte rodoviário de cargas no Mercosul; proposta do Programa de Trabalho 2003 e propostas de reestruturação do SGT 10; regulamento preliminar do marco institucional do projeto Dimensão Sociolaboral do Mercosul (Mercosul — União Europeia).

— 17ª Reunião Ordinária — Assunção, 21-23/05/03 — Ata n. 1/03: reunião conjunta SGT 10 — CSL; campanha gráfica para a erradicação do trabalho infantil.

— 18ª Reunião Ordinária — Montevidéu, 19-21/11/03 — Ata n. 2/03: atualização dos Nomencladores nacionais; seminário regional "Integração, Mercosul e Política de Emprego"; matriz jurídica, institucional e estrutural das regiões fronteiriças (Relatório da OIM); glossário de Formação Profissional; projeto de resolução sobre o documento "Saúde e Segurança no Trabalho no Mercosul"; proposta de "Regulamento Interno do SGT 10".

II — Projeto de Constituição da União Europeia

O projeto de Constituição visa a simplificar o funcionamento da União Europeia, bem assim equilibrar os poderes do Parlamento, da Comissão e do Conselho europeus e o peso dos Estados-membros nas decisões do bloco. Além disso, cria a figura do ministro das Relações Exteriores da União Europeia.

Em 14 de fevereiro de 2000, iniciou-se a Conferência Intergovernamental que discutiu a questão. Em 7-10 de dezembro de 2000, o Conselho Europeu de Nice aprovou Declaração sobre o futuro da União. Em 26 de fevereiro de 2001, foi assinado o Tratado de Nice, que alterou o Tratado da União Europeia, os tratados que instituíram as Comunidades Europeias e alguns atos relativos a esses tratados (entrou em vigor em 1º de fevereiro de 2003). Em 15 de dezembro de 2001, o Conselho Europeu de Laeken aprovou Declaração, em que foi feita convocação da Convenção Europeia sobre o futuro da Europa. Em 28 de fevereiro de 2002, a Convenção Europeia teve sua sessão inaugural (concluiu seu trabalho em julho de 2003). Em 28 de outubro de 2002, foi apresentado aos membros da Convenção Europeia, por seu presidente, Valery Giscard D'Estaing (ex-presidente da França), um anteprojeto de tratado constitucional, elaborado pelo *Praesidium*. Após 16 meses de discussão, a Convenção expôs o primeiro esboço do documento (futura Constituição para a União Europeia), que visa a aumentar os poderes do bloco, facilitar a tomada de decisões em seu âmbito e dar-lhe um novo perfil no quadro das relações internacionais.

O art. 1º do anteprojeto sugere, para identificação desse organismo supranacional, uma das seguintes denominações: "Comunidade Europeia", "União Europeia", "Estados Unidos da Europa", "Europa Unida". Isso denota a tendência de transformar a Europa numa Federação de Estados, submetidos a um comando central, tanto administrativo, quanto legislativo (Parlamento) e jurídico (Carta Magna única). Aliás, aquele artigo fala em "uma União de Estados europeus que, mantendo embora a sua identidade nacional, coordenam estreitamente as suas políticas a nível europeu e gerem, *segundo o modelo federal*, determinadas competências comuns" (o grifo é nosso). Dentre os pontos principais do documento, destacam-se: a) a União dispõe de um quadro institucional único; b) conta com uma Carta dos Direitos Fundamentais, tratando, dentre outros, do direito de expressão, asilo, educação, emprego e condições justas de trabalho; c) institui-se e define-se a cidadania da União, segundo a qual qualquer nacional de um Estado-Membro é cidadão da União, dispondo de uma dupla cidadania — a nacional e a europeia —, e podendo utilizar livremente uma ou outra, segundo a própria conveniência, com os direitos e deveres inerentes a cada uma delas; d) são definidos o Conselho Europeu, sua composição e suas funções, seu presidente — que será o representante do bloco em suas relações internacionais —, o modo de sua designação, a duração de seu mandato, bem como seu papel e suas responsabilidades; e) em função dos trabalhos futuros da Convenção, serão alteradas a composição e as atribuições da Comissão e redefinidas as regras de deliberação; f) levanta-se a possibilidade de instituição do "Congresso dos Povos Europeus"; g) a eleição do Parlamento Europeu terá um processo uniforme em todos os Estados, o número de seus membros será elevado de 626 para 732, atribuir-se-á ao referido órgão mais poder para aprovar ou reformar a legislação da União Europeia.

O anteprojeto de Constituição em referência foi aprovado pelos membros da Convenção em 20.6.03, com a previsão de que ela fosse promulgada em 2004, em Roma. Em 16 e 17 de junho de 2004, no Conselho Europeu de Bruxelas se deu o Acordo político sobre o texto da Constituição. Em 29 de outubro de 2004, foi assinada a Constituição. No mesmo ano se iniciou (com previsão de ser concluído em 2006) o processo de ratificação da Constituição pelos Estados-membros (em número de 25), a qual em 13 de maio de

2005 havia sido aprovada pelos parlamentos de alguns daqueles países e, posteriormente, foi rejeitada por outros (os da França e Holanda).

II — 1. NOVO PROJETO DE CONSTITUIÇÃO DA UNIÃO EUROPEIA

Houve, assim, um estancamento desse processo, até o segundo semestre de 2007, quando, sob a presidência de Portugal na União Europeia, se iniciou a tentativa de resgatar o projeto de Constituição em apreço, através de um tratado da Comunidade, agora composta por 27 Estados-membros.

Essa tentativa, com a devida cautela, traz um projeto de Constituição para a UE simplificado e menos ambicioso, apto a receber a aprovação geral da Comunidade.

Tal medida operar-se-á por força de um tratado, celebrado em Lisboa em 2007, com as seguintes características e pontos principais:

1.1 — Substitui a Constituição

Se ratificado, o Tratado de Lisboa substituirá a minuta de Constituição aprovada pela Comissão Europeia em 20.6.2003, cujo texto foi confirmado mediante o Acordo político celebrado no seio do Conselho Europeu de Bruxelas, em 16 e 17.6.04, vindo dita Constituição a ser assinada em 29.10.04. Porém, foi abortada em virtude de sua rejeição pelos eleitores franceses e holandeses em 2005, em referendo popular. O novo tratado é uma Carta Magna mais modesta, apresentando emendas no conjunto das normas constantes do tratado anterior e com alguns elementos simbólicos da Constituição, tais como o reconhecimento oficial do hino e da bandeira da União Europeia. O tratado atual mantém no essencial as fórmulas de caráter constitucional, numa versão reduzida, que pode ser aprovada pelos parlamentos, evitando referendos complicados — com exceção da Irlanda, que precisa submetê-la à votação popular (referendo).

1.2 — Estabelece exaustivamente os direitos fundamentais

A Carta Magna em apreço, com 50 artigos, contém uma lista exaustiva de direitos bem definidos, tais como: liberdade de expressão e de religião, o direito à moradia, à educação, à negociação coletiva de trabalho e a condições de trabalho justas. Será obrigatória para 25 dos 27 membros da União Europeia, eis que, preocupadas com seu efeito sobre as empresas e seus sistemas jurídicos, a Grã-Bretanha e a Polônia obtiveram o direito de não participarem em alguns desses campos.

1.3 — Institui uma Comissão Europeia menor

O gabinete executivo da União Europeia será reduzido dos atuais 27 membros para 17 a partir de 2014. Os representantes dos entes comunitários, nele, serão escolhidos num sistema rotativo entre os Estados, sendo os respectivos cargos exercidos em mandatos de cinco anos cada um.

1.4 — Fortalece o Parlamento Europeu

O Parlamento Europeu ganha mais poder, principalmente em matéria relativa à Justiça e Assuntos Internos, passando a exercer maior influência para aprovação da legislação da UE ou rejeição de propostas a esse respeito. O número máximo de membros da Assembleia da UE passará dos atuais 785 para 751, o que importa em menos cadeiras para 17 dos 27 Estados-membros componentes do bloco.

1.5 — Altera o sistema da tomada de decisão

Um novo sistema de votação, mais imparcial, entrará em vigor em 2014. A partir de então, uma decisão só será aprovada se 55% dos Estados-membros da UE representando mais de 65% da população do bloco — que tem agora 495 milhões de habitantes — concordarem com a respectiva proposta. Isso vai significar que as decisões poderão ser tomadas pela maioria, em vez de por votação unânime, em 50 novas áreas, que incluem cooperação jurídica e policial, educação e política econômica. A Grã-Bretanha e a Irlanda obtiveram o direito de não participarem das áreas jurídica e policial. A unanimidade continuará a ser exigida em política externa e de defesa, seguridade social, tributação e cultura. Os parlamentos nacionais terão mais poderes de supervisão da legislação da UE. O novo tratado eleva a energia e o combate às mudanças climáticas ao *status* de áreas oficiais da política da União Europeia e possibilita que os membros se desliguem dela, se assim o desejarem. Ademais, uma petição que reúna um milhão de assinaturas visando à aprovação de uma lei numa área específica obriga a Comissão Europeia a elaborar uma minuta do projeto respectivo.

1.6 — Amplia o poder e a influência do presidente da União Europeia

A União Europeia terá um presidente com mandato de dois anos, com responsabilidade pela política externa, mais poderoso, que se reportará aos governos dos Estados-membros; mas é um membro da Comissão Europeia, o órgão executivo da União Europeia. Essa pessoa terá controle sobre o orçamento de ajuda humanitária por parte da União e sua extensa rede de diplomatas e funcionários civis. Desaparece o cargo de ministro das relações exteriores europeias.

1.7 — Próximo passo

Os Estados-membros terão o prazo até junho de 2009 para concluir a ratificação do novo Tratado, em tempo hábil para as eleições ao Parlamento Europeu.

II — 2. DIFICULDADES PARA APROVAÇÃO DO NOVO PROJETO DE CONSTITUIÇÃO

O processo de ratificação do novo projeto de Constituição encontra, em seus primeiros passos, uma resistência, consistente no voto contrário da população irlandesa, ao qual foi submetido para referendo.

Os Estados signatários do Tratado de Lisboa — todos os atuais componentes da União Europeia, em número de 27 — haviam combinado que sua ratificação se faria pela via parlamentar (já foi aprovado pelos parlamentos de 18 Estados, faltando manifestar-se os da Bélgica, Chipre, Espanha, Grã-Bretanha, Holanda, Itália, República Tcheca e Suécia). Somente a Irlanda recorreu ao referendo, cumprindo sua Constituição, que o obriga.

Aliás, quando da rejeição manifestada, em referendo popular, pela França e a Holanda, em 2005, o projeto de Constituição para a União Europeia já havia sofrido entraves dessa ordem. Ou seja, a construção europeia já se defrontara com situações semelhantes, segundo relato de Anne-Cécile Robert no jornal francês *Le Mond*, edição de 18.6.08, em artigo intitulado *L'Union européenne d'une crise à l'autre*[(166)], como segue.

Em 2 de junho de 1992, os dinamarqueses, por referendo, com 50,7% de votos negativos, rejeitaram o Tratado de Maastricht. Essa reação levou, à época, alguns comentaristas autorizados a profetizarem nada menos que a explosão da Comunidade Europeia. Entretanto, em meados de dezembro daquele ano, em Edimburgo, os doze países — que então a integravam — encontraram a solução para o problema: à Dinamarca se permitiu, como concessão, derrogar a moeda única e a política de defesa esboçada pelo referido Tratado. A essas duas derrogações se segue uma declaração visando a uma maior transparência das decisões no seio da Comunidade Europeia e à aplicação do princípio da subsidiariedade. O acerto de Edimburgo ocorria depois que o Reino Unido obtivera, alguns meses após a assinatura do Tratado de Maastricht, uma cláusula de isenção quanto à moeda única. Em 18 de maio de 1993, os dinamarqueses aprovaram o Tratado assim emendado, por 56,8% dos votantes.

Alguns anos mais tarde, em 2 de junho de 2001, os irlandeses rejeitavam o Tratado de Nice, por 54% de votos. Dessa vez, também, os comentaristas — que em sua maior parte consideram hoje um desastre aquele Tratado — prenunciavam o "apocalipse" com a estagnação do processo de alargamento da Comunidade. A União, com efeito, se dispunha a acolher 10 países da Europa central e oriental. Diante disso, reunidos em Sevilha, em 21 de junho de 2002, os quinze membros acordaram uma declaração garantindo à Irlanda o respeito à sua neutralidade, tema que havia servido de cavalo de batalha aos opositores ao Tratado, que instaura uma política de segurança e de defesa comum. Em 19 de outubro de 2002, os irlandeses aprovavam o texto por 62,82% dos votantes.

A rejeição irlandesa ao Tratado de Lisboa causou perturbação em todas as capitais dos países que compõem a União Europeia. Três dias depois, em 16 de junho de 2008, o bloco de 27 nações iniciou a busca de solução para a nova crise de confiança [(167)] sobre a integração europeia, pois cresceu a desconfiança sobre a capacidade da UE de assumir um papel político equivalente ao seu peso econômico. Os ministros das Relações Exteriores, reunidos então em Bruxelas, sugerem aguardar os acontecimentos e, especialmente, dar tempo à Irlanda para o fim do impasse. Mas reafirmam que o processo de ratificação deve prosseguir. Assim, disse o ministro das Relações Exteriores da Alemanha, Frank-Walter Steinmeier, que "havia apenas uma alternativa: continuar o processo de ratificação". E o

(166) Disponível em: <http://www.monde-diplomatique.fr/carnet/2008-06-18-Apres-le-non>. Acesso em: 23 jun. 2008.

(167) Disponível em: <http://jc.uol.com.br/2008/06/16/not_171616.php>. Acesso em: 16 jun. 2008.

ministro das Relações Exteriores da Irlanda, referindo-se à rejeição do Tratado pela Irlanda: "Tenho certeza de que encontraremos uma solução...o tratado não está morto".

O Conselho Europeu devia, em 19 e 20 de junho, tratar da questão. O presidente francês, Nicolas Sarkozy, dirigiu-se a Praga, para tentar convencer o presidente tcheco, M. Vaclav Klaus, a perseguir o processo de ratificação, pois Klaus, nas horas que se seguiram ao anúncio do resultado do voto irlandês, declarou que o Tratado de Lisboa estava morto.

Comenta Anne-Cécile Robert, na matéria em foco, que os dirigentes dos 27 países--membros da União Europeia tentam minimizar o voto irlandês, o qual, entrementes, após as rejeições francesa e holandesa em 2005, deixa entrever a cautela do povo europeu em face do processo de ratificação do referido Tratado. A crise atual a esse respeito revela, outrossim, carência de fundamento democrático na construção europeia e que solução alguma será tomada por consenso. Surge daí um cenário de "uma Europa em duas velocidades", em que, de um lado, há um "núcleo duro" de países tidos como perfeitamente integrados, e, de outro, não está descartada a possibilidade de afastamento da Irlanda, nem o abandono do Tratado pela República Tcheca. Assinale-se, a propósito, que em Londres a oposição conservadora se manifestou nesse sentido em 18 de junho de 2008, sem, contudo, chegar a impedir a conclusão do processo de ratificação do Tratado de Lisboa pelo Reino Unido. "Qualquer que seja a solução tomada, a União europeia faz duas escolhas que marcarão por longo tempo sua imagem" — conclui Anne-Cécile Robert.

III — Reuniões realizadas pela Comissão Sociolaboral do Mercosul entre o meado de 1999 e o final de 2003

A Comissão Sociolaboral realizou, entre o meado de 1999 e o final de 2003, 14 Reuniões Ordinárias, cujas pautas continham os seguintes assuntos:

— 1ª Reunião Ordinária — Assunção, 10-11/5/99 — Ata n. 1/99: instalação da Comissão Sociolaboral do MERCOSUL; exame do conteúdo do Regulamento Interno da Comissão.

— 2ª Reunião Ordinária — Montevidéu, 31/8-1/9/99 — Ata n. 2/99: análise dos anteprojetos de Regulamento Interno da Comissão Sociolaboral do MERCOSUL.

— 3ª Reunião Ordinária — Montevidéu, 29-30/9/99 — Ata n. 3/99: redação dos dispositivos consensuais do Regulamento Interno da Comissão Sociolaboral do MERCOSUL; identificação dos temas controversos.

— 4ª Reunião Ordinária — Montevidéu, 6-7/12/99 — Ata n. 4/99: prosseguimento da análise e redação do projeto de Regulamento Interno da Comissão Sociolaboral do MERCOSUL; consulta interna sobre os temas controversos.

— 5ª Reunião Ordinária — Buenos Aires, 9/3/00 — Ata n. 1/00: aprovação do projeto de Regulamento Interno da Comissão Sociolaboral do MERCOSUL.

— 6ª Reunião Ordinária — Buenos Aires, 27-28/4/00 — Ata n. 2/00: relato sobre o Projeto de Cooperação UE-MERCOSUL; discussão do anteprojeto de Regulamento Interno das Comissões Nacionais; definição de agenda de trabalho.

— 7ª Reunião Ordinária — Rio de Janeiro, 17-18/10/00 — Ata n. 3/00: aprovação do projeto de Regulamento Interno das Comissões Nacionais; aprovação do Formulário de Memória (modelo); aprovação da Proposta de procedimentos para a Elaboração das Memórias; seleção dos enunciados da Declaração Sociolaboral do MERCOSUL objeto das memórias no ano de 2001.

— 8ª Reunião Ordinária — Florianópolis, 14/12/00 — Ata n. 4/00: aprovação dos Formulários de Memória relativos aos enunciados da Declaração Sociolaboral do MERCOSUL, objeto das memórias no ano de 2001.

— 9ª Reunião Ordinária — Assunção, 7-8/5/01 — Ata n. 1/01: aprovação dos Formulários de Memória relativos aos enunciados da Declaração Sociolaboral do MERCOSUL; aprovação do Programa de Trabalho 2001.

— 10ª Reunião Ordinária — Montevidéu, 12-14/11/01- Ata n. 2/01: análise das memórias relativas aos arts. 3º; igualdade entre mulheres e homens, 14 Promoção do emprego e 16 Formação profissional e desenvolvimento de recursos humanos da Declaração Sociolaboral do MERCOSUL; eleição dos direitos objeto das memórias 2002: arts. 4º Trabalhadores migrantes e fronteiriços, 8º Liberdade de associação e 9º Liberdade sindical; projetos de resolução elevados ao GMC sobre os direitos tratados.

— 11ª Reunião Ordinária — Buenos Aires, 6-8/5/02 — Ata n. 1/02: análise das memórias relativas aos arts. 6º Trabalho infantil e 13 Diálogo social da Declaração Sociolaboral do MERCOSUL; aprovação do Mecanismo de seguimento das resoluções e outros atos do GMC e da Estrutura uniforme dos relatórios sobre as memórias (versão preliminar); aprovação do Programa de Trabalho 2002.

— 12ª Reunião Ordinária — Brasília, 25-27/11/02 — Ata n. 2/02: diagnóstico da situação da Comissão e proposta de reestruturação; revisão do formulário de memória relativo ao art. 6º Trabalho infantil; aprovação do Programa de Trabalho 2003; projeto de cooperação Dimensão Sociolaboral do Mercosul (União Europeia — Mercosul).

— 13ª Reunião Ordinária — Assunção, 19-21/05/03 — Ata n. 1/03: relatórios consolidados sobre as memórias relativas aos arts. 4º Trabalhadores migrantes e fronteiriços, 13 Diálogo social e 14 Fomento do emprego; projeto de resolução ao GMC sobre a Conferência Regional de Emprego.

— 14ª Reunião Ordinária — Montevidéu, 17-19/11/03 — Ata n. 2/03: relatório preliminar sobre as memórias relativas aos arts. 8º Liberdade de associação e 9º Liberdade sindical; Conferência Regional de Emprego: (a) definição da estrutura e conteúdo dos painéis; (b) criação da Comissão de Organização e Acompanhamento; Programa de Trabalho 2002.